U0100374

大展好書　好書大展
品嘗好書　冠群可期

大展好書　好書大展

品嘗好書　冠群可期

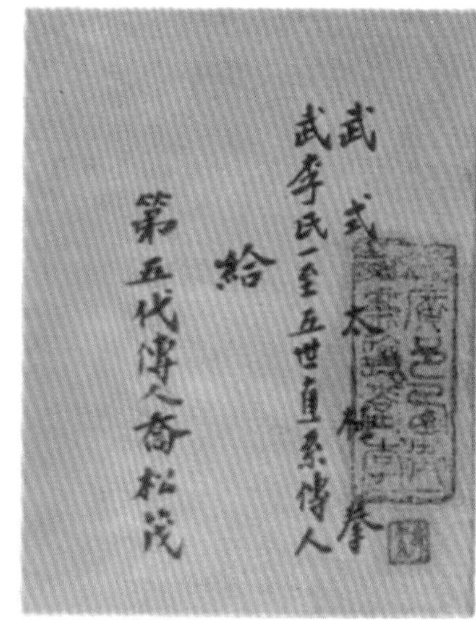

1	2
	4
3	5

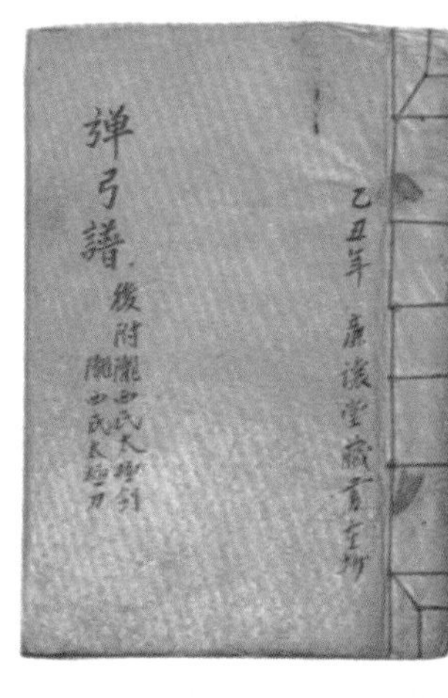

.師李錦藩與作者的合影
錦藩先生立喬松茂為第五代傳人
錦藩先生傳下的四本拳譜
封已久的武式秘傳——彈弓譜
傳與傳人的武式秘譜——奇槍譜

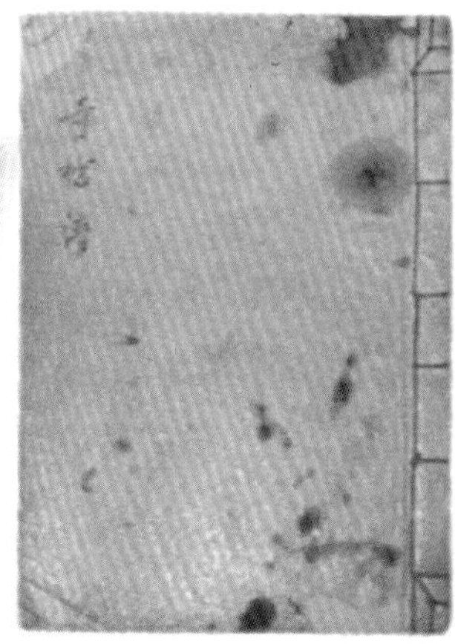

	1	2
	3	4
5		

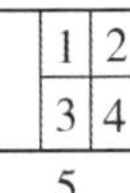

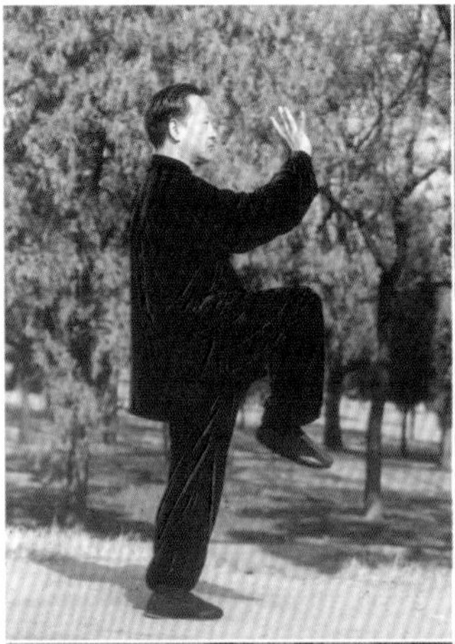

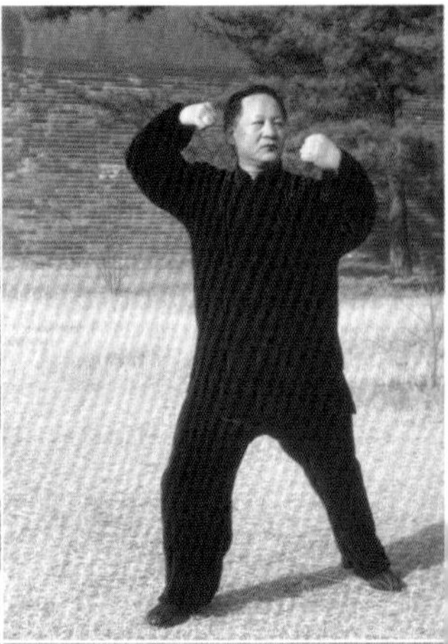

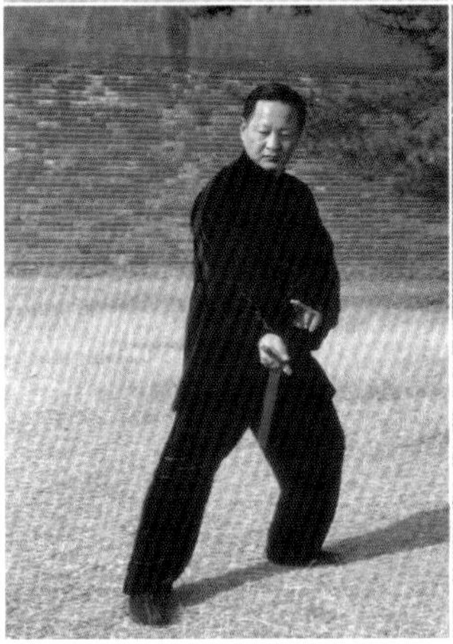

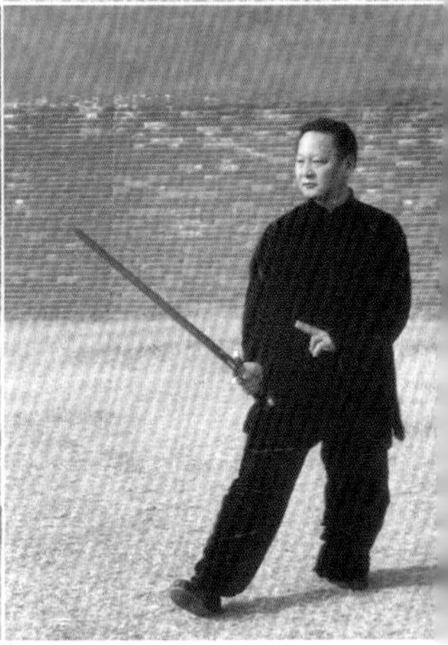

喬松茂演練武式太極拳

喬松茂演練武式太極劍

演練太極大桿

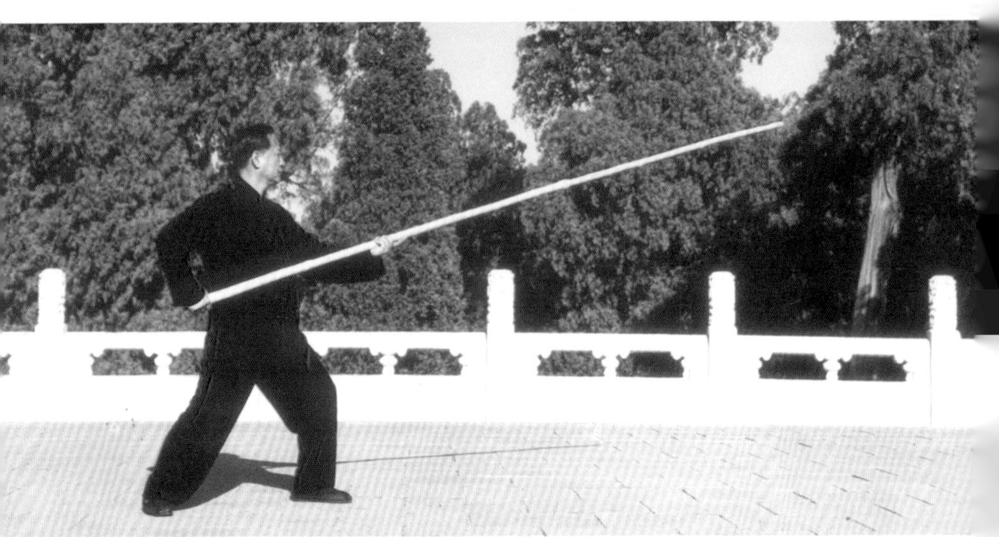

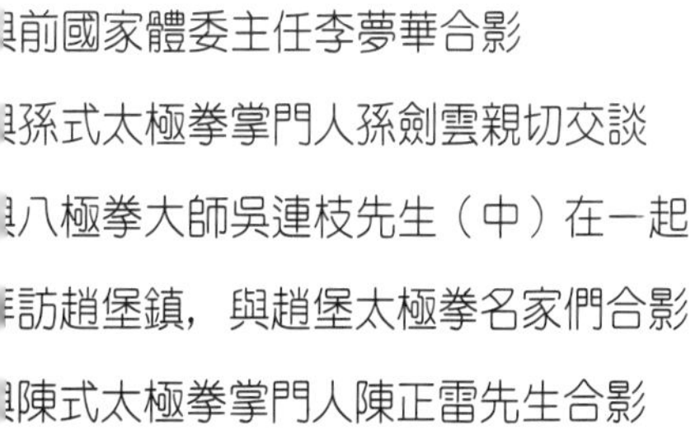

1. 與前國家體委主任李夢華合影
2. 與孫式太極拳掌門人孫劍雲親切交談
3. 與八極拳大師吳連枝先生（中）在一起
4. 拜訪趙堡鎮，與趙堡太極拳名家們合影
5. 與陳式太極拳掌門人陳正雷先生合影

1	2
	3
5	4

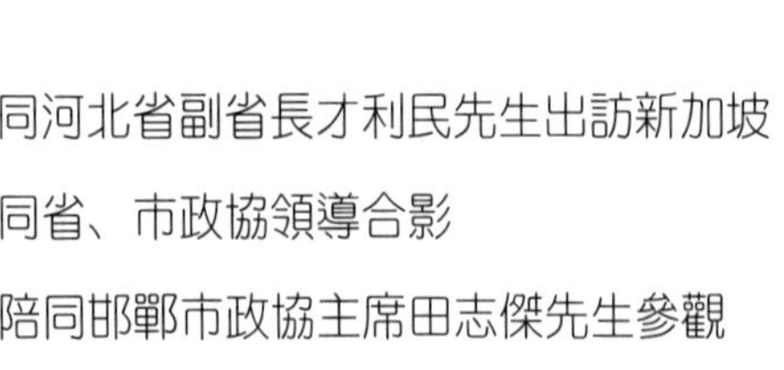

同河北省副省長才利民先生出訪新加坡

同省、市政協領導合影

陪同邯鄲市政協主席田志傑先生參觀

擔任邯鄲市政協副秘書長時的喬松茂

在省政協常委會議上

1	
2	
3	
4	

在香港投資貿易洽談會上

在廈門參加2001年中國投資貿易洽談會

在政協的聯歡會上引亢高歌

指導河北武安市的旅遊開發工作

▲ 訪沙頭角中英街歷史博物館

▲ 出訪新加坡並講學

▲ 在馬來西亞旅遊勝地「雲頂」

▲ 拜會新加坡國術總會

河北璋石岩上展示技藝

河南師範大學師生示範武式太極拳

廣東順德的學員在晨練

蒙古大草原上傳授太極拳藝

在百忙中抽時間研究武式太極拳論

指導新加坡弟子練功

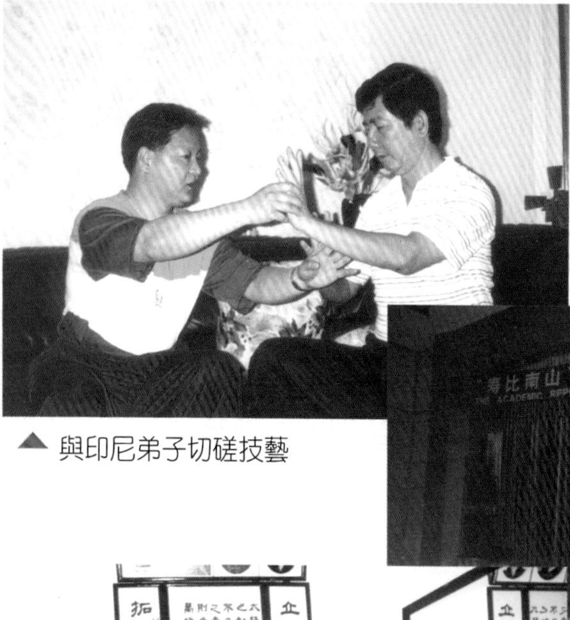

與印尼弟子切磋技藝

在首屆「世界太極拳健康大會
上作名家示範

新加坡武式太極拳協會組團做客
喬松茂家，共敘師徒情誼

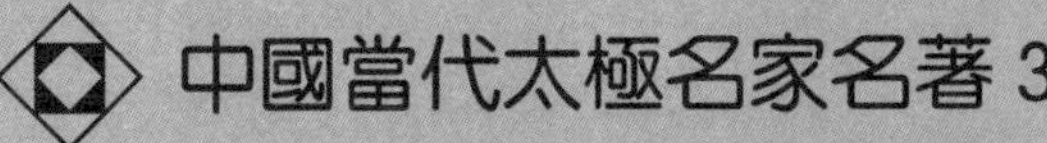

武式太極拳詮真

喬松茂 著

大展出版社有限公司

出版前言

21 世紀，是人類追求更高生存質量的世紀。儘管醫學工程、生物工程和生命工程的研究越來越深入和發展，但人們依然在努力尋找著更佳的提高生命質量的方法和手段。在這個階段，無論是國內還是國外，無論是生命科學家還是普通百姓大衆，正在趨於一個共同的感知：源於中國的太極拳運動，是當今世界健身強體、提高生命質量的最佳選擇之一。

太極拳，源於中國古老文化的底蘊之上。作爲中國武術的一支奇葩，經歷了漫長的發展過程，在不斷發展的理論和實踐的各個方面，給人類留下了一份珍貴的文化遺產。當今各大太極拳門派的爭奇奪艷，充分展示了太極拳運動的無限魅力，諸多太極拳的名家大師，奉獻自己畢生心血，不僅系統完整地繼承了太極拳的精髓，在推廣普及方面做出了卓越的貢獻，而且敢於突破傳統觀念的約束，透過自己辛勤的筆耕，給合自身習練的感受和心得體會，以書刊的形式，將中國武術的精華，尤其是太極拳在理論和實踐諸多方面的經驗加以總結，系統地展現給廣大的愛好者和武術工作者。正是由於他們的不懈努力，當今世界的人們才能領略到武術圖書繁花似錦的大好局面，才能盡情地吮吸中國古老的傳統文化的汁液，並從中體驗到無窮的魅力。

作爲體育專業出版工作者，承前啓後、繼往開來，把中國武術文化的精華介紹給國內外廣大讀者，使太極拳運動發

揚光大，是我們在社會發展的大潮中應盡的歷史責任。在太極拳運動蓬勃發展的今天，出版一套代表當今太極拳主流的叢書，是我們長久以來的願望。在諸多當代太極拳名師的熱情支持下，《中國當代太極拳名家名著叢書》終於問世，我們的這一願望得以實現，甚感欣慰。

這套叢書，囊括了國家規定太極拳和中國六大太極拳流派主要代表的著作，其內容包括各大流派的主要拳理拳論、風格特點、主要的拳術套路、器械套路、太極推手、打手，基本上反映了該流派的風貌。在這套叢書中，有的內容已經陸續散見於一些其他出版物，有的內容則是最新完成的力作。這套叢書的面世，相信對於太極拳運動的不斷發展，會產生新的促進和推動，對於廣大太極拳愛好者、學習者，以及從事中國武術文化繼承工作的研究者們，也會帶來新的感受和新的認知。

拼搏如歌
（代序）

昌 滄

最近，我讀了喬松茂先生編著、即將出版的《武式太極拳詮真》書稿及有關介紹，使我聯想到曾在一次研討會上談論武術的文化品位時，就例舉了太極拳。因它具有代表性，充滿著哲理和辯證學說。

（一）

我理解：太極拳係依據《周易》陰陽之理，結合中醫經絡之學說，以及《黃庭經》導引、吐納之術，並吸收和借鑒戚繼光（1528～1588）之《拳經三十二勢》，先哲們歷經滄桑、博採衆長創造出的一種新的內功拳種。又按陰陽轉換之意，而取此名。

武式太極拳，爲太極拳種的主要流派之一。爲出身望族、武術世家的武禹襄（1812～1880）所創。他自幼文武雙修，先從其父習洪拳，後從陳家溝人習陳式老架，嗣後借機到河南溫縣趙堡向陳清平（1795～1868）學練其所創編的「趙堡太極拳」。後經武氏多年鑽研拳譜，揣摩拳架，勤習體驗，縱橫比較，多方借鑒，終有徹悟，而創編了具有自己風格、特點又重實用的太極拳。後人稱之爲「武式太極拳」。

筆者多年從事武術宣傳研究工作，耳濡目染，漸有所悟。我很欣賞武式樸實無華，似若乾枝老梅。其拳勢「簡潔緊湊，立身中正」；步伐「小巧靈活，虛實分明」；動作「輕柔舒緩，連貫順隨」；講究「起承開合，得機得勢」；「先心後形」「神宜內斂」；「以氣運身，意到氣到，周身一家」；以期「意、氣、勢」自然結合，而臻「天人合一」。

松茂的書，較全面系統地介紹了武式太極拳。從其源流、發展、形成，以及拳理、拳技，直至風格、特點，都有較客觀、獨到之處。使我特別感受到：武式同其他各式一樣，不僅是一種重要的太極拳流派，而且是一種博大、深奧、充滿哲理的優秀傳統文化，其文化氛圍特別濃郁，這與武氏「常以儒生自居」有關。還從中意識到「修煉」的重要。所謂「修」，即練拳就是「修品格」「修涵養」、修身、養性，進而「治國、平天下」；所謂「煉」，即練拳就是外練「精、骨、皮」，內練「意、氣、神」，練體魄、練韌性、練恆心。

讀松茂的書，珠璣連篇。從《史海存眞》到《拳論釋疑》，特有啓發。在「存眞」中，他簡而明地闡述了從「一時短打」到「老架」「新架」「大架」「小架」，直至「師承」演變等等，使人耳目一新；在「釋疑」中，精煉地詮釋了從「身備五功」「著熟」「懂勁」「階及神明」，直至「引進落空合即出」的「合」，都有可貴的體悟。如對「四兩撥千斤」釋爲「四兩」「千斤」均係指「彼」，於是「借力打力」就順理成章了。又如在技擊中，強調了「不重招數外形」，而是「重接勁打勁」，且視此爲武式的「立拳之本」及「獨特風格和靈魂」。

本書還首次披露了一批彌足珍貴的武式拳的典籍，如武式第二代傳人李亦畬親書秘籍《彈弓譜》以及《太極誨言》《太極拳小序》、武氏長兄秋瀛獻出的《太極拳論》及其舅母秘不外傳的《太極拳四字訣》等，對當前研究太極拳頗有裨益。

（二）

出身於軍人世家的松茂，在人生的歷程中，充滿著傳奇！

有人說他是「政府官員」。沒錯！

有人說他是「奇人奇功」。沒錯！

也有人說他是「生、旦、淨、末、丑」。我想這是戲指「人生如舞臺」，「酸、甜、苦、辣、鹼」，艱苦備嘗。說得很形象，也不錯。

但我認爲：他是人到中年，如日中天。瞬息回眸，可用七個字來概括。即成長中的「勁草」；學習中的「武痴」；工作中的「孺子牛」。縱觀松茂人生歷程，實像一首浩然絢麗的拼搏之歌。

所謂「勁草」，係指小松茂降生在 1955 年這個極「左」的年代！

隨著第一聲呱呱地哭泣中，就給自己帶來了不幸：他的父母，這對在黃埔軍校熔造、成長，追隨愛國將領馮玉祥，堅決抗日救國，後又孤軍奮戰的抗日英雄！建國前夕，他們深明大義，投奔光明。嗣後不久，他們卻受到了極不公正的待遇；又受人各有志的親屬株連，更使他們雪上加霜。可悲的是殃及到小松茂。

在「龍生龍，鳳生鳳」被扭曲的歲月裡，小松茂在學校、在鄰里間，成了不諳事理的小伙伴們「下飯的小菜」

（現在提及往昔的顛狂，這幫小伙伴都臉紅，愧疚），動輒遭到痛打與凌辱。乖巧的他，在外邊受到欺侮，回家還裝著無事！怕的是二老更傷心！面對現實，他躲閃，他納悶，他沉默，他常找個避人的地方，偷偷地掉眼淚！

但他是個倔強的少年！他像一株沙漠中的紅柳，荒徑邊的蒲公英，更像在石板下殊死拼搏、百折不撓地從石板縫隙拱出的盤根草！歷經嚴冬酷暑，瘋刀魔劍，卻分享著天地間最公正的陽光和雨露！頑強地成長！成長！他，中學畢業，帶著稚氣下鄉；就業後，含著淚水收破爛；在放影機旁，愁苦地給觀衆帶來歡樂；落實政策後，從事科研；念大學；從參政議政，到人民公僕。

（三）

所謂「武痴」，其實也偶然，也是從一幕悲劇開始的。在那人妖顛倒的年代裡，小松茂成爲悲劇中的主角。

生活就是那麼傳奇，小松茂正被發了瘋似的小伙伴們「追逐著，圍殲著」，遠方的娘舅忽從天降。正胡鬧的小伙伴們一轟而散。早年畢業於南京中央國術館、後爲黃埔軍校教官的娘舅沉思著，忽莊重地對小松茂說：「我教你幾手武術防身術吧！但只能是防身自衛，絕不能仗技欺人！」

「舅舅的話，我會牢記的！」就這樣，舅舅成了小松茂的武術啓蒙教師。17歲時，經過「伯樂」的推薦，松茂成了武式太極拳第四代傳人李錦藩先生的高足。李先生師承武式第三代傳人李石泉、李遜之，得其拳械之眞傳。

當時，李先生也受著極不公正的處理：這位原爲「放飛的是希望，守巢的總是你」的中學教師，以莫須有的罪名，一宿間變成了「另類」，發配去做了看門「狗」。聽說松茂要跟他學練拳腳，直搖頭，「不敢再爲人師了」！

誠之所至，金石爲開。松茂視師如父。歷經20個寒暑，幾度變遷，他從師習武、尊師重道的痴心不改。那時他每月才掙20元錢。他不抽煙、不喝酒，除飯費及必需日用品開銷12元外，留下3元，逢年過節孝順父母，餘下的都孝敬了師父。因師父當時實在困難！師父的冤案，後在他的協助下，平反了。

師父退休回老家後，松茂每個週末，雷打不動，往返120多華里去探望恩師，噓寒問暖，爲師父安排起居生活，還抽空繼續學藝。由學拳、習劍、練大杆、體驗打手，力求精益求精，終藝臻上乘。且重武德，牢記先師的教誨：「名聲是養出來的，不是打出來的。」

「徒擇師易，師擇徒難」。松茂，這可是個難擇的好徒弟！愛國家、求進步，心誠志專，始終不渝。師父看在眼裡，喜在心上。爲此，李氏家族先後多次商量，決定「傾藝以授」。且在師父臨終前，立下遺囑：「喬松茂爲我的接班人」「武式太極拳第五代傳人」。把珍藏的有關武式歷年來的文獻和實物，統統傳給了松茂。李先生曾對李氏家族說：「永年武式太極拳傳人中，有兩人向社會推廣有大貢獻：一是郝爲眞；一是喬松茂。」

2001年3月，松茂應邀參加了由中國武術協會等在海南三亞市舉行的「首屆世界太極拳健康大會」。盛況空前。他作爲五大太極拳流派的重要代表人物之一和名家代表，在與會的中外太極拳研究者和愛好者面前，作了專場講學和演示。次年8月，在國家舉辦的「第二屆河南焦作國際太極拳年會」上，又作爲名家代表和仲裁委員應邀參加了大會。

（四）

所謂「孺子牛」，應從兩方面說：一是全心全意地做好本職工作；一是弘揚武式太極拳，竭盡綿力。正如我贈他條幅所書「爲民，全心全意；揚拳，盡善盡美」。

在弘揚上，遵師囑：松茂走遍了大江南北，又走出國門，以武會友，經他傳授的武式弟子遍布15個省、區、市，遠及13個國家和地區，尤其是東南亞。他應邀8次赴新加坡、馬來西亞等國講學授藝。爲便於普及和推廣，松茂還應約創編了《武式太極拳十三式》；他演示的武式太極拳械，分別在新加坡和北京製成錄影帶及電子版教材，後者成爲「中華武術展現工程」的重要組成部分，發行國內外，在數十個國家和地區，成爲武式太極拳愛好者學練的主旨。我看過新加坡老師國術會會長連漢川給松茂的來信。說「喬老師：談吐與風範，令人心儀」「授武態度，認眞嚴謹」「招式古樸，前所未見」。令連先生「最敬佩的是您一再強調武德與太極拳的實用價值，這正是我所嚮往的」「希望武式太極拳在新加坡播種，更希望它茁壯成長」「新加坡與邯鄲的友誼緊密相聯」。

提起「緊密相聯」，還眞有「戲」。松茂，作爲武式傳人而從政，選任武安市副市長，省、市政協常委，實爲中國武術界的佼佼者之一。對外開放，是他主管工作之一。憑借武術的彩虹，他在新加坡架上了招商引資的金橋。經過他和市府其他領導及各方面的努力，引來巨額投資。在邯鄲市屬縣（市）區中位居前列；對內（主要指省外）引資到位近3億元；出口創匯也很可觀，均創歷史最高紀錄。

在他的辦公室有兩幅「座右銘」，其一爲「同外國民族爭強方爲好漢，對自家鄉親和氣乃眞英雄」（著名愛國武術家霍元甲語）。有一次在市長信訪接待日，他發現有一村民因妻兒患病，生活十分困難，深表同情。他一邊抹著眼淚，一邊把自己身上僅有的300元錢給了村民，並批請「民政局與鄉、村協調，給予必要的救濟、照顧」。松茂還經常深入基層，實踐「三個代表」，爲貧困地區籌劃集資，建校舍、修復農灌設施、拓築公路，爲基層幹部解決實際工作中的難點，把溫暖送到貧困群衆的家中。

松茂先後被評爲河北省「優秀政協委員」「僑務先進工作者」「兩個文明建設先進代表」等等。

文行至此，感而賦詩一首：

大任於斯苦備嘗， 三九嚴寒變寶藏。
以德立身才植業， 千錘百煉圖自強。
弘揚武式走天下， 造福人類理應當。
黎民冷暖心上記， 盡忠爲國國運昌。

2002年7月末龍潭湖畔

喬松茂

前　言

在跨入21世紀的第一個陽春三月，應人民體育出版社9年之約，經過3個月伏案疾書，《喬松茂·武式太極拳詮眞》一書，伴著明媚的陽光，迎著「首屆世界太極拳健康大會」的春風終於脫稿了。我手捧書稿，站在先恩師李錦藩先生的遺像前，凝望著他老人家慈祥的遺容，思緒萬千。先師教導我那終生難忘的場面，歷歷在目。和先師相處近20年，親同父子，他教我如何做人，如何看待問題。在拳藝上，先師口授身示，備極詳盡，並打破武術界保守觀念，把家傳武式太極拳架、功法、理論本意毫無保留地傳授於我，並不厭其煩地解說、實踐，直到我掌握爲止。經過先恩師近20年的教誨，和自己近30年的實踐，對武式太極拳的拳理、拳法由心知達到了身知。先恩師李錦藩公的恩德我永生難忘。今年8月2日，是先恩師去世10周年的祭日，我編寫此書，也算是對先恩師近20年教誨的報答，是對他永生懷念之情中的一束小花吧。同時也爲人們客觀、科學地研習、解釋武式太極拳，使它更好地爲造福人類做一件力所能及的事情。

1993年，我應邀參加國內某地舉辦的「中國太極拳名家交流大會」期間，有幸結識了人民體育出版社的王潔老師，王老師希望我寫出一本能眞正反映傳統武式太極拳本來面目的書。幾年來，王老師年年催我交書稿，可是我年復一年地拖著，一是武式太極拳的書籍出得太濫，一些作者既不明白武式先哲意指何意，也不會練其傳統拳架，就對武式拳法、拳理不負責任地解釋，甚至進行什麼創新，在太極拳界造成了混亂，這種有辱先哲又誤人子弟的風氣，使我厭惡。二是因本人政務繁忙，總想靜下來後，獻給讀者一個完整的武式太極拳。三是因本人質魯筆鈍，惟恐有所差之毫厘。

2000年初，王潔和鄭小鋒二位老師又催我交書稿。至10月，國家武術運動管理中心通知我去北京開座談會。會上，李杰主任講了武術在國際、國內的發展狀況和展望，使人為之振奮，我感覺中國武術事業迎來了又一個春天。會中聽有關領導談到了原國家體委的傅全志處長在援藏時不幸犧牲的消息，使我大吃一驚，不勝悲痛。我和他交往的時間雖短，但印象卻十分深刻。1998年的春季，《中華武術》雜誌約我拍一組演練武式太極拳的圖片。正值傅全志老師從西藏返京休假，鄭小鋒老師委托他和王濤老師代為拍照。傅全志老師以嫻熟的攝影技術，為我留下了永生的紀念。分手時相約再見。分手後的日子裡，我在《中華武術》看到傅全志在援藏期間推廣太極拳運動的事蹟，十分高興，默默地為他祝福。誰知，一面之後竟成永別。以上原因，是促使我加快完成此書的動力。

我是經著名太極拳師米孟久先生引見，結識武式太極拳第四代傳人李錦藩先生並拜於門下。經過恩師的20年的言傳身教，反覆默識揣摩，精誠習練，又透過從政的實踐，悉得其武式眞髓。在由心知通往身知的道路上，體會到武式太極拳是一門由強身、防身、修身集一體的科學，是教人做人的一種哲理，是告訴人們如何認識客觀自然規律的方法論。由自己近30年的實踐，深知這是一種克己的功夫和學問，只有在潛意識上做到了克己，才能眞正掌握武式太極拳的本質，才能逐步達到懂勁，然後階及神明的彼岸，才能淡泊名利，友善待人，虛懷若谷，辯證地同時又歷史地看待問題，解決問題。

武式太極拳的樸實無華似乾枝老梅和其打手重接勁打勁的獨特風格，集中體現了中華民族的優秀傳統文化的至理，透過修煉傳統的拳架和獨特的練功方法，完美地達到天人合一，從而登「意氣君來骨肉臣」之堂，入「益壽延年不老春」之室。

如何學習武式太極拳而不走彎路，首先要知道什麼是武術流派。一個武術流派的形成，必須具備三個要素。

一是要具備獨特風格的練習套路；二是具備科學的、系統的練功方法；三是要有經過對其套路和功法的精誠研習總結的經驗，上升到合乎客觀自然規律的理論體系。

武式太極拳亦然。要科學地、正確地研習武式太極拳，就要在套路、功法、理論上統一，嚴格按照先哲數十年總結出的經驗和要求，刻苦研習，才會懂得什麼是武式太極拳，在此基礎上才能有所發現，有所創新。對於武式太極拳理論的學習，不能用自己的想當然去理解。武式太極拳是一門專業，它的專業術語有著特定的專業內涵，否則，只能是自欺欺人，謬之千里。

學習武式太極拳的同時，要注意個人的修養，注意完善自我，要在遵守社會公德的基礎上，尊師重道，實事求是，不欺世盜名，不欺師滅祖。所謂德高一寸，藝高一寸。不然的話，只能永遠停在「著熟」的層次上，根本無法品嘗「懂勁」「神明」的甘甜。

在本書編撰的過程中，一是對拳理沒有進行展述。因為武式先哲的理論皆是根據其練功體會上升到理論的，言簡意賅，無一浮詞。任何試圖解釋都是畫蛇添足，都將不是眞正意義上的武式太極拳了。只有精誠習練其傳統的拳架、功法、理論，才能悟到武式太極拳的眞諦。二是對於傳承表的記載，主要根據：①先師李錦藩先生留下的遺囑；②本表只記載在各個歷史時期的傳人及對承繼武式太極拳有貢獻和較大影響的代表人物。由於武式太極拳歷代弟子較多，這裡不能一一收錄，敬請諒解；③本表的承繼關係，是以師承爲準，而不是家族譜。充分體現了武式太極拳的文化性，也體現了武禹襄先生爲人類健康、社會進步而創編武式太極拳的博大胸懷的本意。

本書把過去武式秘不外傳的彈弓譜公布於世。同時也把一部分拳論中的專業術語的本意在「拳論釋疑」一章刊出。對武式太極拳發展的歷史長河中的一些疑點，也在「史海存眞」章節中，根據史料記載，予以說明。本書中的拳架，係始祖武禹襄先師所創，經幾代相傳，未經改動，仍保持其本來面目。是「打手即是走架，走架即是打手」的練功實用拳架，同時，學者易獲強身健體、延年益壽之效。

武式太極拳從武禹襄先哲創編至今已 160 多年了，經武禹襄、李亦畬、李遜之、李錦藩四代宗師不遺餘力地研習、傳承，歷代武式太極拳師們的共同努力，今天發展成爲中國太極拳的主要流派之一，其理論被奉爲經典。我們當代人如何去承接、弘揚武式太極拳這種中華民族的優秀傳統文化，科學地、健康地研究、發展，在承繼先哲走過路的基礎上，有所發現，有所創新，使之服務於人類，是我們義不容辭的歷史責任。

在《喬松茂・武式太極拳詮眞》一書出版之際，特別感謝對我在獻身太極拳文化事業道路上，給予大力支持、幫助、培養、指點人生的，已故原河北省政協常務副主席劉棨惠先生、已故原河北省政協常委黃琪玲先生、已故原中共邯鄲地委統戰部馬懷學先生，現任河北省邯鄲市政協主席田志杰先生、中共邯鄲市委副書記張寶岩先生、河北省體育總會梁小燕女士、河北省政府研究室劉靜女士、新聞界的老師和各界朋友等。每當我遇到挫折時，他們幫我釋疑解惑，給我力量；當我取得成功時，也是他們提醒我要謙虛謹慎，不斷進步。同時感謝鄭小峰老師和已犧牲的傅全志烈士爲本書拍照和指導，感謝王潔老師給予的有益指教，也感謝在編撰此書過程中給予我在各方面支持協助的海內外弟子、德高望重的昌滄先生充滿激情的序言及教誨、在文字整理和拍照工作中付出辛苦勞動的喬琴生、戴天蘭、張欣基、洪麗、徐宏、支學正及郭杰、李福來、王永田、周國梁、張旭東、黃基、馬映山、李憲平、謝正喜、林鴻新、張崇年、翁思明、譚木等。同時在此向多年來給予武式太極拳大力支持和指導的中國武術協會、人民體育出版社的領導和同志們表示衷心的感謝。

喬松茂
2001 年 4 月 16 日於邯鄲

目　錄

立身中正　支撐八面
——記武式太極拳傳人喬松茂

嚴翰秀

1990 年 5 月，我到河北永年縣採訪。經人介紹與喬松茂相識，在以後的採訪和交往中，我了解到，他誠心向李錦藩老師求藝，得武式太極拳眞傳，並克服人生際遇中的種種困難，爲武式太極拳的推廣和發展作出了傑出的貢獻。

誠心求藝

喬松茂生於河北省張家口市，現在邯鄲地區工作。他從小體弱多病，父母備加憐愛，就叫他從師學拳。9 歲時，喬松茂跟舅父張惠俠（字漢杰）學拳。喬松茂的父母均是黃埔軍校學生，張漢杰是原南京國術館的畢業生，後在黃埔軍校當國術教官，張漢杰曾救過周恩來，在武術方面有很深的造詣，是一位著名人物。他傳授給喬松茂的是少林拳、通臂拳、黑虎拳、六合拳等。

練拳使喬松茂的體格漸漸變結實了。讀完中學後，喬松茂於 1971 年到邯鄲縣插隊，後安排到縣中藥門市部當司藥，到縣電影公司和地區禮堂當放映員。1984 年，喬松茂調到邯鄲地區科技情報所。雖然工作多變，但從沒有影響喬松茂的學拳練拳。

插隊後，他一面繼續練拳，一面尋師訪友。邯鄲市有一位拳師叫米孟久，見喬松茂這樣痴迷武術，便對他說：「我

給你介紹一個人，叫李錦藩，精武式太極拳，你如果喜歡，可以跟他學。」米孟久把李錦藩的情況一一告訴了喬松茂。

李錦藩是武式太極拳第二代傳人李亦畬的族曾孫，從小得到李亦畬之子李遜之的傳授，是李家拳藝的一位代表人物，於 1953 年被錯定爲現行反革命，雖然他一直不斷地申訴，但當時還未得到改正，一直受著不公正的待遇。他原是數學教師，後被臨時安排在一個單位當守門的值勤人員，生活很艱難，很少有人與他交往。

喬松茂與李錦藩一見面，非常投緣。喬松茂十分同情李錦藩的處境，李錦藩也了解了喬松茂的身世。喬松茂提出要拜師學藝，李錦藩表示願意將拳教給他。1972 年，喬松茂開始學武式太極拳，每天下班後，喬松茂即到李錦藩處，李錦藩一招一式地教他。由於李錦藩的處境不好，加上當時的政治氣候，人們學拳還不是很公開的，李錦藩也未教其他人。

喬松茂一面學拳，在經濟上周濟老師；一面四方奔走，向有關部門反映李錦藩的客觀情況。到 1980 年，政治環境有了變化，經過喬松茂的努力，有關方面對李錦藩過去的情況進行了認眞審核，摘掉了李錦藩頭上的「反革命」帽子，李錦藩重新過上了正常人的生活。李錦藩對喬松茂爲此事所作的努力很感激，師徒情誼越來越深。

李錦藩的政治問題改正後不久，即退休回老家永年廣府鎭居住，臨行前，李錦藩對喬松茂說：「武式太極拳，我都教給你了，就看你自己練了。」喬松茂說：「以後我每週週末到您家一次，繼續學拳和聆聽您的教誨。」在李錦藩退休的 10 年中，喬松茂幾乎每個星期六下班後都騎著自行車到廣府鎭向老師學拳。

邯鄲市離廣府鎮有60多華里，要騎車兩個鐘頭。每次老師家學拳一天兩夜，星期一早上再騎車趕回邯鄲市上班。李錦藩見喬松茂如此地誠心誠意，很受感動，晚上常常教他到凌晨。李錦藩沒有兒子，就把他當兒子看待。

這樣，喬松茂學了兩年。一天，李錦藩說：「武式太極拳，我都教給你了，以後你就不要來了。」喬松茂說：「你教我拳是我的師父，你教完了，還是我的師父，我來一是學拳，二也是來探望和侍候你。」

李錦藩被喬松茂一如既往的真誠感動了，他找到李遜之的兒子、本家叔叔李澤堂，講了喬松茂多年來學拳的情形，認爲孺子可教，並徵求李澤堂的意見，對喬松茂的拳藝要傳授到什麼程度。由於歷史和門派的原因，李家拳藝是不輕易外傳的。李澤堂說：「先教他五成功夫吧。」李錦藩遵照叔叔的意見，對喬松茂的學拳增加了新的內容。喬松茂一學又是三年，他覺得這三年的學拳效果比過去有了很大的提升。

1985年，李錦藩又對喬松茂說：「武式太極拳，我已教完了，你的工作忙，社會活動多，孩子又小，今後就不要來了。」喬松茂說：「您教我拳已十多年了，我離不開您，就是不學拳，我也要來侍候您。」喬松茂照樣週末來老師家，繼續誠心求藝，並多方照顧、關心老師。

經過十多年的相處，李錦藩深深地了解了喬松茂。俗話說，徒弟找老師難，老師擇徒也不易。李錦藩覺得應該繼續將拳藝授給喬松茂。他又找到李澤堂商量，李澤堂召集李氏家族有關人員開會，決定將武式太極拳的七成功夫教給喬松茂。李錦藩對喬松茂的學拳又增加了新的內容。

一晃又過了兩年，喬松茂照樣誠心誠意，孜孜不倦地學拳，對老師更加敬重。李錦藩第三次找到李澤堂，李澤堂又召開了李氏家族會議。李錦藩說：「李家的拳是先輩留下來的寶貴遺產，很少傳外姓人，原因之一是未選擇到合適的人，如今喬松茂這樣誠心學藝，可以將應傳的東西全部傳給他。不能讓拳藝到我們這一代絕傳，如果在我們這一代絕傳，我們將是歷史的罪人。」經過認眞討論，決定將李家家傳的武式太極拳全部要領、要求傳給喬松茂，要求喬松茂做到如果今後李氏家族的人要學拳，他不要保守，要將全部的東西教給李氏家族的人。

一個星期天的晚上，李錦藩鄭重地將李氏家族的意見告訴喬松茂，喬松茂聽了，非常感動，當即向老師保證，堅決按李氏家族的意見辦。就在這一天晚上，李錦藩和喬松茂徹夜未眠，李錦藩將武式太極拳的關鍵要訣一一傳給了喬松茂，並親自示範給喬松茂看。

李錦藩說：「該傳的東西都傳給你了，我不是歷史的罪人了，今後你能不能傳下去是你的事了。雖然眞東西傳給你了，但是你能不能練到身上，用到你的身上，要靠你自己悉心體認，默識揣摩了，這得花大量的心血，光理論上懂還不行，要運用到自己的身上，這才是眞正的功夫。」

喬松茂見老師這樣語重心長，深感到自己的責任重大，對老師說：「您放心，我今生今世無別的追求，無論碰到多大的困難，我一定把李家傳的拳好好地繼承下來，發揚光大，不僅在國內，而且在國外也要發揚光大。」

李錦藩因協助喬松茂籌備河北永年國際太極拳聯誼會的工作，積勞成疾，於 1991 年 8 月 2 日去世，去世前，他把自己得到的上輩李家先人傳授的練功要訣、心得體會及李家所傳的拳械文稿一起交由喬松茂保存，並寫了遺書，說喬松茂是他的接班人，是李家武式太極拳的傳人。

苦練拳藝

千百年來，追求高深武功的人不可勝數，但眞正練到上乘境界並有所創造的又有幾人？喬松茂爲了提高拳藝水準，在學拳的各階段中，嚴格按照老師的口授身傳，認眞體會，刻苦練習，從不馬虎苟且。

喬松茂在學拳中很注重鑽研拳理拳法，不是單純的一招一式的練習動作，對每一招式都要問一個爲什麼，並體會它的內涵，弄清它的實際意義，不糊塗渾噩。

練拳下苦功是很辛苦的。長期以來，他每天早上5時起床，一般練拳兩小時，晚上練拳一個半小時。他把業餘時間都花在練拳上了。他不懂搓麻將，不打撲克，也不抽煙，不喝酒，平時一有空就思考拳的問題，久之形成了習慣。

武式太極拳中的「懶扎衣」是個著名的打手拳式，相傳，第三代傳人李遜之常常用繩子連著固定自己的脖子和手，不用伸縮就能發放人。李錦藩跟他學拳時就被他這樣發放過。李錦藩在彌留之際，躺在床上雙手還舉著「懶扎衣」的架式。喬松茂對「懶扎衣」的起承開合也花很大工夫去悉心體會。有時從老師處學拳回來，睡覺時還舉著手，妻子見他睡了還舉著雙手，便把他的手壓下來。但不一會兒他又下意識地把手舉起來。妻子擔心他練拳練過了頭影響身體，他笑著說，不會的。有時做家務活，也穿插著練拳。孩子出生後家務繁重，他下班回來就抱著孩子在走廊裡練基本步法，思考著內氣的運轉。

特別是李錦藩老師把武式太極拳的眞諦傳給他後，他練功有了豁然貫通的感覺，感到練一遍拳長一遍功，練拳一日，技精一日。

喬松茂體會到，練拳要出效果，心靜特別重要。一個人在工作、生活中常有很多不如意、不順心的事，往往在練拳時雜念襲上心來。他也碰到過這種情況，在一些使人心煩的事襲擾時，他總是想「太極拳乃天下之至理」，必須全身心投入才能有所收穫，於是，便逐漸平靜下來，專注地練拳。

武式太極拳重內不重外，不注重招式而重氣勢。一些練太極拳多年的人，水準老是提不高，而本人也弄不清是什麼原因，往往就向招數方面尋找，結果，還是徘徊不前。喬松茂在熟習招數著法的基礎上注重接勁打勁，從自己的身法、內勁、內氣、丹田的運轉等方面去尋找，從內在的方面去尋找。按李氏家傳的練拳要求，做到周身一家腳手隨，就算具有了七成功夫。喬松茂在練拳中努力做到一動無有不動，一靜無有不靜，在周身一家腳手隨的基礎上探求更高深的境界。

在推手方面，喬松茂認爲，推手不要拉拉扯扯，要注意接好對方的勁，兩勁相接，頂是相對的，有度的，自己的意識要用在與對方相接處。接勁時，要守住自己的「疆土」，不丟不頂。要多做腰腿動作，這是勁的本，力的源，運化的所在，這就叫一寸動，力無窮，一尺八，強弩末。如果推手過於軟，就守不住自己的「疆土」，也接不住對方的勁，就會該開不開，該合不合，該虛不虛，該實不實，就會黏走不靈，那是雙重之病。患雙重之病就必爲人所制。

喬松茂得到眞傳，學功路子正確，在推手上很有造詣，不少拳友慕名來與他交往。有的上門來切磋拳藝，有人見他年輕，才 30 來歲，對他的武功頗不以爲然。有一次，一位朋友陪他的老師來到喬松茂家，喬松茂熱情地招待他們吃飯。那位老師是一外家拳門派的傳人，說：「我們先交手，後吃飯。」喬松茂平常不輕易與外人交手，只在不得已時才與人搭手，再三推辭，對方堅持要切磋試手。兩人便在家中的小廳裡搭上了手。對方一搭上手便想變換虛實換手發勁進攻，但喬松茂一上手便接住對方的勁，跟住對方的勁，對方退不得，也換不得勁，盡處背勢。喬松茂並不發勁，連續三次都一樣封死對方。對方感到迷惑不解，說：「你能不能發勁打我一下？」喬松茂說：「怕你吃不住打。」兩人鬆開，喬松茂發了一個勁，他看了不解說：「你們的拳怎麼是這樣的？」據說，這位拳師走過不少地方，從未碰到過像喬松茂與他交手的這種情況。

喬松茂說，武式太極拳的發勁，要先練擁、撞，最後練漂。所謂撞就是對方力剛施於我之皮裡膜外，我勁已匝彼全身。集中全身之力並加上借到的對方的力，得機得勢於一剎那間一觸，彼自騰空跌出，必要時打擊對方的重要穴位，對方往往承受不住。所以一般打手都點到爲止，使人身體挪動不穩即收手，萬不得已時才發勁放人。貿然發勁，被發放的人會有一定的危險。喬松茂牢記李錦藩老師經常告誡他的一句話：「名聲是養出來的，不是打出來的。」講究武德，掌握分寸，點到爲止，讓人明白，就達到了切磋的目的。這是喬松茂在與人交手時對自己的要求。

喬松茂說，常見一些人推手時，失勢一方或面紅耳赤，或心懷不滿，存心報復，這是不利於提高技藝水準的。取勝一方不必盛氣凌人，洋洋得意；失勢一方也不必耿耿於懷，要用心去思考爲什麼自己會失勢而敗，求出其原因，才能有所長進。不斤斤計較於一時一地的勝負才能認識自己，正確評判自己，在原有的拳藝基礎上提高一步。因爲現在環境不同了，時代不同了，學武術要有一個清醒的頭腦。有了較高的修養和能容天地的胸懷，才能得到太極拳的眞諦。

廣交賓朋

1987 年，喬松茂萌發了外出訪名師、了解太極拳源流的想法，決定自費到武當山、趙堡鎮、上海等地。李錦藩知道後，對他很支持，說：「你要在掌握本門技藝的基礎上提高自己的技藝，訪名師、拜高朋是必要的。」行前，李錦藩對他還不大放心，就在自己家裡對喬松茂的功夫進行了一番測試。

經過試手，李錦藩說：「你黏走功夫不錯，特別是跟勁跟得很緊，你可以到外面去見見世面了。」李錦藩又說：「關於兵器方面，我已傳你四劍法、四刀法，但還不夠，我現再傳你反四刀法。這反四刀法有獨特的妙用，你學會後，更要注重武德，遇明師要虛心請教，不可恃技欺人。」

喬松茂在武當山時，見到了老道郭高一，互相行拳交流，郭道長對喬松茂打的武式太極拳提出了坦率的意見。在趙堡，喬松茂拜會了武禹襄的老師陳清平的曾孫，陳清平的後代得知是武式太極拳的後人來訪，十分高興，召家人濟濟一堂相敘。趙堡村還組織村中有名的拳師表演給喬松茂看，喬松茂也把師傳的太極拳打出來，互相觀摩交流。趙堡太極拳第六代單傳人陳敬伯的後代、趙堡太極拳第十四代傳人陳學忠對喬松茂說：「你打的拳是祖師陳清平所傳的趙堡太極拳的最後階段的練法，現在這裡這樣練的人不多。」

喬松茂南北走了一圈，結交了很多朋友，開闊了眼界，增長了見識，對全國太極拳活動的開展情況有了進一步的了解，也對當前全國太極拳水準有了一定的認識，爲他今後在較大範圍內發起和組織太極拳活動做了準備。

1987年，在地區領導、體委的大力支持下，他發起籌備成立「邯鄲太極拳研究會」，並任籌備組組長。本著更好地開展太極拳的挖掘、整理、繼承、發展工作的宗旨，廣泛聯絡邯鄲地區各流派傳人及各地的太極拳組織、名家及愛好者，經過兩年的籌備，研究會於1989年9月成立。由永年籍太極拳名家傅鐘文等人任顧問，有關領導和楊、武兩式太極拳傳人任正副會長，喬松茂被選爲副會長兼秘書長。

1989年，喬松茂向邯鄲地區行署建議組織旨在增進國際間太極拳界的友誼與合作，擴大對外開放的「河北・永年國際太極拳聯誼會」，得到省地領導的重視和採納。籌委會安排喬松茂負責聯絡國內外各派太極拳名家和傳人這一關鍵性工作。喬松茂利用自己的海外關係及其影響，在短時間裡聯繫了國內六大流派的太極拳名家和傳人，聯絡了世界30多個國家和地區的太極拳組織。在國內，他先後登門拜訪和邀請了陳、楊、武、吳、孫、趙堡六個流派的太極拳名家、傳人傅鐘文、馬岳梁、吳英華、孫劍雲、馮志強、陳正雷、浦公達、劉積順、王海洲等人。大會召開時，他所邀請的名家全部到齊，國外來了17個國家和地區的代表，國內外代表共309人，是國內召開的較大型的國際武術會議。會後，喬松茂受到了邯鄲地區的表揚和嘉獎。

喬松茂藉由參與組織這次國際太極拳聯誼會，進一步認識到，太極拳是中華民族的優秀遺產，是全人類的共同財富，必須衝破狹隘的民族觀念和國家觀念，繼續多做工作，爲太極拳進一步走向世界作出新的貢獻。

國際太極拳聯誼會結束後，他又著手籌備中國武式太極拳社，並在日本、美國一些國家設立分社，各地武式太極拳門人和愛好者推舉他任社長。

李錦藩先生曾說，永年武式太極拳傳人中有兩人向社會推廣武式太極拳有大的貢獻，一是郝爲眞，一是喬松茂。從喬松茂所得的眞傳以及他爲推廣太極拳所作的努力看，此話是有一定道理的。

師父遺囑

1991 年中國永年國際太極拳聯誼會後，喬松茂被定爲中國太極拳十三名家之一，引起了太極拳界的關注。他在聯誼會上表演的武式太極拳的明顯特點也給人們留下了很深印象。正當他努力將師門所傳發揚光大時，社會上有人說他是「假掌門」，甚至說他不是武式太極拳傳人，並且反映到了有關管理部門。面對這種說法，他認眞回憶了自己拜師學藝和老師李錦藩去世前後的情況。

1991 年 7 月 19 日，喬松茂計劃出差外地邀請一些太極拳名家來參加聯誼會，出差前，他來到李錦藩家，在此以前，他已經知道李錦藩身體不適，所以特地來看望一下。離開老師時，李錦藩拿出一包東西，對喬松茂說：「你拿這包東西回去，一個月後才打開看。」老師知道喬松茂一定會按照他的話去做的，相信他不會提前看包裡的東西。他出差回來，老師住院了。

7 月 30 日，他到醫院看望老師，見老師病情穩定，他又到武當山去考察和聯絡與會人員。

8 月 2 日，師父突然去世，他連夜趕了回來。晚上給老師守靈時，師兄弟們議論說，老師去世，要在師兄弟中定一位爲大師兄。李錦藩的愛人說：「你們定什麼大師兄，你們老師在世時已經定好了。松茂，你老師不是給過你一包東西嗎？那裡面寫得清清楚楚的。」喬松茂說：「老師說要我一個月以後才看。」師母說：「現在老師去世，你拿出來看吧。」喬松茂趕緊回家打開這個布包，布包裡有李錦藩書寫的家傳手抄本拳論四本：《舊譜再繕》《掘遺綴初》《誨藝精言》上下集，另有《彈弓譜》《奇槍譜》兩本。這六本手抄本均是李錦藩根據李家祖傳秘本整理重抄的。

還有一個小本封面上寫有「武式太極拳武李氏一至五世直系傳人」「給，第五代傳人喬松茂」，裡面按順序寫著武式太極拳五代傳人武禹襄、李亦畬、李遜之、李錦藩、喬松茂的名字，還有李錦藩所傳的 6 個入室弟子的名字，喬松茂排在第一位。看來，李錦藩知道自己在世時日不多，已經提前安排好自己的後事了。這樣，有李錦藩的遺囑在，定大師兄的事就不存在了。

改革開放以後，中國的太極拳運動開展得很活躍，楊式太極拳、武式太極拳發祥地在永年，邯鄲地區體委爲了進一步推廣太極拳，派出有關人員對現存的太極拳傳人進行了了解和核實。李澤堂（李亦畬的孫子、李遜之的兒子）說：「李錦藩早年從我大爺李石泉（李亦畬的大兒子）學拳，1937 年又隨我父親學太極拳和文化知識，上午學文化，下午學太極拳，到 1940 年藝成。」李澤堂還說了李錦藩被選爲繼承人的一些情況。

在抗日戰爭時期，李家的第三代基本外出謀事，不在家裡，李亦畬的兩個兒子李石泉和李遜之商議李家的太極拳如何繼承的問題，李石泉說：「老父親傳下的太極拳不能失傳，由誰來學，誰來繼承？我看錦藩可以，他傻憨中透著亮，適合學太極拳。」這樣就選擇了李錦藩，傳授家傳的太極拳給他。可是李錦藩也想像自己的叔兄那樣外出做事，不願意在家。有一次李錦藩偷偷跑出永年城，被追了回來，還挨了打，後來被管得緊，不能跑了，只得跟著兩位族祖父學拳。李錦藩是李亦畬三弟的後代，在李氏家族的五服之內。李錦藩對自己的這段學拳的情況有記載。

李錦藩在留給喬松茂的《誨藝精言》上冊中這樣寫自己的學拳情況：「……先伯曾祖亦洶、啓軒二公世代傳襲，雖不以藝事之，然四方僧俗、英豪登門造訪者頗不乏人，皆接待以禮。彼等慕名而來，無不欽佩而去，拜於門下亦非一人。至民國後，家運日衰，族人多為生活奔走，技藝之功距先人甚遠。我於斯技僅免於丟失，故功淺技疏。幼兒受教於先師伯祖父石泉公，與叔父化南日相砥礪。至『七七』事變後，彼參加抗日工作，抗日人員家屬時受迫害，石泉祖父心情煩亂，形之於色，乃從十一祖父遜之學，今老矣，功亦未成……為使教言不至隨時日而失，僅就記憶所及，將二公教言筆之於後，並參以己意……（二公）誨言誨教中時有現身說法，石泉公則疏於語言而重於憂身世，如此如彼，情景猶歷歷在目……1988 年 8 月中秋前五日，李錦藩是年六十有八。」

喬松茂回憶和閱讀老師留下的這些資料，想起老師的重托，常常潸然淚下。他回想自己當初學太極拳並不是想當什麼傳人、掌門、名家，而是自己受家庭影響的一種愛好。現在自己只是不負老師希望，想不到卻惹來了這樣的麻煩。他認為自己不應屈服於這些傳言，發展太極拳的事業不應退縮。他將自己的情況逐一向有關部門反映，凡是看過李錦藩留下遺囑的人，都支持他的想法。

1993 年，中央電視臺的「紀實 15 分」欄目的記者在市外宣局領導陪同下找到喬松茂採訪，記者問：「你說你是武式太極拳的傳人有什麼根據？」喬松茂說：「有，有師父的遺囑。」記者看了李錦藩的遺囑手跡後不解地說：「這些資料說明你是武式太極拳的傳人、掌門，爲什麼有人反映說你是假傳人、假掌門呢？」喬松茂只得苦笑。

以後中央電視臺先後於1995年、1997年兩次在「紀實15分」和「中國報導」中以《武式太極拳第五代傳人喬松茂》爲題進行了報導，新華社也派記者採訪喬松茂拍攝照片，在《人民日報》《光明日報》上作了報導。2001年3月在海南三亞市召開首屆世界太極拳健康大會，喬松茂被中國武術管理部門定爲中國武式太極拳的重要代表人物出席大會。每當喬松茂回憶這些，百感交集，他感到自己沒有辜負老師的囑托和希望。

自修自悟

李錦藩去世，喬松茂悲傷之後，想到今後沒有老師手把手教自己了，自己怎麼辦？經過短時間彷徨後，他認眞思考了自己的太極拳之路。他想到了《廉讓堂太極拳譜》中的「入門引路須口授，功夫無息法自修」的要求。他要按照老師所教和武式太極拳的拳論來進行自悟自修，將老師所教學而化之。

喬松茂在工作之餘，認眞練拳，認眞體會和實踐武式太極拳的拳論。李錦藩老師傳授拳給他時，他知道了太極拳之然，但是太極拳之所以然，他自己感到還不是很清楚，他要進一步弄清太極拳之所以然。在認眞解讀武禹襄、李亦畬的拳論中，他感到武禹襄、李亦畬的拳論雖然產生在封建時代，可是在經過100多年後的今天看，沒有時代痕跡和塵世間的俗氣，依然是太極拳學習的經典。同時，從拳論中喬松茂領悟了武禹襄博大的胸懷和修拳的境界，他認爲，自己在學拳實踐中先做一個合格人，然後是一個太極拳人。

喬松茂依然每天早上5點開始練拳，透過練拳來磨練自己。10年，他結合拳論練拳，感到有了四方面的突出體會：

一是完成了太極拳從練形、練意到練理的過程。過去練拳，在練形、練意上下工夫多，在這個基礎上，10年中他逐漸自覺地將武式太極拳的理貫穿到太極拳中，反過來對練形、練意又有了新的認識。喬松茂認爲，太極拳的意有三種，第一，是基本動作的意念。第二，是架子動作純熟後外來對抗性的意念。第三，是練拳時一舉手、一投足把宇宙間的浩然之氣收進自己的雙掌和由雙掌吐出去的意念。這些內容李錦藩老師都給他說過，但是當時體驗不到。現在由不斷的練拳實踐，特別是將太極拳之理貫徹到練拳中去後，才慢慢地有了穩定的體會。

二是練拳時內動大於外動，外動小於內動。喬松茂認爲，武式太極拳的內動大於外動是一個顯著的特點，但是過去自己知道而做不到。經過10年的練拳，他逐漸實踐和做到了武式太極拳這種「不在外面而在內」的要求。他認爲，武式太極拳由腳而腿而腰、形於手指的運動過程是練拳者內氣內開合的過程，在這個過程中在外形上動作動得不多，主要的是內部的開合，這是比較難練的一個過程。這個過程實際上是人體的大小周天的運轉過程。不得到正宗的傳授，是難以達到這種程度的，得到正宗傳授，要有一定的拳齡才能達到這種程度。

三是在練拳時做到目有所向，意有所指，氣（力）有所達。喬松茂認爲，自己經過10年的練拳，在過去規範的基礎上，逐漸在拳的動作貫徹了「目、意、氣（力）」的要求，這是與過去練拳的最大差別。他認爲，明確無誤地按照拳論的要求，練拳時在身上做到目有所向，意有所指，氣有所達，這是練拳很實際的要求，但是也是很難做到的要求，穩定地在練拳時做到這些要求更不容易。

四是由心知逐漸做到了身知。喬松茂認爲，過去老師在時，按照老師的要求，做到心知，但是在身知上還有很大的距離，而武式太極拳是以身知爲一個高臺階的。自己在練拳和推手中，經過 10 年的實踐，逐漸做到了身知。對於「神明」，他認爲還須在今後的漫長時間裡由實踐來達到。

喬松茂在自修自悟的同時，在國內對武式太極拳進行了傳播。他除了在邯鄲教拳之外，還利用假日、出差的機會，外出傳播武式太極拳。同時，對一些誠心學藝的人進行精心培養，適當選擇品德好、悟性高的練拳者爲弟子，由他們在全國各地傳播武式太極拳。

現在，喬松茂在全國 15 個省市有他的弟子和學生，一些弟子在當地建立了武式太極拳的研究組織。

1998 年，人民體育出版社經過選擇，約請喬松茂出版武式太極拳的 VCD，作爲「中華武術展現工程」的組成部分，共出版了 3 盒 4 片，內容有武式太極拳、太極劍等。根據反饋，該 VCD 市場銷路很好。

今年 5 月，喬松茂應人民體育出版社之約，又完成了《武式太極拳詮眞》一書，三十餘萬字，圖片千幅。喬松茂說：「人們將在我出版的書中第一次看到一些武式太極拳家傳的內容，以及《彈弓譜》等秘本，這是我遵照師囑，堅守傳統武式太極拳的原則，守住武式太極拳的原始特點和結果。」

拳論解說

在中國太極拳歷史上，武式太極拳所傳的《廉讓堂太極拳譜》是最有代表性的太極拳著作。李錦藩在教拳時爲喬松茂講解過其中的拳論，但是喬松茂說：當時由於對太極拳理解不深，老師所說的內容一閃過去了。李錦藩去世後，喬松茂根據老師所傳，結合練拳和推手技擊實踐認眞體會這些拳論，現在對這些拳論所包含的意義有了更明確的認識。現選擇喬松茂在對拳論的理解上與社會流行的理解不同的一些內容加以說明。

「牽動四兩撥千斤」是拳論中最重要的內容，也是當今武術界、太極拳界有人非難的說法。一般的認識是以自己的小的力量順勢撥動對方大的力量，「四兩撥千斤」是太極拳技擊的一種比喻，也是一種方法。

喬松茂說，老師在世時從多個方面說明了武式太極拳關於「牽動四兩撥千斤」的含義，自己在實踐中也體會到了這種含義。「牽動」是對自己而言，「四兩」「千斤」是對他人而言。「牽動四兩撥千斤」的做法是，自己與人搭手由雙方的接觸點，接住對方的勁，自己與對方連成一體。掌握住對方的要害處，透過自己的腰胯來牽動對方，對方的要害處比喻爲「四兩」，而對方的身體和使用的力量比喻爲「千斤」。更具體一點，雙方搭手接觸後，由接勁變化和意念，使勁集中到對方的一個腳上，對方腳的這一點就是對方的「四兩」，透過這個「四兩」來撥動對方外形整體的「千斤」。這就是傳統武式太極拳論對「牽動四兩撥千斤」的基本解釋和操作方法。

關於王宗岳《太極拳論》中的「虛領頂勁」，喬松茂說，李錦藩老師說，「虛」是太極拳的一種功夫，不是指外形。太極拳練習到了一定程度，能做到「虛領」就是動作開合很靈活了。而「頂勁」是指對方的勁，而不是頭頂上的勁。「頂勁」是指在交手中對方擊打來的勁。

也可以說是對方的「對勁」「拙力」。雙方在搭手當中，「虛領」是言己，「頂勁」是言他，是自己虛領別人的頂勁。「頂」是對方頂，對方出現「頂勁」了，我要「虛領」對方的頂勁。「虛領頂勁」不是一般社會流行說是言己的，不是自己將自己頭頂上的勁虛領起來。喬松茂說，這種解釋是他老師在逝世前對他說的。

對於李亦畬《撒放密訣》中的「擎起彼身借彼力」的「擎」是「驚」的意思，是使對方突然受驚，而馬上緊張，把自己團聚爲一體，這樣才好打，將「擎」理解爲「舉起」，這是外家拳的方法，是「尚氣者無力」的做法，不是武式太極拳的打法。

以上是舉例簡略的說明，喬松茂認爲，武式太極拳的拳論，家傳的認識與社會上一般望文生義的解釋是不同的。

走出國門

1992 年，喬松茂應邀參加山西楊式太極拳協會成立 10 周年大會，並在會上演示和講解武式太極拳。有一位從新加坡來參加會議的董先生，是當地的太極拳推手冠軍，曾經來中國學過拳，看了喬松茂的表演後，來到喬松茂住的賓館，試探性地推了一下手。後一直對喬松茂表演的武式太極拳感興趣，揮之不去。

他來到邯鄲喬松茂的家中，說：「喬先生，你的拳能不能體現技擊效果？」

喬松茂說：「傳統武式太極拳本身是具技擊性的，當然能體現出技擊效果。」

「我能不能與你再推推手。」

「可以。」

董先生高大壯實，有 1 米 8 的個頭。兩人搭上手後，不知道怎麼回事，董先生就站不穩。董先生說：「我們不搭手了，我隨便用什麼招數打可以嗎？」

喬松茂說：「可以。」

董先生上前就上面虛晃下面進攻，喬松茂一接勁不發勁，董先生就被打了出去，數次都是這樣。董先生坐在凳子上搖搖頭，感到自己這些年學拳，已經具有一定的對抗水準，但不見喬松茂用什麼招，就這麼簡單的幾下，自己就失利了，心裡很痛苦。但又不得不服氣，於是他說：「喬松茂老師，我請你到新加坡去教拳。」

董先生回新加坡後，將自己的經歷與朋友說，並說：「我在中國找到了一個好老師。」他與朋友一起請喬松茂到新加坡授拳。這是喬松茂第一次將自己所學的武式太極拳向外國傳播。喬松茂第一次到新加坡教拳，學拳的人有 20 多人，是董先生和他朋友的一些親友和熟人。喬松茂完成教學工作後準備回國，新加坡教師國術會的人見到了喬松茂，其中有一位名譽會長翁先生，已 60 多歲，他在過去十分嚮往中國傳統武術，爲了到中國學拳，把家裡一些有價値的東西都變賣了。他對喬松茂說：「我們能不能握握手。」喬松茂知道他的「握手」指的什麼，說：「可以。」兩人一「握手」，這位老先生馬上體會到了武式太極拳的技擊威力，他說：「我們新加坡教師國術會也請你來授拳。」

在喬松茂第三次到新加坡教拳時，新加坡的學生自發組織成立了「新加坡河清武氏太極拳研究會」，並經政府有關部門註冊，作爲新加坡武術協會的會員單位。新加坡教師國術會將喬松茂演示的武式太極拳、劍、大杆、推手等製作成錄影帶，發行到世界 30 多個國家，被國際間武式太極拳練習者視爲規範。

1993 年以來，喬松茂先後 7 次到新加坡授拳，在這期間，他所在的單位對喬松茂外出授拳十分支持，安排時間給他外出教拳，宣傳中國的傳統文化。喬松茂先後到過美國、英國、印尼、日本、泰國、香港、澳門等國家和地區傳拳。他在傳拳的過程中十分注意宣傳中國的太極拳文化，注重技術的傳授，也注重武德的教育，很多學生學習了武式太極拳後，在當地社會建立了良好的做人形象，得到當地群衆的認可。

立身中正

喬松茂於 2000 年當選爲邯鄲市所管轄的武安市副市長，在此前他當過武安市政協副主席、邯鄲市政協副秘書長、邯鄲市民革副主委、邯鄲市政協常委等職務。他作爲政府官員，又是一派太極拳傳人、掌門，在中國太極拳歷史上是少見的，在現今中國太極拳界也不多見。當領導後，喬松茂想，中國的太極拳是一種高深的拳術，同時被稱爲是文化拳，是智慧拳，其指導理論指導人練拳，也是教人如何做人和如何認識世界的理論。他要求自己在貫徹上級方針政策中，發揮自己是太極拳傳人的優勢，引入一些太極的思維來指導自己的工作。

喬松茂特別注意武式太極拳拳論中「立身中正，八面支撐」「內固精神，外示安逸」這些理論的要求。在工作中保持自己「當官」要「立身中正」爲人民群衆多辦實事。

喬松茂自己感到，在處理內內外外各種事情中，適當地利用太極拳的一些方法，自己也比別人多了一種爲社會爲群衆工作的工具。

誠心求藝得眞傳，磨劍十年鋒更亮。喬松茂 30 年對太極拳的不懈追求，人們相信他一定能繼往開來，將武式太極拳進一步發揚光大。

第一章　武式太極拳先師傳略

武禹襄先生傳

先王父，諱河清，姓武氏，字禹襄，號廉泉。永年人。性孝友，尚俠義。廩貢生，候選訓道。兄弟三人。長澄清，咸豐壬子進士，河南舞陽縣知縣。次汝清，道光庚子進士，刑部員外郎，瞻材亮跡，並聲於時。先王父其季也。先王父博覽書史，有文炳然，晃晃埒伯仲，而獨擯絕於有司，未能以科名顯，然以才幹志行為當道所器重。咸豐間，呂文節公賢基，肅書幣邀贊戎機，以母者辭。尚書毛公昶熙，巡撫鄭元善，又皆禮辟不就。惟日以上事慈闈，下課子孫，究心太極拳術為事。初，道光間河南溫縣陳家溝陳姓，有精斯術者，急欲往學，維時設帳京師，往返不便，使里人楊福同往學焉。嗣先王父因事赴豫，便道過陳家溝，又訪趙堡鎮陳清平。清平亦精是術者。研

究月餘，奧妙盡得，返里後精益求精，逐神乎其技矣。嗜持一杆舞之，多人圍繞，以水撲之，而身無濕跡。太極拳自武當張三豐後，雖善者代不乏人，然除山右王宗岳著有論說外，其餘率皆口傳，鮮有著作。先王父著有《太極拳解》《十三總勢說》，復本心得，闡出《四字訣》，使其中奧妙，不難推求，誠是技之聖者也。有子五人，用康郡庠生，候選府經歷；用擇同治壬戌舉人；用咸縣學生，候選鴻臚寺序班；用昭縣學生；用極國學生。孫十五人。次孫延緒，光緒壬辰翰林，出宰湖北，多工文學，未深習是術。得其傳者，惟李王姑之子李經綸、李承綸兄弟也。

李亦畬先生傳

李公亦畬者，直之永年人也。諱經綸，亦畬其字，號貽齋先生，諱世馨。廩貢生，候選訓道。同治元年，舉孝廉方正，不仕，卒於里第。比武孺人，為予王姑，生子四，公居長，次二承綸，光緒乙亥舉人。次三會綸，次四兆綸，均有聲庠序。次四公前卒。友白先生，公世父也，無子，以公為嗣。公事世父母，生意承志，一如事其所生父母者。而於所生父母之晨昏安膳，又

必省必定，必問必視，未嘗一委諸群季。以故兩家之父母，一歲不知子之非己出，一併忘其子之為人後也。公承歡之暇，尤嗜讀書，文學「備，名噪一時。弱冠補博士弟子員，應京兆試，一應不售。遂絕意進取，閉戶課子侄讀，約束綦嚴，非有故不得逾閾。嘗述其教弟子之旨於先生王父禹襄公曰：「孔子曰：『惟上知與下愚不移。』孟子曰：『自暴者不可與有言也，自棄者不可與有為也。』竊惟孔子之意，二者之質不數禮，大抵皆中人可與入道，顧視力行何如耳。禮今世之人，童蒙入塾，垂老無成，其自暴棄，誠有如孔子所云。抑亦為之父兄者中也棄不中，才也棄不才之過也，不則誨之而倦，一暴而十寒也。譬之治田，糞種弗勤，灌溉弗力，耕耘弗深，至苗不實，曰是苗之咎。吾見老農過而笑之。孟子不云乎：『五穀者，種之美者也。苟為不熟，不如荑稗。』荀子曰：『跬步不休，跛鱉千里，累土不輟，邱山崇成。』楊子曰：『有刀者」諸。有玉者錯諸。不礱不錯焉攸用。』韓子曰：『業精於勤，荒於嬉。』之數子者，皆先師大儒。予不敏，竊佩其言，故予課兒輩，一以勤且熟為本。」時先王父亦以詩禮訓不肖兄弟，聞之深韙其說。王父府君，公所從學拳法者也。先是河南陳某，善是術，先王父好之，習焉而精，顧未嘗輕以授人，恐不善用滋之弊也。惟公來，則有無弗傳，傳無弗盡，口詔之，頤指之，身形容之，手足提引之，神授而氣予之。公亦步亦步趨亦趨，以目聽，以心撫，以心力追，以意會。凡或向或背，或進或退，或伸或縮，或縈或拂，無不窮極幼眇，而受命也如響。倘所謂用志不分，乃疑於神者邪。已而鄭中丞元善，督師河南，聞公名，延請入幕。公參贊軍務，咸中機要。中丞上吏功於朝，公名列焉，得旨以巡檢用矣。公淡泊無仕宦情，間關歸去。歸里後，益不自暇逸，遇有義舉，任之罔有縮朒。故當事咸敬烝公，服公有卓識，數以事問策於公，公必統籌全局謂若何而利，若何而弊，盡達其胸臆所欲語，以其有裨於鄉閭而止。如障滏河、修道路、捕蝗蝻，皆公身親之，嘖嘖在人口，茲不縷述。

李遜之先生傳

李寶讓，字遜之。生於 1882 年，卒於 1944 年。李亦畬先生的次子，是武式太極拳的代表人物。由於李亦畬晚年得子，對遜之倍加體貼和愛護，並把武式太極拳藝和秘訣全部授於遜之，因此，在拳藝上遜之的造詣是相當深的。加之遜之先生天生悟性好，父親的言傳身教，傾心相授，使遜之完全繼承了武式太極拳的衣鉢，並發揚光大。

李遜之不滿 6 歲便在父親的督促下開始學練武式太極拳。開始因年幼貪玩，常受到亦畬先生的訓導和體罰。但不久遜之就迷上了太極拳，每日上午習文，下午習武，常常與姐姐和哥哥李石泉推手較技，並與師兄郝為真切磋，精於拳藝。李家世代書香門弟，平時給人的印象又似個文弱書生，故外人多以為他不懂太極拳，

其實遜之的功夫早已達到上乘水準。

遜之先生平時為人和藹可親，平易近人，不少鄉鄰要拜師學藝。在選擇學生的時候，遜之首先注重人品的好壞，他不但傳學生們武功，而且教他們做人要孝順父母，尊敬師長，忠誠老實，不說假話。學太極拳是為了強身健體，防身自衛，不可好勇鬥狠，打架鬧事，使學生們懂得學武的目的。要求學生繼承和發展武式太極拳，不能讓拳藝失傳。教導學生們要勤學苦練，多加揣摩，嚴守身法，保持先輩們的特點。並且明確指出，有了正確的練功方法，只有下苦功夫去練，沒有什麼近路可走，功夫是在老師經常的指導下苦練出來的。

李遜之在自己練功過程中，不斷總結新的內容和練功方法。比如用繩子繫住雙手固定在脖子上，不用伸縮來發放人。他指出武式太極拳的抽絲勁和纏絲勁是相互聯繫的，能掌握抽絲勁就有了纏絲勁。從神氣方面講，抽絲是直的，可是這一轉手，一轉身，腿轉、腰轉，兩臂也隨之轉，就形成了纏絲，產生了勁路。

李遜之先生身懷絕技，拳藝卓越，但從未仗武欺人。他最得意的門徒是他的族孫李錦藩，並將其畢生所學毫無保留地傳給了他，使武式太極拳後繼有人。李遜之在晚年時仍不斷地探討新的內容，研究拳法的奧妙所在，著有《初學太極拳練法述要》《不丟不頂淺釋》《授藝精言》等拳論。他是文武並重、德才兼備的一代太極拳大師。

記李錦藩先生

走進河北省永年縣廣府鎮李錦藩先生的家，一眼看見南

牆壁上靠有一根長約一丈的鐵棍，感到很特別。寒暄過後，便從這鐵棍問起。村先生說，這鐵棍是先賢李亦畬師徒練功用的，過去李亦畬和家人、門徒就把它當杆子練。李家有鐵棍兩根，一根 80 來斤重，一根 40 來斤重。武式太極拳名家郝為真跟李亦畬學拳時，用那 80 多斤的鐵棍一口氣可捅 100 多下。那條鐵棍後來給人弄斷化鐵了。眼前這棍鐵棍，一些學生和門人還用它來練功。

說到這裡，李先生笑了笑說：「這些來訪者見了這根鐵棍，也想抖幾下，但大都力不從心。」這根鐵棍讓我看到了李家先人及其門人練功的刻苦。

李遜之的有趣談話

李錦藩是李亦畬的族曾孫，從幼年起跟李亦畬的兒子李石泉、李遜之先生學拳。李錦藩回憶了他跟李遜之學拳時李遜之說的幾段話，這些話現在看來對學習太極拳的人仍有一定的意義。

有一次，李遜之對李錦藩說：「你走個架子給我看看。」李錦藩走了一個架子後，李遜之說：「就這樣練，把勁路打通再說。」

有一次，李錦藩問李遜之：「我看拳譜上有掤、捋、擠、按、採、挒、肘、靠八法，這八法是怎麼回事？」

李遜之說：「分得那麼清楚怎麼能用？我一舉手這全部

都有了。」

沒過多久，李錦藩又問：「拳譜上講 10 種身法，怎麼做才合乎要求呢？」李遜之說：「你把頭豎起來，將身子豎起來，你就什麼都不要管了，你感到順了，得力了，就行了。」

在一次學拳中李遜之說：「拳，沒有多大力氣就可以學會的。真經沒幾句，其中的奧秘告訴你，幾句話就說完了。論拳，也不必按《易經》那樣說。」

李錦藩說，他就是這樣學太極拳的。李遜之總是在關鍵時給點撥一下，有時還不能多問，因為過去在輩份上要求很嚴格。

李亦畬一家在永年縣是書香門第。李亦畬畢生精研太極拳，但不以授拳為業，只是在族人中教，偶爾也教外姓人。李遜之從小跟父親學拳，一身功夫深藏不露。平時與朋友相見，與外人交談，從不言及拳，也說自己不懂拳，以至外面的人不知他會拳。1940 年，鄉鄰魏佩林等四人拜李遜之為師，人們才知道李遜之會拳。李錦藩在李遜之的教導下，加上自己苦練揣摩，成為李氏家族中一位相當有功夫的人。李遜之去世後，他成了李家推舉的掌門人。李家一些祖傳的拳論、拳譜現在由他保管，他繼承祖上的事業，在李氏家族中擇人授藝，也教一些外姓的太極拳愛好者。

由於長期練拳，他對武式太極拳的練法有不少體會。他說，練太極拳一招一式絲毫不能馬虎，要不苟且、不隨便。

李錦藩認為，練拳不一定以時間來衡量。一個人練拳 20 分鐘，基本上按太極拳的各項要求去練，上的是太極拳的功夫。如果像做廣播操那樣，就不會上太極拳功夫。一個人按規矩練，練完就丟開了，另一個練完還要想一想，哪些地方做對了，哪些地方還不足，這兩個人得到的效果也不一樣。

他存有武、李家先人的拳譜和拳論

由武禹襄、李亦畬傳下來的武式太極拳、十三杆、武式太極強身劍在李亦畬在世時已外傳一些門人，李亦畬手抄的《廉讓堂太極拳譜》也傳給了他的門徒。但李家還有內部傳習的一些套路和拳論，這些套路和拳論過去只傳少數李姓家人，不傳外人。

李錦藩為了讓筆者了解到這些拳譜和拳論的內容，破例拿出幾本毛筆手抄本給筆者看，他一面翻開這些手抄本，一面說明其中的內容。

這些抄本中有武禹襄、武秋瀛兄弟倆所寫的一些未外傳的拳論，有李亦畬所寫《五字訣》定稿前的草稿，有李石泉、李遜之教學生時的談話，還有《廉讓堂太極拳譜》新抄本。具體篇目和內容如下：

根據李亦畬自藏本《廉讓堂太極拳譜》謄寫抄本中有一則《撒放密訣》注解，即是《七言四句解》，它的內容是：「腳手不隨者不能，周身不一家者不能，身法散亂者不能，精神不團聚者不能……」這些內容很少見於報刊、拳書。

《授藝精言》分上下兩冊，上冊為李石泉授藝時的口述記錄，內附拳械秘本。下冊是李遜之授藝時的口述記錄。據說，李遜之長於拳，如能依他口述習練，可免於迷途而臻於成熟。

《掘遺輟初》本內錄有未曾收入《廉讓堂太極拳譜》的《太極拳概要圖》《拳論》，武秋瀛所著《釋原論》《拳論》，李亦畬的《五字訣》初稿、《虛實開合圖》《論虛實開合》，李啟軒所著《一字訣》《太極拳白話歌》等。

李錦藩先生詳細地講述了李亦畬《五字訣》初稿與定稿的差別。在《五字訣》定稿時，李亦畬刪了一些內容。如「勁整」訣中，刪掉了「擎攬引鬆放四字必須一齊做到，無間毫髮……」「神聚」訣中刪掉了「認定彼之腳跟，沾定彼之皮毛，欲彼前跌，我由下而翻上發之；欲彼後跌，由上而翻下發之……」這些話雖然刪掉了，但對太極拳的推手技擊而言，至今仍閃耀著燦爛的光輝。

黏走同時完成是武式太極拳的技擊特點

當今社會流傳的太極拳理論和所表現出來的技擊特點百花紛呈，作為武禹襄、李亦畬的後人，他們對太極拳的技擊有什麼認識呢？他們的推手技擊又有什麼特點呢？

對於這一問題，李錦藩說，永年是武式太極拳的發祥地，我們以《廉讓堂太極拳譜》和武禹襄、李亦畬等人一些未外傳的拳論為指南。黏即是走，走即是黏是王宗岳《太極拳論》中的名句，在武式太極拳推手中，十分重視貫徹這句至理名言。武式太極拳要求與人推手時，黏走要同時完成。兩人交手，一黏即走，一走即黏。退即進，進即退。遇到對方的勁力，一柔就走了，同時還要進，退中有進。同時進退不只是表現在手上，還要在身上表現出來。武式太極拳這種打法與平常人打架是不一樣的。平常人打架，胳膊、手收回來打出去，打出去收回來，而太極拳打人是打了屈了，屈了打了，進是打人，退也是打人。

李錦藩說，武式太極拳在推手中講究與人接觸，要互相接住勁。對一些人說的不用接觸身體就可以凌空擊人、發人，他認為，連王宗岳都說，要不丟不頂，兩個人一點都不接觸，中間什麼東西沒有，不黏住，是無法打的。兩人相黏，不但皮肉相接觸，還要勁與勁相接觸才能進行順勢借力發放。李錦藩先生由於過去得到李家前輩的口授身傳，對武禹襄、李亦畬的拳論能準確地解釋其中的含義，有些解釋與社會上的一些報刊文章和拳書的解釋不一樣。

在黑白顛倒的「文革」中，不准習練武術，說練武的人都不是好人，一度使武術處於水深火熱之中。但他雖不能公開練，就在人們都熟睡的時候起來練拳。祖上留下來的寶貴財富、民族的瑰寶，不能失傳。他以超人的毅力和意志苦苦地追求太極拳藝，使武式太極拳在那艱難困苦的年代中得以完整地保留了下來，為後來的武式太極拳發展做出了重大貢獻。

李錦藩先生由於過去得到李家前輩的口授心傳，對武禹襄、李亦畬的拳論能準確地闡釋。李家歷代雖研習太極拳，但祖訓不准以教拳為業，授徒極少。從李亦畬、李啟軒到李石泉、李遜之，又到李錦藩，這個以耕讀為業，不以教拳問世的書香門第之家，武式太極拳卻能歷代相傳，聲光燦然，久久不墜，這在歷史上也是罕見的。

李錦藩在自己練功的同時注意選擇合適的傳人。1972年遇喬松茂，經過多方考察和長時間的接觸，認為孺子可教，經過李氏家族的商討，把全部武式太極拳的精髓、要訣傳給了喬松茂。李錦藩高興地說：「我不是歷史的罪人了，武式太極拳沒有在我這一代失傳，我死而無憾了。」

1991 年 8 月 2 日，李錦藩為籌備河北永年國際太極拳聯誼會，勞累過度離開了人間，享年 72 歲。

第二章　武式太極拳概述

第一節　武式太極拳的源流及特點

武式太極拳始祖武河清，字禹襄（1812～1880），河北永年縣廣府城內東街人。長兄澄清，字秋瀛，任官於河南舞陽縣知縣。次兄汝清，字酌堂，清刑部員外郎。兄弟三人自幼從父習洪拳，家頗富有，並於永年廣府城內東西兩街各開茶莊一處，後將兩茶莊合併，騰出西街市房租給河南溫縣陳家溝陳姓經售藥材，店名太和堂。禹襄和其兄見店伙計均習太極拳，輕靈巧妙，與己所學迥然不同，遂以客東之誼求授。雖習數年，而奧妙終難曉悟。

素聞河南趙堡鎮陳師清平拳藝精湛，禹襄乃於赴兄任所之便而從學。正值陳師有售出土地未撥丁名之憂和受人誣告入獄殺身之難，禹襄透過在舞陽當知縣的兄長武秋瀛，代為奔走而解之。陳師甚感其恩，隨傾心授藝相報，體示口解，備極詳盡。

陳師所授拳技與禹襄從太和堂學得的拳架大不相同。禹襄邊學邊練，並將所學拳理、拳訣作出札記，晝夜研習，四十餘日，悉得其髓，理法盡知。復將陳師所贈的王宗岳《太極拳論》《太極拳勢概要圖》《拳論》一併抄錄攜歸。晝夜左習，兩年後技藝驟進，理法大明，竅要盡能施於身。因之將前作之札記，參以後之閱讀《拳論》及練功方面的發悟，衍寫出《拳解》《十三勢行功歌解》《身法十法》《打手撒放》《四字密訣》等著作。至此，漸感原學拳架須以改創，乃訂出旨要，嚴守身法，力法語明地體現拳理，深蘊拳技竅要，學者易學而獲強之益，且免濫用於擊技之害。

歷時三載，方成今貌。整個套路共 85 式，拳式小巧緊湊，身法緊嚴無隙，掤、捋、擠、按、採、挒、肘、靠，貫穿於各勢之中，機宜盡蘊於內，進退顧盼定隨勢而生。體態端莊，氣勢鼓蕩，恬靜安舒，精神內涵。特別強調「一動無有不動，一靜無有不靜」；立身要求「中正不偏、八面支撐」；行功要「靜若山岳，動若江河；邁步如臨淵，運勁如抽絲，蓄勁如張弓，發勁如放箭；行氣如九曲珠，無微不到；運勁如百煉鋼，何堅不摧；形如搏兔之鵠，神如捕鼠之貓」。打手重接勁打勁，不重招數外形，其形式傳統的只有三步半活步推手一種。

武式太極拳的內因精神、外示安逸，一氣鼓鑄，練氣歸神、氣勢騰挪、精神貫注、剛柔相濟、開合有致、虛實清楚的特點和風格，勢勢皆為解說太極拳理、拳法的絕好範例。故李亦畬在太極拳譜序中說：「……後以參以鄙見，反覆說來，惟恐講之不明，言之不盡，然非口授入門，雖終日誦之，不能多有裨益也。」跋中又云：「……切勿輕以予人，非私也，知音者少，可予者，其人更不多也，慎之、慎之。」竅要隱密，不經口授身演人盡難知，樸實無華乾枝老梅，緊嚴慎密如天衣無縫，且深合養生之要義。因而外形易學而得之延年益壽，真諦不經指點終難用於擊技。

武禹襄身體力行數十年，終身致力於太極拳研究，對武式太極拳的形式完善作出了巨大的貢獻。其拳論皆根據其切身體會，簡練精要，無一浮詞，為近代治太極拳者奉為經典。

武式太極拳科學地集拳術、力學、導引、傳統哲學為一體，而自成一家。堅持習練傳統武式太極拳，可起到祛病延年、陶冶情操之奇特功效，因而在海內外享有盛譽。許多國家成立專門機構、組織，對其功理、功法進行探索和研究。

由於武禹襄及歷代傳人均受舊社會重文輕武思想的影響，願以儒生自居，不願為武術拳師，授徒極少。至第五代傳人喬松茂，順乎潮流，於 90 年代初，將該拳大力推廣傳授，才使世人得見其真面目。

主要傳人情況為：武禹襄傳甥李亦畬、李啟軒；李亦畬傳子李石泉、李遜之，門徒郝為真（創郝式太極拳）；李石泉及李遜之傳李錦藩；李錦藩傳徒喬松茂。

第二節　武式太極拳對身體各部位姿勢的要求

一、頭　部

練習太極拳時，對頭部姿勢的要求是很嚴格的。要求練者頭自然鬆正，避免頸部肌肉硬直，更不要東偏西歪或自由搖晃。頭頸動作應隨著身體位置和方向的自然變換，與軀幹的旋轉上下連貫，協調一致。面部要自然，口自然合閉，舌微上卷舔住上顎，以加強唾液的分泌。

眼神要隨著身體的轉動平視前方，既不可皺眉努目，也不要隨意閉眼或精神渙散，要目有所視。打拳時，神態要自然，注意力一定要集中，否則會影響鍛鍊效果。

二、軀幹部

1.胸、背　太極拳要領中指出，要「含胸拔背」，或者「含蓄在胸，運動在兩肩」。意思是說，在鍛鍊過程中要避免胸部外挺，但也不要內縮。配合周身，順其自然。「含胸拔背」是互相聯繫的，背部肌肉隨著兩臂伸展動作，盡量地舒展開，同時注意胸部肌肉要自然鬆弛，不可使其緊張，從而也可免除胸肋間的緊張，呼吸調節也自然了。

2.腰、脊　人體在日常生活中，行、站、坐、臥要想保持正確的姿勢，腰、脊起著主要作用。在練習太極拳的過程中，身體要求端正安舒，不偏不倚，腰部起著重要的作用。拳論云「腰脊為第一之主宰」，又云「刻刻留心在腰間，腹內鬆靜氣騰然」「腰為車軸」等等，都說明了如果腰部力量中斷或身體轉動中起不了車軸作用，如不把脊骨豎起來，就不可能做到周身完整一氣。練習時，無論是進退或旋轉，凡是由虛逐漸落實的動作，腰、腹部都要有意識地向下鬆垂，以幫助氣的下沉。注意腰、腹要有微撐之意，不可用力前挺，以免影響轉換時的靈活性。這樣，腰、腹部向下鬆垂，可以增加兩腿力量，使下盤得到穩固，使動作既圓活又完整。

在配合鬆腰的要領當中，脊椎骨要根據生理正常姿態豎起，不可因鬆腰而故意後屈、前挺或左右歪斜，以致造成胸肋或腹部肌肉的無謂緊張。由腰部維護身體的重心，能使動作既輕靈又穩定。可見，腰脊確是練太極拳的第一主宰。

3.臀部　練太極拳時要求「斂臀」，這是為了避免臀部凸出而破壞身體的自然形態。練習時，要注意臀部自然下垂，不要左右扭動。在鬆腰、正脊的要求下，臀部肌肉要有意識地收斂，以維持軀幹的正直。總之，垂臀的要求應用意識調整，不是用力去控制。

三、腿　部

在練習太極拳的過程中，進退的變換，內開合的轉換，發勁的根源和周身的穩定，主要在於腿部。因而在鍛鍊時，要特別注意重心的移動、腳放的位置和腿彎的程度。練拳人常講：「其根在腳，發於腿，主宰於腰，形於手指。」可見腿部動作姿勢的好壞，關係著周身姿勢的正確與否。

腿部活動時，首先要求腰、腹自然放鬆，這樣可以保證進退靈便。腳的起落，要輕巧靈活；前進時腳跟先蹬鐽著地，後退時腳掌先著地，然後踏實。

初學的人，往往感到顧了手顧不了腳，而且大多數人只注意了上肢的動作，而忽略了腿、腳的動作，以致影響了整個拳架的學習。應該充分認識腿腳動作在姿勢變換中的重要性，認真學好各種步型步法。在練架子時，必須注意腿部動作的虛實。所謂腿部動作的虛實，就是重心在右腿則右腿為實，左腿為虛；重心在左腿則左腿為實，右腿為虛。但是，為了維持身體平衡，虛腳還要起著一個支點的作用（如「虛步」的前腳和弓步的後腳）。總之，既要分清虛實，又不要絕對化，這樣，進退轉換不僅動作靈活穩定，而且可使兩腿輪換負荷與休息，減少肌肉的緊張和疲勞。

做弓步時，要以一腿彎曲支撐體重，另一腿提起伸直（不可僵挺），腳跟蹬鐽自然落下，然後全腳踏實向前弓腿，這樣進退自然、步幅適當。做跟步動作時，腳掌要先著地。蹬腳、分腳動作，宜慢不宜快（個別動作除外），應保持身體平衡穩定。擺腿動作（「擺蓮」）或拍腳的動作，不可緊張，須根據個人技術情況而定，手不拍腳也可以（一般適於年齡較大者習練）。

四、臂　部

太極拳術語中講「沉肩垂肘」，就是要求這兩個部位的關節放鬆。肩、肘兩個關節是相關聯的，能沉肩就能垂肘。運動時應經常注意肩關節鬆開下沉，並有意識地向外引伸。

太極拳對手掌部位的要求是：凡是收掌的動作，手掌應微微含蓄，但又不可軟化、飄浮；當手掌前推時，除了注意沉肩垂肘之外，同時手腕要微向下坐腕，但不可彎得太死。手法的屈伸翻轉，要力求輕鬆靈活，出掌要自然，手指要舒展撐開，拳要鬆握，不要太用力。

手和肩的動作是完整一致的，如果手過度向前引伸，就容易把臂伸直，達不到「沉肩垂肘」的要求；而過分地沉肩垂肘，忽略了手的向前引伸，又容易使臂部過於彎曲。總之，動作時，臂部始終要保持一定的弧度，一般略大於90°，推掌、收掌動作都不要突然斷勁，這樣才能做到既有節奏又能連綿不斷，輕而不浮，沉而不僵，靈活自然。

第三節　武式太極拳的練習步驟

武式太極拳的練習步驟和其他各式太極拳的習練方法基本上是相同的，須經過一個由生到熟、由熟到巧的逐步提高過程。

武式太極拳有著獨特的運動特點和風格，只有充分體現出這些風格與特點來，使每一個動作姿勢準確，符合其要領，由易到難，由難到順，由順到長功，達到功深式準，才能更好地收到增強體質、延年益壽、技藝超群的效果來。

武式太極拳可分為三個階段來練習。

第一階段，主要在姿勢的準確上下工夫。要在動作過渡式上打好基礎。像小學生寫字一樣，一筆一畫橫平豎直，守住身法，一字一板，不可操之過急，揠苗助長。掌握技術差之分毫，謬以千里。把整個拳套架子中步型、步法、腿法、身法、手型、手法、眼神等基本要領做準確，步法穩定，一招一式規規矩矩，把架子凝固好。

第二階段，走順階段。在動作準確、架子成形的基礎上，注意掌握動作的變化規律。折疊轉換，做到協調連貫，圓活自然，拓開眼界，體鬆心靜，輕靈沉著，周身一家，腳手相隨，呼吸自然，氣蓄斂於脊骨之中。

第三階段是成功架子。行功走架提起全副精神，一舉手，一投足，具有壓倒一切對手之氣勢。一連走幾個架子也不感疲勞，完全是用內勁支配外形。以意行氣，以氣運身，達到意、氣、拳架三者合為一體。

在這三個階段練習過程中，始終都要以「心靜、身靈、氣斂、勁整、神聚」這五個重要要訣為努力方向。這五個要訣若全部做到了，說明你的拳藝就能一步步地登上太極拳藝的高峰。

「心靜」是指練走架時思想集中，精神貫注，專心致志排除一切雜念。

「身靈」是指舉手投足不可呆頭呆腦，要進退自如，身法靈活，刻刻留意在腰間。

「氣斂」是指氣沉丹田。氣斂入骨，動作配合好意念，以意行氣，以氣運身。

「勁整」是指一身之勁合為一體，勁起於足跟，主於腰間，形於手指，周身一家，腳手相隨，能發出全身之力的整勁來。

「神聚」是神氣鼓蕩，精神貫注，是心靜、身靈、氣斂、勁整四功的齊備，提起全副精神來練拳走架。

下面把這三個階段的主要過程及其要點簡述如下。

第一階段屬於打基礎，也是著熟凝固架子的階段，要注意以下幾個要領：

1. 端正姿勢

練武式太極拳首先要注意姿勢正確，最重要的是上身要自然豎直，腰脊中正，頭不可前伸，要自然鬆正。目平視前方，兩肩、兩胯要自然放鬆，不可前俯後仰，左歪右斜，聳肩扭胯。身體各部位按著基本要領準確無誤，每一個部位的基本要領，都會聯繫著別的部位的基本要領，不要造成錯誤的定型，這一階段也是最重要的階段。基礎打不好，必定造成以後的不正確的動作。

例如，姿勢中臀部外凸必須牽連腰部和胸部前挺，腹肌緊張。因此，初學階段要姿勢準確，不可貪多求快、潦草從事，這樣做，開始階段可能刻板一些，靈活性稍差，但只要抓住了身法的主要關節，守住身法，一開始進步會慢點，把架子凝固好，將來進步就快，從某種意義上講慢就是快。如果一開始不注意姿勢的準確性，守不住身法，一開始好像學得比別人快，但以後進步就慢了，快就變成了慢。常言說，學拳容易改拳難，就是這個道理。

2. 穩定中心

要使身體姿勢端正，穩定中心是很重要的。穩定中心首先要保持下肢的穩定，步型、步法是整個姿勢的基礎。下肢如不穩，上身就發飄，下肢不穩的主要因素多是由於步型、步法不得當。步子過小、過窄，或腳的位置、角度不對，以及變換虛實不清，造成身體不穩。步型要準確，步法要適度，也可以單練各種樁步和步法。穩定好中心，培養下肢的支撐平衡力量，掌握好要領，銜接好步法之間的轉換，不要錯誤地理解要領，別著自己的步法，越練越走偏路。同時，要多練單式，即各種腿法（蹬腳、分腳、擺蓮、踢腿）和腰部的柔韌性方面的練習，來增強下肢的穩定。總之，武式太極拳行功走架，下肢的穩定是相當重要的。

3. 舒鬆均勻

初學武式太極拳時要注意舒鬆均勻。舒鬆不是軟化無力，而是按著規矩，不可僵硬，一字一板的自然運動。鬆而不懈，緊而不僵，運勁如抽絲，邁步如貓行，不可使用拙力，造成不必要的緊張、呆板。掌握好要領，把不必要的緊張和僵勁去掉，注意鬆肩沉肘，鬆胯活腰，以腰為主宰，反覆習練，動作要均勻。

初學時動作要慢一些，用力要輕，易於使動作準確，消除拙力。初學時動作不熟練，可以在動作之間有片刻的停頓，體會一下要領，再做下一個動作。但在動作熟練準確之後，就要努力保持均勻的速度，起落轉換不可忽快忽慢，不可上下起伏，不可左歪右斜，把架子固定好。

第二階段走順架子，掌握好運動規律，是練習懂勁的階段。

1. 連貫協調

練武式太極拳，在姿勢動作有了一定的基礎之後，就進入走順架子、連貫協調階段。各個姿勢動作的前後銜接，一氣呵成，如行雲流水一般，前一個動作的完成，就是下一個動作的開始，不可中途斷線。要求上下相隨，完整一氣，全

身各個部位運動要連貫協調，一動無有不動，一靜無有不靜。要做到節節貫串，整個過程精神要提得起，密切配合全身的運動，如長江大海滔滔不絕。不可手腳快慢不一，軀幹、四肢脫節，就會受人所制。因此，動作的連貫協調是至關重要的。

2. 空鬆圓活

武式太極拳的動作練起來要靈活自然、銜接和順。在動作要領上，特別注重運用腰脊帶動四肢，以腰為軸，體現坐腕旋臂，屈膝鬆胯等要領。反覆練習，做到變轉圓活、輕靈順遂，空鬆圓活是相輔相成的。平日練拳走架，要認真揣摩空鬆的意義，這樣久練之後，才能達到上乘功夫。

3. 呼吸自然

初學武式太極拳時要求呼吸自然。因武式太極拳注重於內，故在行功走架中，人的自然呼吸會隨著人體的代謝需要而產生變化，不要刻意追求它，應順其自然。

第三階段。過去有人把這個階段稱為「由著熟而漸悟懂勁」的階段，或者叫做「練意、練氣、練勁」的階段。練習中要注意掌握以下要點：

1. 虛實分明，剛柔相濟

在武術練習中，常常把矛盾轉換概括稱為虛實變化。太極拳從整體動作來分，除個別情況外，動作達到終點定勢為「實」，動作變轉過程為「虛」。從局部動作來分，主要支撐體重的腿為實，輔助支撐或移動換步腿為虛；體現動作主要內容的手臂為實，輔助、配合的手臂為虛。分清了動作的虛實、用力的時候，就要有張有弛，區別對待。

實的動作和部位，用力要求沉著、充實；虛的動作和部位，要求輕靈、含蓄。例如，動作達到定勢或趨於完成時，腰脊和關節要鬆沉、穩定。動作變轉運動時，全身各關節要舒鬆、活潑。上肢動作由虛而實時，前臂要沉著，手掌逐漸撐指、展掌、坐腕，握拳要由鬆而緊；由實而虛時，前臂運轉要輕靈，手掌略微含蓄，握拳由緊而鬆。這樣，結合動作虛實變化，勁力有柔有剛、張弛交替，打起拳來就可輕靈、沉著，避免不分主次、平均用力和雙重、呆滯的毛病。

2. 連綿不斷，勁力完整

太極拳的勁力除要求剛柔相濟外，還要求均匀完整，時時處處不斷勁。如同傳統理論中所說「勿使有凹凸處，勿使有斷續處」。斷勁就是指力量的中斷、停頓、脫節、突變。要使勁力綿綿不斷，就要在動作連貫、協調、圓活的基礎上掌握運勁規律。太極拳用力要求發自腰、腿，運用於兩臂、兩手，達於手指，動作起來，以腰為樞紐，周身完整一氣。凡是腰部的旋轉都和腿的屈伸、腳的外撇裡扣、身體重心移動配合一致。兩臂運轉也要在腰部旋轉帶動下進行。

強調腰、腿發力，周身完整，不是忽視上肢作用。武式太極拳中兩臂變化不多，是勁力運用的集中表現。如開式，雙掌勞宮穴有微凸之意，十指撐開，意念中好像力量貫注到雙掌掌根。這樣儘管動作千變萬化，但勁力始終貫串銜接、完整一氣，做到勢換勁不斷。

概括起來，前面講的剛柔相濟，是指力量的變化；這時講的連綿不斷，是指勁力的完整。

3. 意念集中，以意導動

練太極拳自始至終要求思想集中。在技術熟練以後，注意力就應集中到勁力運用方面，做到「意動身隨」「意到勁到」。意念活動能動地引導動作，不僅使勁力體現得更充分、動作更準確，而且對調節中樞神經、增強各部器官的機能、提高醫療效果，都有直接影響，所以，有人形容太極拳是用意不用力的「意識體操」。關於太極拳意念引導動作，在理解和實踐中要特別注意以下兩點：

第一，意念集中不是情緒緊張呆板，而是外示安逸，內固精神。意念活動要與勁力的剛柔、張弛相一致，形成有節奏、有變化的運動。意念活動和勁力運用，是統一運動的兩個方面，都要體現「沉而不僵，輕而不浮」的特點。

第二，意念、勁力、動作三者是統一的，但它們的相互關係則有主有從。

意念引導勁力，勁力產生運動。太極拳要求「先在心、後在身」，勢換勁連，勁換意連。但對這種主從關係，不能有脫節、割裂的理解。意念的變化要表現在勁力和動作上。練太極拳不能片面追求「虛靜」，追求「有圈之意，無圈之形」，那樣就會把意念活動割裂架空，使人莫測高深，無所適從。

4. 呼吸自然

武式太極拳所指的呼吸，是指內勁、內氣在體內的開合、升降。而不是指肺部呼吸，故習練者不可有誤解。習練太極拳要保持肺部呼吸的自然順遂，不能生硬勉強，以免有傷身體。

第四節　武式太極拳的動作要領

一、意識引導動作

人體的任何動作（除反射性動作外），包括各種體育鍛鍊的動作，都需經過意識的指揮。練習太極拳的全部過程，也要求用意識（即指想像力）引導動作，把注意力貫注到動作之中去。如做太極拳「懶扎衣」，在練法上，不是隨便地把兩臂抬起來，而是首先要求想著兩臂上舉的動作，隨後慢慢地把雙掌抬起來；又如做兩手向前按出的動作，首先就要有向前推按的想像。意欲沉氣，就要有把氣沉到腹腔深處的想像。意不停，動作亦隨之不停，意和神就好像用一條線把各個動作貫串起來一樣。

總之，練習太極拳從「起勢」到「收勢」，所有動作都要注意用意識去支配。過去練拳人所說的「神為主帥，身為驅使」「意動身隨」就是這個意思。為了掌握這個要領，必須注意以下兩點：

第一，安靜。練拳時從準備姿勢開始，首先就要從心理上安靜下來，不再思考別的問題。然後按動作要求檢查，頭是否正直，軀幹和肩是否放鬆了，呼吸是否自然通暢，當這些都合乎要求時才做以後的動作。這是練拳前一個重要的準備工作。這種安靜的心情，應貫徹到練習拳架的全部動作中去。

練拳時，無論動作簡單還是複雜，姿勢高還是低，心理上始終要保持安靜狀態，這樣才能保持外示安逸，意識集中，精神貫注到每個細小的動作之中，否則就會造成手腳錯亂、快慢無序或做錯了動作的現象。太極拳要求「以靜御動，雖動猶靜」「動中求靜」，如能做到這些，就不至於引起神經過分緊張以致過分疲勞。

第二，要集中注意力。在安靜的前提下，要把注意力放在引導動作和考慮要領上，專心致志地練拳。不要一面走架，一面東張西望或思考別的事情。初學太極拳的人，很容易忘掉這個「用意」的要求。經久練習，就可意動身隨，手到勁發，想像力自然與肢體的活動密切配合。

二、注意放鬆，不用拙力

這裡所講的放鬆，不是全身的鬆懈疲怠、軟而無力，而是在身體自然活動或站立情況下，使某些可能放鬆的肌肉，做到最大限度地放鬆，動作時避免使用拙力和僵勁。在練習中，要求人體的脊柱按自然的形態直立起來，使頭、軀幹、四肢等部位進行舒鬆自然的活動。

太極拳姿勢要求身體中正安舒，不要前俯後仰或左右偏斜。它所用的力，是維持姿勢的正確與穩定、自然，經過長時間練習而引發的一種特殊的力，有的稱它為規矩的力，也有的稱它為「勁」。兩臂該圓的，就必須做到圓滿；腿該屈的，就必須屈到所要求的程度。除按照要求所用的力量之外，其他部位肌肉要盡量鬆沉。

當然，初學時比較難掌握「力」的界限，所以首先應注意放鬆，使身體各個關節都舒展開，避免緊張，力求圓活。然後由「鬆」再慢慢地使力量集中起來，達到式式連貫、處處圓活、不僵不拘、周身協調的要求。

三、上下相隨，周身協調

太極拳是一種使身體全面鍛鍊的運動項目。有人說，打太極拳時，全身「一動無有不動」；又說，練拳時全身「由腳而腿而腰，總須完整一氣」，這些都是形容「上下相隨，周身協調」的。

初學太極拳的人，雖然在理論上知道許多動作要以腰部為軸，由軀幹帶動四肢來進行活動，但因為意念與肢體動作還不能密切配合，想做到周身協調也是有困難的。所以，最好先由單式練習，以求得軀幹與四肢動作的協調，同時也要練習步法（如移動重心、變換步法等），以鍛鍊下肢的支撐力量和熟練地掌握步法要領。然後再做全部動作的連貫練習，使步法的進退轉換與身法的旋轉，內勁的轉換、手法的變化相互配合，逐漸地達到全身既協調而又完整，從而使身體各個部位都得到均衡的鍛鍊與發展。

四、虛實分清，重心穩定

初步了解了太極拳的姿勢、動作要領後，就要進一步注意動作的虛實和身體重心問題。因為一個姿勢與另一個姿勢的連接、位置和方向的改變，處處都貫穿著步法的變換和轉移重心的活動。在鍛鍊中要注意身法和手法的運用，由虛到實，或由實到虛，既要分明，又要連貫不停，做到勢斷意不斷，一氣呵成。如果虛實變化不清，進退變化一定不靈，就容易發生動作遲滯、重心不穩和左右歪斜的毛病。

拳論云「邁步如貓行，運勁如抽絲」，就是形容練太極拳應當注意腳步輕靈和動作均勻。要做到這一點，首先應注意虛實變換得當，使肢體各部分在運動中沒有不穩定的現象。假如不能維持身體的平衡穩定，那就根本談不到動作的輕靈、均勻。

太極拳的動作，無論怎樣複雜，首先要把自己安排得舒適，這是太極拳「中正安舒」的基本要求。凡是旋轉的動作，要以實腿的腳跟為軸，虛腿的腳掌為輔，應先把身體穩住再擰轉；進退的動作，先落腳而後再改變重心。同時，軀體做到了沉肩、鬆腰、鬆胯以及手法上的虛實，也會幫助重心的穩定。這樣練習日久，動作無論快慢，都不會產生左右搖擺、上重下輕和穩定不住的毛病。

五、呼吸自然

練太極拳要求呼吸自然，不能因為運動而引起呼吸急促。人們無論做任何體育活動，機體需要的氧都要超過不運動的時候。在練習太極拳時，由於動作輕鬆柔和，身體始終保持著緩和協調，所以，用增加呼吸深度就可以滿足體內對氧的需要，對正常的呼吸影響並不太大。

初學太極拳的人，首先要注意保持自然呼吸。這就是說，在做動作時，練習者應按照自己的習慣和當時的需要進行呼吸，該呼就呼，該吸就吸，動作和呼吸不要互相約束。

以上要領不是彼此分離，而是相互聯繫的。如果心理不能「安靜」，就不能意識集中和精神貫注，也就難以使意念與動作結合進行，更達不到連貫和圓活的要求。如果虛實與重心掌握不好，上體過分緊張，也不可能做到動作協調、完整一體，從而呼吸也就談不上自然了。

第五節　太極拳的保健作用

太極拳是我國民族形式體育項目之一，很早以前就在我國民間有所流傳。幾個世紀以來，經過實踐，證明太極拳是一種重要的健身與預防疾病的手段。近年來，人們從實踐中認識到，打太極拳除增強體質外，是輔助治療高血壓、潰瘍病、心臟病、肺結核等諸多疑難病症的好方法，而且有一定療效。過去一直被我們忽略的重要治療方法——應用體育運動來防治疾病，已經被應用到臨床工作中，並且已被公認為治療過程中必要的環節，所以，太極拳之能配合醫藥來治療某些疾病，則應是毫無疑義的了。

我國是最早應用體育健身和防治疾病的國家。在我國最老的醫學經典著作《黃帝內經·素問》中就曾這樣提過：「其病多痿厥寒熱，其治宜導引。」（按：「導引」是一種體操活動）不僅如此，我國古代科學家們還進一步用科學的理論解釋了「體育」能夠健身治病的道理。

一千八百多年以前，華佗曾編選了「五禽戲」作為健身運動。他的理論是：「人身常動搖則穀氣消，血脈通，病不生，人猶戶樞不朽是也。」這都說明「體育」在防病和治療中有著積極的意義。

練習太極拳除全身各個肌肉群、關節需要活動外，還要配合均勻的深呼吸與橫膈運動，並且特別要求人們在打拳時，盡量做到「心靜」，精神貫注。這樣，就對中樞神經系統起了良好的影響，從而給其他系統與器官機能的活動與改善打下了良好的基礎。

為了證明太極拳的保健作用，北京運動醫學研究所曾對88名50～89歲的中老年人進行了較詳細的醫學檢查。其中32名是經常打太極拳的，56名是一般的中老年人。對比觀察的結果證明，長年打太極拳的人，不論在體格方面，還是在心血管系統機能、呼吸機能、骨骼系統及代謝功能等方面，都比一般人的狀況好。

為了解釋方便起見，現按太極拳對人體各主要系統的生理影響，分述於下。

一、對神經系統的影響

根據近年來生理學的發展，特別是許多生理學家對中樞神經的研究，使我們更進一步地認識了中樞神經系統對人體的重要作用。我們知道，神經系統，尤其是它的高級部分，是調節與支配所有系統與器官活動的樞紐。人類依靠神經系統的活動（通過條件反射與非條件反射），以適應外界環境並改造外界環境。人依靠神經系統的活動，使體內各個系統與器官的機能活動按照需要統一起來。因此，任何一種鍛鍊方法，如果能增強中樞神經系統的機能，對全身來說就有很好的保健意義。太極拳的優點就在於此。

練習太極拳，要求「心靜」，注意力集中，並且講究「用意」，這些都對大腦活動有良好的訓練作用。此外，從動作上來講也是如此。練習太極拳時，精、氣、神、意、目、力需要「完整一氣」，周身一家，由眼神到上肢、軀幹、下肢，上下照顧，毫不散亂，前後連貫，綿綿不斷。同時由於動作的某些部分比較複雜，需要有良好的支配和平衡能力，因此，需要大腦在緊張的活動下完成，這也間接地對中樞神經系統起著訓練的作用，從而提高了中樞神經系統緊張度，活躍了其他系統與器官的機能活動，加強了大腦方面的調節作用。

太極拳是一種很有趣的運動，經常練習的人都有這樣一種感覺：練架子的時候，周身感覺舒適，精神煥發；練「推手」的時候，周身感覺活潑，反應靈敏。這些都是練拳的人情緒提高與興趣濃厚的證明。情緒的提高在生理上是有重要的意義的，它可以使各種生理機制活躍起來。許多試驗都證明，做一種運動時，在用體力之前，僅僅是精神的影響就可以使血液化學、血液的動力過程、氣體代謝等發生改變。對患某些慢性病的人來講，「情緒」的提高更為重要，它不僅可以活躍各種生理機制，同時能夠使病人脫離病態心理，這對治療功效來講很重要。以上例子都充分說明，練習太極拳對中樞神經系統有著良好作用。

二、對心臟血管系統及呼吸系統的影響

太極拳對心臟血管系統的影響，是在中樞神經活動支配下發生的。就太極拳動作的組成來說，它包括了各組肌肉、關節的活動，也包括了有節律的呼吸運動，特別是橫膈運動，因此，它能加強血液及淋巴的循環，減少體內的淤血現象，是一種用來消除體內淤血的良好方法。

我們知道，全身各部骨骼肌的周期性的收縮與舒張，可以加強身體的血液循環。肌肉的活動保證了靜脈血液回流，及向右心室充盈的必要的靜脈壓力。呼吸運動同樣也能加速靜脈的回流。例如：吸氣時胸廓的容積增大，內部的負壓增高，結果上下腔靜脈的壓力減低，靜脈回流加速。這一點在練習太極拳的過程中表現得非常明顯。

太極拳的動作舒展，胸部不要緊張，而且要求有意識地使呼吸與動作適當配合，這樣就可以使呼吸自然，呼吸的效果就會增加，也就更好地加速了血液與淋巴的循環。我們經常見到，當一個人胸部、肩部、肘部肌肉緊張用力時，由於胸廓固定，吸氣受到限制，結果血液循環發生障礙，練者產生面紅耳赤、頸部血管努張的現象。練太極拳時就沒有這種現象。

走太極拳架，很多動作、姿勢要求氣自然向下鬆沉，即所謂「氣沉丹田」，就是一種橫膈式呼吸，它在醫療與保健上都有作用。膈肌與腹肌的收縮與舒張，使腹壓不斷改變。腹壓增高時，腹腔的靜脈受到壓力的作用，把血液輸入右心房，相反，當腹壓減低時，血液則向腹腔輸入。這樣，呼吸運動就可以改善血液循環的狀況，加強心肌的營養。此外，橫膈的運動又可以給肝臟以有規律性的按摩作用，是消除肝

臟淤血、改善肝臟功能的良好方法。所以經常練習太極拳，為預防心臟等各種疾病及動脈硬化創造了良好條件。

北京運動醫學研究所的調查證實，經常打太極拳對心臟血管系統影響良好。他們對兩組老人進行了機能試驗（在1分鐘內，上、下40公分高的板凳15次），結果證明，太極拳組老人心血管功能較好，32名老人中除一名不能完成這種定量負荷外，其餘都能完成，而且血壓、脈搏的反應也都正常。相反，對照組的老人，年齡越大，完成定量負荷的人越少，出現機能試驗不良反應類型（如梯形上升型及無力型反應）的人越多。心電圖的檢查也同樣證明了這一點。心電反應異常的，太極拳組僅占28.2%，而對照組的老人則占41.3%。

從這些觀察結果不難看出，經常打太極拳可以使心臟冠狀動脈供血充足，心臟收縮有力，血液動力過程良好。

不僅如此，由於經常習練太極拳，提高了中樞神經系統的調節機能，改善了體內各器官之間的協調活動，使迷走神經緊張度增高，各器官組織的供血、供氧充分，物質代謝也得到改善，因而，常習練太極拳的人發生高血壓病及動脈硬化的較少。太極拳組平均血壓為134.1／80.8毫米汞柱，對照組老人為154.5／82.7毫米汞柱。動脈硬化率，太極拳組是39.5%，一般老人為46.4%。

從身體檢查證明，經常習練太極拳對保持肺組織的彈性、胸廓活動度（預防肋軟骨骨化）、肺的通氣功能及氧與二氧化碳的代謝功能都有很好的影響。太極拳組的老人的胸部呼吸差及肺活量都比對照組的大。這是因為經常打拳，胸部呼吸肌及膈肌有力，肺組織的彈性好，肋軟骨骨化率低。對於已經肋軟骨骨化和胸廓活動已有障礙的老人來說，太極拳深長細勻的呼吸和腹肌、膈肌活動，既能增加通氣功能，又能由腹壓的有節律的改變，使血流加速，增進肺泡的換氣功能，這都有助於保持老人的活動能力。在完成定量活動測驗時，太極拳組老人氣喘輕，恢復快，原因就在這裡。

三、對骨骼、肌肉及關節活動的影響

打太極拳對骨骼、肌肉及關節活動的影響很突出。以脊柱為例，練拳時要求「含胸鬆腰拔背」「腰脊為第一主宰」等，說明打太極拳與腰部活動有著密切關係。經常練習太極拳，無論對脊柱的形態和組織結構都有良好作用。據觀察，太極拳組老人發生脊柱畸形的只有 25.8%，而一般老人則為 47.2%。駝背是典型的老年畸形，是衰老的結果。但是，經常習練太極拳，駝背的發生率就遠比一般人為少。經常習練太極拳，脊柱的活動幅度也較好，太極拳組老人彎腰時手能觸地的占 77.4%，對照組老人僅占 16.6%。X 線照相檢查發現，太極拳組比對照組老年骨質疏鬆的發生率也較低（36.6%：63.8%）。

老年性骨質疏鬆是一種衰老的退行性變化，其原因主要是由於骨組織中成骨細胞不活躍，不能產生骨的蛋白基質，致使骨生成少，吸收多，骨質變鬆，骨質鬆就容易產生畸形，關節活動也就不靈活。而習練太極拳要求動作連貫、圓活，周身節節貫串，因此，有一定的防老作用。

四、對體內物質代謝的影響

有關這方面的研究資料，目前還不多，但從上述兩組老人的骨骼變化及動脈硬化發生率的差異來看，習練太極拳對脂類、蛋白類以及無機鹽中鈣、磷的代謝影響是良好的。

近年來，國外有不少人從物質代謝的角度研究運動的防老作用。例如，有人報導，老年人鍛鍊5～30分鐘後，血內的膽固醇含量會下降，其中以膽固醇較高的老人下降尤為明顯。也有人對動脈硬化的老人進行鍛鍊前後的代謝研究，發現經過5～6個月的鍛鍊後，血中白蛋白含量增加，球蛋白及膽固醇的含量卻明顯減少，而且動脈硬化的症狀也大大減輕。這些研究結果，都可以說明打太極拳對體內物質代謝的良好影響。

五、對消化系統的影響

前面已經提過，由於神經系統活動能力的提高，可以改善其他系統的機能活動，因此，它可以預防並治療某些因神經系統機能紊亂而產生的消化系統的疾病（運動、分泌、吸收的紊亂）。此外，呼吸運動對胃腸道起著機械刺激的作用，也能改善消化道的血液循環，因此可以促進消化作用，預防便秘，這對老年人也是很重要的。

綜上所述，太極拳是一種合乎生理規律、輕鬆柔和的健身運動，它對中樞神經系統起著良好的影響，加強了心、血管與呼吸的功能，能減少體內淤血，改善消化作用與新陳代謝過程。所以，從醫學的觀點上來看，它是一種很好的保健體操與病人的醫療體操。

第三章　武式太極拳拳論及詮解

第一節　武式太極拳拳論（舊譜再繕）

身　法

含胸、拔背、裹襠、護肫、提頂、吊襠、騰挪、閃展。

刀　法

裡剪腕、外剪腕、挫腕、撩腕。

槍　法

平刺心窩、斜刺膀尖、下刺腳面、上刺鎖項。

打 手 歌

掤捋擠按須認真　上下相隨人難進
任他巨力來打我　牽動四兩撥千斤
引進落空合即出　沾連黏隨不丟頂

打手撒放

掤、上平。業、入聲。噫、上聲。咳、入聲。呼、上聲吭。呵。哈。

十三勢（一名長拳、一名十三勢）

長拳者：如長江大海，滔滔不絕也。

十三勢者：掤、捋、擠、按、採、挒、肘、靠、進、退、顧、盼、定也。

掤、捋、擠、按，即坎、離、震、兌，四正方也。採、挒、肘、靠，即乾、坤、艮、巽，四斜角也。此八卦也。進步、退步、左顧、右盼、中定，即金、木、水、火、土也。此五行也。合而言之，曰十三勢。

山右王宗岳太極拳論

太極者，無極而生，陰陽之母也。動之則分，靜之則合。無過不及，隨曲就伸。人剛我柔，謂之走。我順人背，謂之沾。動急則急應，動緩則緩隨。雖變化萬端而理惟一貫。由著熟而漸悟懂勁，由懂勁而及神明。然非用力之久，不能豁然貫通焉。虛領頂勁，氣沉丹田；不偏不倚，忽隱忽現；左重則左虛，右重則右杳。仰之則彌高，俯之則彌深；進之則愈長，退之則愈促。一羽不能加，蠅蟲不能落；人不知我，我獨知人。英雄所向無敵，蓋皆由此而及也。斯技旁門甚多，雖勢有區別，概不外壯欺弱，慢讓快耳；有力打無力，手慢讓手快，是皆先天自然之能，非關學力而有也。察「四兩撥千斤」之句，顯非力勝；觀耄耋御眾之形，快何能為？立如枰準，活似車輪；偏沉則隨，雙重則滯。每見數年純功，不能運化者，率皆自為人制，雙重之病未悟耳。欲避此病，須知陰陽；沾即是走，走即是沾；陽不離陰，陰不離陽；陰陽相濟，方為懂勁。懂勁後，愈練愈精；默識揣摩，漸至從心所欲。本是捨己從人，多誤捨近求遠。所謂「差之毫厘，謬之千里」，學者不可不詳辨焉。是為論。

十三勢行功歌訣

十三總勢莫輕識，命意源頭在腰隙，
變轉虛實須留意，氣遍身軀不稍痴。
靜中觸動動猶靜，因敵變化是神奇，
勢勢存心揆用意，得來不覺費工夫。
刻刻留心在腰間，腹內鬆靜氣騰然，
尾閭正中神貫頂，滿身輕利頂頭懸。
仔細留心向推求，曲伸開合聽自由，
入門引路須口授，功用無息法自休。
若言體用何為準，意氣君來骨肉臣，
詳推用意終何在？益壽延年不老春。
歌兮歌兮百四十，字字真切義無疑，
若不向此推求去，枉費工夫遺嘆息。

禹襄母舅太極拳四字不傳密訣

敷：敷者，運氣於己身，敷布彼勁之上，使不得動也。
蓋：蓋者，以氣蓋彼來處也。
對：對者，以氣對彼來處，認定準頭而去也。
吞：吞者，以氣全吞而入於化也。

此四字無形無聲，非懂勁後，練到極精地位不能知，全是以氣言。能直養其氣而無害，始能施於四體，四體不言而喻矣。

解曰：

身雖動，心貴靜，氣須斂，神宜舒。心為令，氣為旗，神為主帥，身為驅使，刻刻留意，方有所得。先在心，後在

身。在身則不知手之舞之，足之蹈之。所謂一氣呵成，捨己從人，引進落空，四兩撥千斤也。須知一動無有不動，一靜無有不靜，視動猶靜，視靜猶動，內固精神，外示安逸。須要從人，不要由己；從人則活，由己則滯。尚氣者無力，養氣者純剛。彼不動，己不動；彼微動，己先動。以己依人，務要知己，乃能隨轉隨接；以己粘人，必須知人，乃能不後不先。精神能提得起，則無遲重之虞；粘依能跟得靈，方見落空之妙。往復須分陰陽，進退須有轉合。機由己發，力從人借。發勁須上下相隨，乃一往無敵；立身須中正不偏，能八面支撐。靜如山岳，動若山河。邁步如臨淵，運勁如抽絲，蓄勁如張弓，發勁如放箭。行氣如九曲珠，無微不到；運勁如百煉鋼，何堅不摧。形如搏兔之鵠，神如捕鼠之貓。曲中求直，蓄而後發。收即是放，連而不斷。極柔軟，然後能極堅剛；能粘依，然後能靈活。氣以直養而無害，勁以曲蓄而有餘。漸至物來順應，是亦知止能得矣。

又曰：

先在心，後在身，腹鬆，氣斂入骨，神舒體靜，刻刻存心。切記一動無有不動，一靜無有不靜。視靜猶動，視動猶靜。牽動往來氣貼背，斂入脊骨，要靜。內固精神，外示安逸。邁步如貓行，運勁如抽絲。全身意在蓄神，不在氣，在氣則滯。有氣者無力，無氣者純剛。氣如車輪，腰如車軸。

又曰：彼不動，己不動；彼微動，己先動。似鬆非鬆，將展未展。勁斷意不斷。

又曰：

每一動，惟手先著力，隨即鬆開。猶須貫串，不外起承轉合。始而意動，既而勁動，轉接要一線串成。氣宜鼓蕩，神宜內斂。無使有缺陷處，無使有凹凸處，無使有斷續處。

其根在腳，發於腿，主宰於腰，形於手指。由腳而腿而腰，總須完整一氣。向前退後，乃得機得勢，有不得機勢處，身便散亂，必至偏倚，其病必於腰腿求之，上下前後左右皆然。凡此皆是意，不是外面，有上即有下，有前即有後，有左即有右，如意要向上，即寓下意，若物將掀起，而加以挫之之力，斯其根自斷，乃壞之速而無疑。虛實宜分清楚，一處自有一處虛實，處處總此一虛實；周身節節貫串，勿令絲毫間斷。

禹襄武氏並識

十三勢行功歌解

解曰：

以心行氣，務沉著，乃能收斂入骨。所謂「命意源頭在腰隙」也。意氣須換得靈；乃有圓活之趣，所謂「變轉虛實須留意」也。立身中正安舒，支撐八面；行氣如九曲珠，無微不到，所謂「氣遍身軀不稍痴」也。

發勁須沉著鬆靜，專注一方，所謂「靜中觸動動猶靜」也，往復須有折迭，進退須有轉換，所謂「因敵變化是神奇」也。曲中求直，蓄而後發，所謂「勢勢存心揆用意，刻刻留心在腰間」也。精神提得起，則無遲重之虞，所謂「腹內鬆靜氣騰然」也。虛領頂勁，氣沉丹田，不偏不倚，所謂「尾閭中正神貫頂，滿身輕利頂頭懸」也。以氣運身，務順遂，乃能便利從心，所謂「屈伸開合聽自由」也。心為令，氣為旗，神為主帥，身為驅使，所謂「意氣君來骨肉臣」也。

喬松茂

太極拳小序

太極拳不知始自何人，其精微巧妙，王宗岳論詳且盡矣。後傳至河南陳家溝陳姓，神而明者，代不數人。我郡南關楊某，愛而往學焉。專心致志，十有餘年，備極精巧。旋里後，市諸同好，母舅武禹襄見而好之，常與比較，伊不肯輕以授人。僅能得其大概。素聞豫省懷慶府趙堡鎮，有陳姓名清平者，精於是技。逾年，母舅因公赴豫省，過而訪焉。研究月餘，而精妙始得，神乎技矣。予自咸豐癸丑，時年二十餘，始從母舅學習此技，口授指示，不遺餘力，奈予質最魯，廿餘年來，僅得皮毛。竊意其中更有精巧。茲僅以所得筆之於後，名曰五字訣，以識不忘所學云。

光緒辛巳

中秋念六日亦畬氏謹識

五字訣

一曰心靜

心不靜則不專，一舉手前後左右全無定向，故要心靜。起初舉動未能由己，要息心體認，隨人所動，隨曲就伸，不丟不頂，勿自伸縮。彼不力我亦有力，我力在先；彼無力我亦無力，我意仍在先。要刻刻留心，挨何處心要用在何處，須向不丟不頂中討消息。從此做去，一年半載便能施於身。此全是用意，不是用勁，久之則人為我制，我不為人制矣。

二曰身靈

身滯則進退不能自如，故要身靈，舉手不可有呆像，彼之力方挨我皮毛，我之意已入彼骨裡。兩手支撐，一氣貫穿。左重則左虛，而右已去；右重則右虛，而左已去。氣如車輪，周身俱要相隨，有不相隨處，身便散亂，便不得力，其病於腰腿求之。先以心使身，從人不從己。後身能從心，由己仍是從人。由己則滯，從人則活。能從人手上便有分寸。秤彼勁之大小，分厘不錯；權彼來之長短，毫髮無差。前進後退，處處恰合，功彌久而技彌精矣。

三曰氣斂

氣勢散漫，便無含蓄，身易散亂，務使氣斂入脊骨。呼吸通靈，周身罔間。吸為合為蓄，呼為開為發，蓋吸則自然提得起，亦拿得人起，呼則自然沉得下，亦放得人出。此是以意運氣，非以力使氣也。

四曰勁整

一身之勁，練成一家，分清虛實，發勁要有根源，勁起腳根，主於腰間，形於手指，發於脊背。又要提起全副精神，於彼勁將出未發之際，我勁已接入彼勁，恰好不後不先，如皮燃火，如泉湧出。前進後退，無絲毫散亂，曲中求直，蓄而後發，方能隨手奏效。此謂「借力打人，四兩撥千斤」也。

五曰神聚

上四者俱備，總歸神聚。神聚則一氣鼓鑄，煉氣歸神，氣勢騰挪，精神貫注，開合有致，虛實清楚。左虛則右實，右虛則左實。虛非全然無力，氣勢要有騰挪；實非全然占煞，精神要貴貫注。緊要全在胸中腰間運化，不在外面。力從人借，氣由脊發。胡能氣由脊發？氣向下沉，由兩肩收於脊骨，注於腰間，此氣之由上而下也，謂之合。由腰行於脊骨，布於兩膊，施於手指，此氣之由下而上也，謂之開。合便是收，開即是放。能懂得開合，便知陰陽。到此地位，功用一日，技精一日，漸至從心所欲，罔不如意矣。

撒放密訣

擎、引、鬆、放：

擎起彼身借彼力（中有靈字）。

引到身前勁始蓄（中有斂字）。

鬆開我勁勿使屈（中有靜字）。

放時腰腳認端的（中有整字）。

擎、引、鬆、放有四不能：

腳、手不隨者不能；身法散亂者不能；一身不成一家者不能；精神不團聚一處者不能。欲臻此境，須避此病，不然，雖終身由之，究莫明其精妙矣。

走架打手行功要言

昔人云：「能引進落空，能四兩撥千斤；不能引進落空，不能四兩撥千斤。」語甚概括，初學未由領悟，余加數語以解之，俾有志斯技者，得所從入，庶日進有功矣。欲要引進落空，四兩撥千斤，先要知己知彼。欲要知己知彼，先要捨己從人。欲要捨己從人，先要得機得勢。欲要得機得勢，先要周身一家。欲要周身一家，先要周身無有缺陷。欲要周身無有缺陷，先要神氣鼓蕩。欲要神氣鼓蕩，先要提起精神，神不外散。欲要神不外散，先要神氣收斂入骨。欲要神氣收斂入骨，先要兩肱前節有力。兩肩鬆開，氣向下沉，勁起於腳根，變換在腿，含蓄在胸，運動在兩肩，主宰在腰。上於兩膊相繫，下於兩腿相隨。勁由內換，收便是合，放即是開，靜則俱靜，靜是合，合中寓開；動則俱動，動是開，開中有合。觸之則旋轉自如，無不得力。方能引進落空，四兩撥千斤。平日走架，是知己功夫，一動勢先問自己周身合上數項不合，少有不合，即速改換，走架所以要慢不要快。打手是知人功夫，動靜固是知人，仍是問己，自己安排得好，人一挨我，我不動，彼絲毫趁勢而入，接定彼勁，彼自跌出。如自己有不得力處，便是雙重未化，要於陰陽開合中求之。所謂「知己知彼，百戰百勝」也。

胞弟啟軒常以球譬之，如置球於平坦，人莫可攀躋，強臨其上，向前用力後跌，向後用力前跌。譬喻甚明，細揣其理，非捨己從人，一身一家之明證乎。得此一譬，引進落空，四兩撥千斤之理，可盡人而明矣。

釋原論

左重、右重、仰之、俯之、進之，是謂人也。左虛、右杳、彌高、彌深、愈長，是謂己亦謂人也。虛、杳、高、深、長，人覺如此，我引進落空也。退之則愈促，乃人退我進。促迫無容身之地如懸崖勒馬，非懂勁不能走也。此六句上下左右前後之謂是矣。

偏沉則隨，雙重則滯，是比活如車輪而言，乃己之謂也。一邊沉則轉，兩邊重則滯，不使雙重，即不為人制矣，是言己之病也。硬則如此，軟則隨，隨則捨己從人，不致膠柱鼓瑟矣。

摟本音摟也，又龍珠切，拽也，挽使伸也。俗音為呂。

動之則分，靜之則合。分為陰陽分，合謂陰陽合，太極之形如此分合，皆謂己而言。人不知我，我獨知人，懂勁之謂也。揣謂日久自悉也。

引勁落空，四兩撥千斤，合即撥，此字能懂，真有風慧者也。

太極拳論

拳之謂拳，而名太極，知太極為其要義也。觀其行拳，尾閭中正，頂勁虛領，氣斂神舒，腰胯旋轉抽遞，四肢隨而屈伸。之動靜生，虛實分，開合，別陰陽，俱之。然則動則俱動，而靜隱於中，靜則俱靜，而動寓於內。此乃陰陽互生互化，是為太極，明矣。當其相角也，彼此兩腕相接，各以一手托彼肘，進進退退。互不相離。左右顧盼，四面支撐，旋轉自如，八面無隙，剛柔相因，而生曲伸，隨勢而成。順彼之向，而吾意賴以逞之。此則捨己於外，抗爭隱於內。各俱陰陽，又互為陰陽，乃相因而生，相濟而成，又相互轉化。拳名太極良有以也。

玩後頁論解圖說，詳且盡矣。然初學未能驟幾也，予故以意見所及者淺說之，欲後學一目了然焉。夫拳名太極者，陰陽即虛虛實實。明然後，知進退。進固是進，進中有退步，退仍是進，進中隱有退步。此中之轉關在身法。虛領頂勁，而拔背含胸，則精神提得起。氣沉丹田而踝襠護肫，則周旋健捷。肘宜曲，曲而能伸，則支撐得勢。膝宜蓄、蓄而能放，則發勁有力。與人交手，則手先著力，只聽人勁、務要由人，不要由己。務要知人，不要使人知己，則上下前後左右自能引進落空，則人背我順。此其轉關則在乎鬆肩，主宰於腰、主根於腳，俱聽命於心。所謂一動無有不動，一靜無有不靜。上下一氣，即所謂立如平準、活似車輪，支撐八面，所向無敵。人勁放來，未能發出，我即打擊，所謂打悶勁。人勁已來，我早靜待，著身即便打去，所謂打來勁。人勁已落空，將欲換勁，我隨打去，此謂打回勁。由此體驗、留心揣摩，自能從心所欲，階及神明焉。

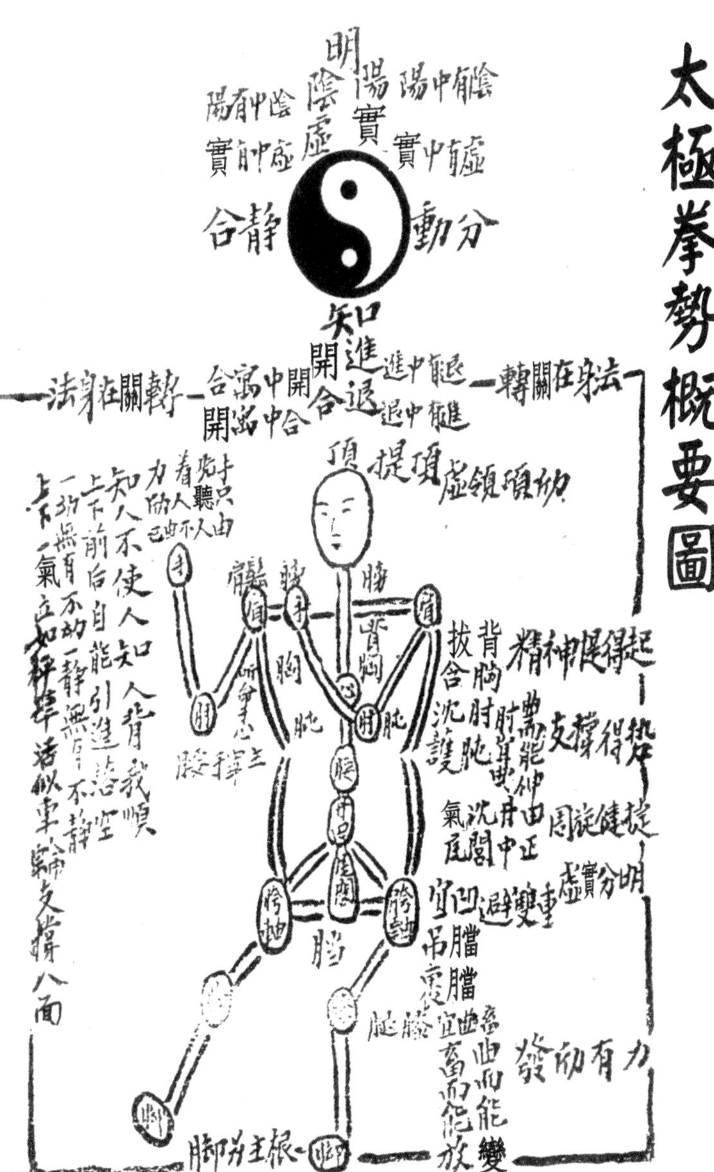
太極拳勢概要圖
明
陰　陽
虛　實
合靜　動分

打手歌

掤捋擠按須認真　採挒肘靠就曲伸
進退顧盼與中正　粘連依隨虛實分
手足相隨腰腿整　引進落空妙入神
任他巨力向前打　牽動四兩撥千斤

拳　論

初學打手，先學摟、按、肘。此用摟，彼用肘，此用按，彼用摟，此用肘，彼用按。二人一樣手不離手，互相粘連，來往循環，周而復始，謂之老三著。以後高勢、低勢，漸漸加多，周身上下，打著何處何處接應。身隨勁（己之勁）傳，論內勁不論外形，此打手磨練之法。練得到純熟時，能引勁（人之勁）落空合出，則藝成矣。然非懂勁（此勁字兼言人己），不能知，人之勁怎樣來，己之勁當怎樣引。此中巧妙，必須心悟，不能口傳。心知才能身知，身知勝於心知。身知勁乃靈動，徒心直知尚不適用，到得身知方為懂勁，詢不易易也。

虛實開合

實非全然站煞，實中有虛，虛非全然無力，虛中有實。下二圖，舉一身而言，雖是虛實之大概，究之周身無一處無虛實，又離不得此虛實，總要聯絡不斷。以意使氣，以氣運勁，非身子亂挪、手足亂換也。虛實即是開合，走架打手著著留心。愈練愈精，工彌久技彌尚矣。

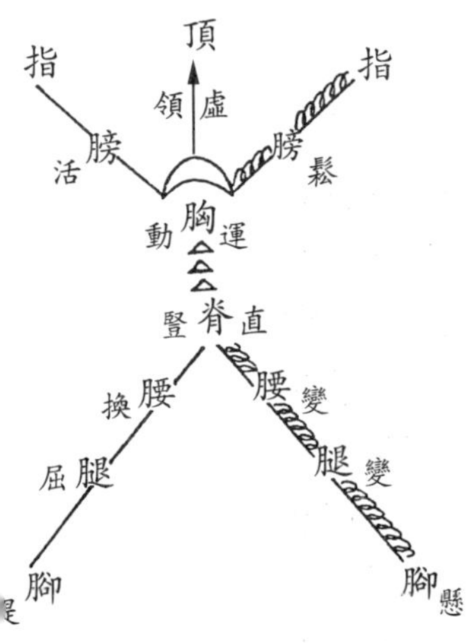

左虛右實圖

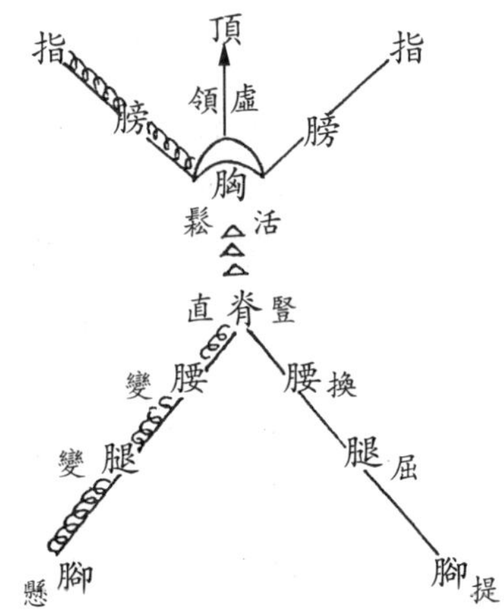

右虛左實圖

敷字訣解

敷，所謂一言以蔽之也。人有不習此技，而獲聞此訣者，無心而白於餘。始而不解，及詳味之，乃知敷者，包獲周匝。人不知我，我獨知人。氣雖尚在自己骨裡，而意恰在彼皮裡膜外之間，所謂氣未到，而意已知吞也。妙絕妙絕。

各勢白話歌

提頂吊襠心中懸，鬆肩沉肘氣丹田。
裹襠護肫須下勢，涵胸拔背落自然。
初勢左右懶扎衣，雙手推出拉單鞭。
提手上勢往空看，白鵝亮翅飛上天。
摟膝拗步往前打，手揮琵琶躲旁邊。
摟膝拗步重下勢，手揮琵琶又一番。
上步先打迎面掌，搬攬捶兒打胸前。

如封似閉往前按，抽身抱虎去推山。
回身拉成單鞭勢，肘底看捶打腰間。
倒攆猴兒重四勢，白鵝亮翅到雲端。
摟膝拗步須下勢，收身琵琶在胸前。
按勢翻身三甬背，扭項回頭拉單鞭。
雲手三下高探馬，左右起腳誰敢攔。
轉身一腳栽捶打，翻身二起踢破天。
披身退步伏虎勢，踢腳轉身緊相連。
蹬腳上步搬攔打，如封似閉手向前。
抱虎推山重下勢，回頭再拉斜單鞭。
野馬分鬃往前進，懶扎衣服果然鮮。
回身又把單鞭拉，玉女穿梭四角全。
更拉單鞭真巧妙，雲手下勢探清泉。
更難獨立分左右，倒攆猴兒又一番。
白鵝亮翅把身長，摟膝前手在下邊。
按勢青龍重出水，轉身復又拉單鞭。
雲手高探對心掌，十字擺蓮往後翻。
指襠捶兒向下打，懶扎衣服緊相連。
再拉單鞭重下勢，上步就排七星拳。
收身退步拉跨虎，轉腳去打雙擺蓮。
海底撈月須下勢，彎弓射虎項朝前。
懷抱雙捶誰敢進，走遍天下無人攔。
歌兮歌兮六十句，不遇知己莫輕傳。

十三杆（一路）

抱杆環走　拗步刺腳　抽肘刺胸　下採上捋　右摟判膝
退步掤杆　進步一捽　退步挑擲　跨步判喉　退步摟捽

掤杆靠震　抱杆環走　手揮琵琶

十三杆（二路）

抱杆環走	掤一杆	青龍出水	童子拜觀音
餓虎撲食	攔路虎	拗步斜劈	風掃梅
中軍出隊	宿鳥歸巢	拖杆敗勢	靈貓捕鼠
抱杆環走	手揮琵琶		

對杆歌

掤挑合按須認真，粘連黏隨緊相跟。
圈圈務要練得熟，正中莫離胸腹心。
內中彼心找三尖，外下膝手腕側根。
妙用全在開與合，不按不搧莫輕進。
打手君既讓一籌，對杆注定我勝君。

對練歌

二人環走團團轉，拗步刺腳對搧杆。
拽時刺胸龍出水，下採上挒拜觀音。
外托劈刺虎撲食，回摟刺膝虎路攔。
退步搧挑對拗步，進步托捧斜劈連。
退步挑擲風扣梅，搖身刺喉中軍戰。
退步捋捧鳥歸巢，搧杆靠震對拖杆。
踐步回刺貓撲鼠，團團環走雙抱杆。
二人齊揮琵琶勢，益壽須對強身杆。
若想兩路交遞對，鳥歸巢後刺腳換。
靠震後接龍出水，周而復始交遞練。

第二節　拳論釋疑

一、「身備五功」

武式太極拳沒有身背五弓，只有身備五功。五功是指練習武式太極拳內傳的由著熟到神明的五步（層）功法或五個階段的練習方法。只有按這些練習方法和要求精研細悟和長時期的練功，就會達到武式太極拳的彼岸。而身背五弓是其他拳種的練法，所謂差之毫厘，謬之千里，學者定要辨清。

二、「四兩撥千斤」

本應是「牽動四兩撥千斤」。四兩、千斤都是指的彼。意指打手要集中內勁打擊對方勁根，從而達到牽動彼全局的戰略意圖。

三、「立如枰準，活似車輪」

「枰」乃棋盤也，立乃廣義指行止坐臥，引申為行功走架及打手要符合身法要求，由心知達到身知了，就能做到虛中有實，實中有虛，剛柔相濟，應敵變化示神奇。

四、「人不知我，我獨知人」

武式太極拳功夫達到一定階段時，發人時除和彼接觸點接勁不動外，運化全在胸中腰間，發人全在腰腿。

五、「蓄勁如張弓，發勁如放箭」

武式太極拳在內不在外。意指蓄勁時，內勁由手至膊、胯、脊柱返回腰間，就如人搭箭拉弓一般。「發勁如放箭」一句，是指發人時，內勁起於腳跟，注於腰間，形於手指，要有犀利感，運勁如百煉鋼。總之，這句話是來形容內勁蓄發的。

六、「人剛我柔謂之走，我順人背謂之粘」

人剛我柔的同時要我順人背，這樣就做到剛柔相濟，粘即是走，走即是粘。人剛我柔不在外而在內，不在上而在下。

七、「捨己從人」

1.意指對方來勢，讓你怎麼還擊，你就怎麼還擊。

2.內功要隨著彼的「曲」就彼的「伸」。

八、「每一動，惟手先著力，隨即鬆開」

每一交手，惟接彼來勁之處要有力和彼勁接定，然後內勁回注腰間，但外形不變。

九、「著熟」

「著」指按身法的要求練習，這裡指經過長時間的練習後，熟練地掌握武式太極拳論要求的練功身法。這個階段主要以強身為主。

十、「懂勁」

何謂「懂勁」。指在走架和打手時，勁由內換做到身知，做到五字訣所說的「神聚」，粘（沾）即是走，走即是粘，剛柔相濟方為懂勁。此時自然做到了全在胸中腰間運

化，力從人借，不在外面，氣由脊發，懂得了內開合。這個階段主要以防身為主。

十一、「神明」

由懂勁後，功練一日，技精一日，做到「意氣君來骨肉臣」，逐步由拳理、拳法悟出做人的哲理，對事物、自然界都有了科學的思維，無欲則剛，修養達到了相當的階段，人的品位得到進一步昇華。這個階段主要以修身為主。

十二、五字訣中的「一身之勁，練成一家」

指嚴格地按身法的要求，長時期地默識揣摩練習，舉手就做到：目有所視，意有所指，力有所達。就是外形和精、氣、神、意、目、力，做到了完整的統一，也就是「周身一家腳手隨」了。

十三、「雙重」

不能運化者，虛實不分，開合、粘走不能相濟，為「雙重」。「雙重」是練功中的一個過程，通過長時間逐步的正確身法的習練，去掉了不正確的，正確的上了身，雙重就會改掉，同時也是一個實踐的過程。

十四、「太極」和「太極拳」

太極是我國古典哲學，也是道家學說。「太極」兩字出自《周易》。太極拳係中華武術的一個拳種，因太極拳的拳理、功法及表現形式區別於其他拳術，且又經過歷代武術先哲們的精心錘煉，符合事物發展的自然規律，故後人稱之為太極拳。太極和太極拳是兩種學問，故學習太極拳者要分清。擊技是傳統太極拳術的靈魂，要以武術的規律來思考它，要按太極拳的功理、功法來專心致志的修煉，否則，只能枉費工夫遺嘆惜。

十五、五字訣中的「呼吸」

武式太極拳中的呼吸，是「開合」的代名詞，指「內勁」在體內的升降。而不是指人的肺部呼吸。太極拳係自然之道，肺部呼吸要求自然。

十六、「騰挪閃戰」

騰：為開、為發。

挪：為合、為蓄。

閃：接定彼勁，使之勁頭落空。

戰：發內勁時，運勁如百煉鋼，要以摧枯拉朽之勢。

十七、「粘黏連隨」

指經過長時期的按身法的要求練功，知己和知人功夫都達到了捨己從人，不丟不頂，無過不及的階段。

粘：我順人背謂之粘。

黏：勁斷意不斷謂之黏。

連：不頂謂之連。

隨：不丟謂之隨。

十八、「起承轉合」

起：既一搭手接對方皮肉之形。

承：接定彼骨之勁，既物將掀起。

轉：內勁由腳跟注於腰間，施於兩膊，形於手指。開也，發也。

合：內勁由原勁路回注於腰間，蓄也，拿也，撥也。

十九、「引進落空合既出」的「合」

（1）武秋瀛云：「合即撥也。」

（2）指按照走架打手行功要言所要求，自己守住規矩反覆錘煉，明師點傳，達到神不外散、神氣鼓蕩，周身無有缺陷，周身一家才能得機得勢，捨己從人，合以上所述，才能達到引進落空的功夫。

第三節　史海存真

1987 年，國家為挖掘整理、挽救傳統武術拳、械、拳譜等珍貴文物，向各級體委布置了挖整工作。我和當時的邯鄲地區體委楊鴻壁科長一同前往永年縣廣府，同先師李錦藩、師伯姚繼祖、一代宗師楊班侯的外孫白中信老師、郝式名家翟文章老師座談，他們向我和楊科長說了「一時短打」「關於武式架勢之分」和武式劍的來由等鮮為人知的歷史真實情況。

一、「一時短打」的來由

重接勁打勁，不重招數外形，這是武式太極拳的立拳之本，同時，也是其著名的獨特風格和靈魂。「一時短打」是郝為真宗師在晚年教授學生時，深知傳統的武式太極拳得健身易，用於擊技難。學者不精誠研習，想得而知之，比登天還難。加之大部分習練武式太極拳者，苦於學擊技，但又悟性不夠，雖經幾年的肢體上的刻苦練功，但很難體悟內氣、內勁在體內的開合變化。故郝為真宗師只有把自己年輕時所練的外家拳術中的招法，創編為「一時短打」。

使這部分學生練走架健身，練「一時短打」解決初級防身。為什麼叫「一時短打」，是說它不符合武式太極拳由著熟→懂勁→階及神明的治彼和修身的原則及戰略思想，只是權宜之計罷了。

二、「老架」「新架」「中架」「小架」的說法

1.「老架」「新架」

武禹襄宗師在陳式和趙堡太極拳的基礎上，透過閱讀陳清平宗師贈其的《太極拳論》《太極拳勢概要圖》《拳論》，又經過自己的反覆走架打手實踐，創編出拳式小巧、身法緊嚴無隙、機宜盡蘊於內、竅要隱秘不經口授身演人盡難知、樸實無華似乾枝老梅，且深含著養生之要義、真諦不經指點終難用於擊技的拳架，即傳統武式太極拳的 85 式和行功走架及打手的習練方法。

同時，又根據創編這套功法的實踐，衍寫出《拳解四則》《十三勢行功歌訣》《身法十條》《打手撒放》《四字密訣》等經典著作，這些理論又反過來指導後人練習這套拳架及體悟功法。

這些拳架的外形、內在的練功方法和古典的拳論皆根據其切身體會，言簡意賅，無一浮詞。如改變傳統的拳架外形和身法則不成為武式太極拳了。如自己再寫什麼拳訣和理論作為指導，則成了畫蛇添足，給後學造成誤解，所謂差之毫厘，謬之千里。只有真正把武式太極拳健身、防身、修身的精髓，由心知達到身知了，到神明了，才能合乎拳理、合乎客觀規律地有所前進、有所創新。

2.「中架」「小架」

武式太極拳無「中架」「小架」之分。它的「八法」是一個統一體中的多個方面，任何分裂開來講和應用都是不符合拳理、拳法及客觀規律的。

郝為真宗師為了達到全民健身的目的，使國人擺脫東亞病夫的恥辱，故把武式太極拳的內開合和身體的外開合都刪掉，而改為由雙手帶動胳膊並和身體脫節的開合，這樣可使學者不必經長期刻苦的訓練，又能調理學者身體表面的健康狀況，且簡便易學又便於教學，這種拳架後人又稱為「郝式太極拳」。

但對於傳統武式太極拳所要求的強身、防身、修身的境界來講，是治標不治本的，也不是做學問的傳統武式太極拳架。後人不可誤解郝為真宗師一片苦心。

三、武式太極劍的歷史演變過程

武禹襄宗師晚年時，感到一個流派的套路、器械不在多，只要能體現拳法、拳理就行了。不然的話，習練者每日復習各種拳械，就耗去了精力和時間，就無法對根本的原則的技術進行精研。

同時，因武、李係清代廣府望族，持刀弄棒多有不雅，故對刀劍進行了刪改。把原太極十三連環劍、太極三十六劍、太極十三刀刪繁就簡，立異標新，把刀術、劍術合而為一，把刀法糅合在劍術之中，名曰武式太極強身劍，共 25 式。這樣既符合武、李在當時的社會地位，又使習練者集中精力，且又符合武式太極拳法、拳理。

它是在走架、打手、大杆運用習練較為熟練的基礎上，進一步完善習練者身法的。使應用武式太極拳的基本法理達到更高的境界。雖然在拳論中，還有刀術、十三連環劍、三十六劍的動作名稱，但在武禹襄宗師晚年已不再傳授這些淘汰的器械套路了，而只內傳家人新創的武式太極強身劍術了。現在社會上流傳的武式十三刀、十三連環劍、三十六劍，均係後人為合拳論之記載所編，不是當時的武式刀或劍了。

四、立定腳跟豎起脊，拓開眼界放平心

那是 1986 年的秋天，因我的工作可能要有變動，我向恩師李公談了情況，他很悵然，但他說：「到哪裡都是為國家做貢獻，要聽組織的話。」他又說：「你自己找一副對聯內容，我給你書寫。」因李師的書畫在當時是很有名氣的，我一聽十分高興，返回家中，馬上找了許多相關的書籍，但都不中意。

我一頭鑽進所在單位的圖書庫裡，反覆查找這方面的書籍，終於找到了一本叫做《楹聯叢話》的書。它是 1935 年 4 月由上海商務印書館重印發行的，作者為梁章鉅。該書卷八、格言部分 116 頁第 11 行中：「立定腳跟撐起脊，展開眼界放平心」一句，我十分喜歡，於是送給李師審定。李師觀後，把「撐」改為「豎」，把「展」改為「拓」。

當他把寫好的「立定腳跟豎起脊，拓開眼界放平心」的條幅寫好，放在床上曬乾時，我的師伯姚繼祖先生恰好來李師家閑談，一見此幅，十分喜愛，拍手叫絕。問給誰寫，李師指我說：「松茂工作可能變動，於是我塗了這幾個字送他。」這兩副條幅伴我已經 15 年了。它既是武式太極拳的練功方法、原則，也是教我如何做人的。

五、先師李錦藩師承

關於先宗師李錦藩公的師承。在 1987 年全國武術挖掘整理工作時，我是邯鄲地區挖掘整理小組成員。我和當時邯鄲地區體委楊鴻壁科長親赴永年縣廣府鎮召集先師李錦藩、師伯姚繼祖、楊式一代宗師楊班侯之外孫白中信、拳師翟文章老師等人，就有關挖整工作徵求意見後，證實各位老師師承情況。先師李錦藩公說了自己的師承其叔祖父石泉、遜之二公後，在座的幾位先輩，均無異議，並予證實。其他幾位老師也均講了自己的師承，不妥之處，大家互為補充、校正。為了慎重起見，我和楊鴻壁科長在第二日早上，專門到李遜之先生的兒子李澤堂住處拜訪。當時在家的有：李澤堂先生的夫人、長子，我們就李遜之先生傳授弟子的情況進行了詢問。

李澤堂先生回憶說：「我父一生很少教弟子。1937 年冬，錦藩從石泉叔父轉到我父這兒，繼續求藝，到 1940 年秋，藝成自修。這段時間，我父上午教族內子弟文化，下午授之太極拳術。姚繼祖等四人係我父摯友趙俊臣介紹，1940 年開始由我父授藝。」

後附：李師生前著手抄《誨藝精言》序。

序

我家之於武術，自先伯曾祖亦畬、啓軒二長始，世代傳襲。雖不以藝市値，然四方僧俗、英豪，登門造訪者頗不乏人。皆接待以禮。彼衆慕名而來，無不欽佩而去，拜於門下者亦非一人。至民國後，家運日衰，族人多爲生活奔走，技藝之功距先輩甚遠。我於斯技僅免於丢棄，故功淺技疏。幼兒而受教於先十祖父石泉公，與叔父化南日相砥礪。至七七事變後，彼參加抗日工作，抗日人員家屬時受迫害。石泉祖父心情煩亂，形之於色。乃從十一祖父遜之學。今老矣，功亦未成，徒嘆時日不再負先人之教良深。爲使其教言不至隨時日而逝，謹就記憶所及，將二公教言，筆之於後，並詮以己憶，名之曰：誨藝精言意解。就誨教中，時有現身說法，石泉祖父則更疏於語言，而由身示。如此如彼情景，雖歷歷在目，實難形於紙筆。惋惜再三，亦無如何，謹綴數語，以示不忘其苦心云。

一九八八年八月中秋節前五日

李錦藩識　時年六十有八

第四章　武式太極拳八十五式動作圖解

第一節　武式太極拳八十五式動作名稱

第一路

第 一 式　起勢
第 二 式　左懶扎衣
第 三 式　右懶扎衣
第 四 式　單鞭
第 五 式　提手上勢
第 六 式　白鵝亮翅
第 七 式　左摟膝拗步
第 八 式　手揮琵琶
第 九 式　左摟膝拗步
第 十 式　右摟膝拗步
第十一式　上步搬攔捶
第十二式　六封四閉
第十三式　抱虎推山
第十四式　手揮琵琶
第十五式　右懶扎衣
第十六式　單鞭

第二路

第 十七 式　提手上勢
第 十八 式　迎面掌
第 十九 式　肘底捶
第 二十 式　倒輦侯
第二十一式　手揮琵琶
第二十二式　白鵝亮翅
第二十三式　左摟膝拗步
第二十四式　手揮琵琶
第二十五式　按勢
第二十六式　青龍出水
第二十七式　三甬背
第二十八式　單鞭
第二十九式　紜手
第 三十 式　單鞭
第三十一式　左高探馬
第三十二式　右高探馬

第三路

第三十三式　右起腳
第三十四式　左起腳
第三十五式　轉身踢一腳
第三十六式　踐步栽捶
第三十七式　翻身二起
第三十八式　披身
第三十九式　左伏虎
第　四十　式　右伏虎
第四十一式　踢一腳
第四十二式　轉身蹬一跟
第四十三式　上步搬攔捶
第四十四式　六封四閉
第四十五式　抱虎推山
第四十六式　手揮琵琶
第四十七式　右懶扎衣
第四十八式　斜單鞭

第四路

第四十九式　野馬分鬃
第　五十　式　單鞭
第五十一式　玉女穿梭
第五十二式　手揮琵琶
第五十三式　右懶扎衣
第五十四式　單鞭
第五十五式　紜手
第五十六式　單鞭

第五路

第五十七式　下勢
第五十八式　左更雞獨立
第五十九式　右更雞獨立
第　六十　式　倒輦侯
第六十一式　手揮琵琶
第六十二式　白鵝亮翅
第六十三式　左摟膝拗步
第六十四式　手揮琵琶
第六十五式　按勢
第六十六式　青龍出水
第六十七式　三甬背
第六十八式　單鞭
第六十九式　紜手
第　七十　式　單鞭

第六路

第七十一式　提手上勢
第七十二式　高探馬
第七十三式　對心掌
第七十四式　十字擺蓮
第七十五式　指襠捶
第七十六式　右懶扎衣
第七十七式　單鞭

第七路

第七十八式　下勢
第七十九式　上步七星
第 八十 式　退步跨虎
第八十一式　轉身擺蓮
第八十二式　彎弓射虎
第八十三式　雙抱捶
第八十四式　手揮琵琶
第八十五式　收勢

第二節　武式太極拳八十五式動作圖解

第一路

第一式　起勢

1. 兩腿自然站立，兩腳間距約一拳，腳尖向前，兩膝微屈；雙掌引置於兩腿的外側，十指朝下；眼平視前方，頸項要自然順直，唇輕閉，齒輕合。脊骨自然豎直，全身鬆沉，不可僵硬。腹部要充實，下盤要穩固，軀幹要鬆正，不可歪偏，呼吸自然，外示安逸（圖1）。

2. 提左腳向左橫跨出步，約與肩寬；雙掌十指撐開朝前上翹，坐腕，掌心向下，掌心微凸，其他身法不變（圖2）。

圖1

圖2

圖 3

圖 4

圖 5

第二式　左懶扎衣

1. 重心移至右腿，右腳跟為軸，左腳掌為輔，全身向左轉 45°；左腳掌著地，右實左虛，重心坐於右腿；同時，雙掌由下而上舉於胸前，左掌在前、在上，豎於身體中線部分，高不過眼，遠不過腳，左肘內彎要大於 90°，掌指朝上，掌心朝右，坐腕；右掌在後、在下，置於右胸前約一拳，掌指斜向前上方，掌心與左肘內彎處相對（圖 3）。

2. 上身不動；右膝內彎處角度不變，提左腳向前蹬鐽出步；左膝伸直，腳跟著地，腳掌上翹；重心坐於右腿，右實左虛（圖 4）。

3. 上身不動，重心前移；左腳落平踏實，和右腳成不丁不八步，左腿的弓和右腿的撐要同步完成，成左弓步；雙掌同時微微外旋，勞宮穴有外展之意。目視前方（圖 5）。

4. 上身不動，重心移至左腿；左腿弓步的角度不變，提起右腳，跟至左腳跟右側偏後，腳掌著地，左實右虛。目視

圖 6

圖 7

圖 8

前方（圖 6）。

第三式 右懶扎衣

1. 左腳為軸，右腳為輔，重心在左腳跟；全身同時向右擰轉 90°；同時，雙掌於胸前相換。右掌在前、在上，豎於身體中線部位，高不過眼，遠不過腳，右肘內彎角度大於 90°，掌指朝上，掌心朝左，坐腕；左掌在下、在後，距左胸前一拳左右，掌指斜向上方，掌心與右肘內彎處相對；重心坐於左腿（圖 7）。

2. 上身不動；左膝內彎處角度不變；提右腳向前蹬鏟出步，右膝伸直，腳跟著地，腳掌上翹；重心坐於左腿，左實右虛（圖 8）。

3. 上身不動，重心前移；右腳踏平落實，和左腳成不丁不八步，右腿的弓和左腿的撐要同步完成；雙掌同時微外旋，勞營穴有外展之意。目視前方（圖 9）。

4. 上身不動，重心移至前腿；前腿的弓步角度不變，提

圖 9

圖 10

圖 11

起左腳跟至右側偏後，腳掌著地，右實左虛。目視前方（圖 10）。

左右懶扎衣動作要求一樣，惟左右相反。

第四式　單　鞭

1. 左腳跟為軸，左腳掌為輔，全身同步向左擰轉 45°；左腳尖略內扣；雙掌隨全身轉動推放至胸前，雙掌與肩同寬，高不過鼻，雙肘內彎處要大於 90°。目視前方，重心坐在右腿（圖 11）。

2. 上身不動，右膝內彎角度不變，提起左腳向左橫蹬鏟出步，左腳跟著地，腳尖上翹，左膝伸直；身體向正前方。目視前方（圖 12）。

3. 右腿的撐和左腿的弓要隨上身的向左轉 90°同步進行，成左弓步；同時，左掌隨腰轉，豎於面前，高不過眼，遠不過腳，左肘內彎角度大於 90°，掌心向右，向下，和左弓腿處在垂直線上；右掌不隨身轉而拉開，右肘不可伸直，

圖 12

圖 13

圖 14

右掌中指朝上，高與肩平。目視前方（圖 13）。

第五式　提手上勢

左掌不動，重心移至左腿；左膝內彎處角度不變；右腳跟至左腳右側偏後，腳前掌著地；同時，右掌由上往下畫一弧形，按至右胯前側，掌心向下，掌跟著意。目仍隨左掌平視前方（圖 14）。

圖 15

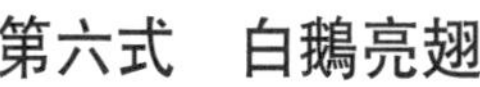

第六式　白鵝亮翅

1. 左腳跟為軸，右腳掌為輔，全身向右擰轉約 135°，重心在左腿，左實右虛；同時，右掌上抬至額前上方約二拳，掌心斜向上方；左掌由右肘內彎處推出。目視前方（圖 15）。

圖 16

圖 17

圖 18

重心及上身不動；左膝內彎處角度不變，提右腿蹬鏟出步，腳跟著地，膝蓋伸直（圖 16）。

2. 上身不動，重心前移；右腳踏平落實，成右弓步，右腿的弓和左腿的撐要同步完成；雙掌同時有外旋之意，勞宮穴有外展之意。目視前方（圖 17）。

3. 上身不動，重心移至右腿；順勢提左腳，跟至右腳跟的左後側，腳掌著地（圖 18）。

4. 其他不變，提左腳插向右腳跟的右後方（圖 19）。

圖 19

第七式　左摟膝拗步

1. 右腳跟為軸，左腳掌為輔，全身向左擰轉 180°，重心坐於右腿；左腳掌點地；同時，右掌下落於右太陽穴一側，

圖 20

圖 21

圖 22

掌心朝內偏向下方；左掌橫於右胸前，掌心向左，掌指朝上。目視前方（圖 20）。

2. 重心不變；提左腳蹬鏟出步，腳跟著地，膝蓋伸直；右掌不變；在出左腿的同時，左掌由胸前斜切至左胯下方。目視前方（圖 21）。

圖 22 附圖

3. 上身不動，重心前移；左腳踏平落實，成左弓步，左腿的弓和右腿的撐要同步完成；同時，右掌由太陽穴推向右肩前方，遠不過腳，掌心朝前，五指朝上；左掌同時也由切掌變按拳，五指朝前，掌心向下，掌根著意。目視前方（圖 22、圖 22 附圖）。

第八式　手揮琵琶

1. 重心移至左腿，右腳順勢跟至左腳跟右側後方，腳掌

圖 23

圖 24

圖 25

點地，兩膝微屈；同時，右掌橫移至身體中線部位，高不過眼，掌心向左，五指朝上；左掌上穿至身體中線、右掌下方垂直部位，掌心朝右，五指朝上（圖 23）。

2. 提右腳向後退一步落實，重心移至右腿；左腳順勢收至右腳左前方，腳掌點地；左右掌上下相換，豎於身體中線部位，左掌在上，掌心向右；右掌在下，掌心向左。目視前方（圖 24）。

第九式　左摟膝拗步

與第七式左摟膝拗步相同（圖 25、圖 25 附圖、圖 26、圖 27）。

第十式　右摟膝拗步

1. 左腳為軸，右腳掌為輔，全身同時向右擰轉 90°，重心在左腿；兩膝微屈；右掌下落至左胸前，掌心向左，五指朝上；左掌上抬至左太陽穴一側，掌心向內，五指朝斜上

圖 25 附圖

圖 26

圖 27

圖 28

圖 29

方。目視前方（圖 28）。

2. 重心不變；提右腳蹬鏟出步，腳跟著地，膝蓋伸直；同時，右掌由上向下斜切至右胯下方，五指朝前，掌心斜向內側（圖 29）。

3. 重心前移；右腳踏平落實，右腿的弓和左腳的撐要同

圖 30

圖 31

圖 32

步完成，成右弓步；同時，左掌由太陽穴推向左肩前方，遠不過腳，掌心朝前，五指朝上；右掌同時也由切掌變按掌，五指朝前，掌心向下，掌根著意。目視前方（圖 30）。

第十一式　上步搬攔捶

1. 左掌和步法都不變；右掌由掌變拳，拳背朝上，置於右胯旁（圖 31）。

2. 重心移至右腿；順勢提左腳上步，至右腳左前方，腳掌點地，兩膝微屈，右實左虛；同時，左掌移至右胸前，左肘內彎角度要大於 90°，掌心朝右，五指朝上，坐腕；右拳在小腹的右側，從內向外翻腕畫一立圓，置於腰的右側，掌心朝上。目視前方（圖 32）。

3. 上身不動，重心坐在右腿；提左腳蹬鏟出步，腳跟著地，膝蓋伸直；同時，左掌微微下壓（圖 33）。

4. 重心前移；左腳踏平落實，左腿的弓和右腿的撐要同步完成，成左弓步；同時，右拳內旋從左掌上方腕部擊出，

圖 33

圖 34

圖 35

拳心朝下。目視前方（圖 34）。

第十二式　六封四閉

圖 36

1. 重心移至左腿；順勢提右腿，跟至左腳跟右外側，腳掌著地，兩腿微屈，左實右虛；同時，右拳變掌，和左掌同步向左右分開，引置於左右胸的前方，約與肩同寬同高，雙肘的內彎處角度要大於 90°，十指朝斜上方，掌心向斜前方（圖 35）。

2. 上身不動；右腳提起，向後方退半步落實，重心移於右腿；左腳順勢收至右腳左前方，腳掌點地，兩腿微屈，右實左虛（圖 36）。

3. 上身不動；提左腳蹬鏟出步，膝蓋伸直，腳跟著地；重心坐於右腿（圖 37）。

4. 重心前移；左腳踏平落實，左腿的弓和右腿的撐要同

圖 37

圖 38

圖 39

步完成，成左弓步；同時，雙掌要同步挫向前方，十指朝上，掌心向前，有外凸之意，遠不過腳。目視前方（圖38）。

5. 上身不動，重心在左腿上；右腳順勢跟至左腳跟的右後方，右腳掌點地，兩膝微屈（圖 39）。

第十三式　抱虎推山

圖 40

1. 上身不動，重心不變；提右腳，插向左腳跟的左後方，腳掌點地（圖40）。

2. 左腳跟為軸，右腳掌為輔，重心在左腳，全身向右後方擰轉 180°；兩腿微屈；同時，左掌上抬至左太陽穴一側，五指斜向前上方，掌心向下；右掌橫移至左胸前，掌心向左，五指朝上，右肘內彎角度要大於 90°（圖 41）。

圖 41

圖 42

圖 43

3. 重心坐於左腿上；提右腳蹬鏟出步，腳跟著地（圖 42）。

4. 重心前移；右腳掌踏平落實，弓、撐要同時完成，成右弓步；右掌不變；同時，左掌由太陽穴前推至右掌上方，掌心向前，五指朝上。目視前方（圖 43）。

第十四式　手揮琵琶

重心移至右腿；提左腳，順勢跟在右腳跟的左後側，腳掌點地，兩膝微屈；同時，右掌上抬至身體中線部位，高不過眼，掌心向左；左掌下降至胸前中線部位，和右掌成垂直，掌心向右，雙掌十指朝上。目視前方（圖 44）。

圖 44

第十五式　右懶扎衣

提左腳向後方退一步；同時重心移

圖 45

圖 46

圖 47

至左腿；右腳順勢收至左腳尖的右前方，腳掌點地，兩膝微屈；右掌不變；左掌同時向後收至左胸前約一拳，掌心與右肘內彎相對。目視前方（圖 45）。

其他同第三式右懶扎衣中的圖 8、圖 9、圖 10（圖 46、圖 47、圖 48）。

第十六式　單鞭

右腳跟為軸，左腳掌為輔，全身同步向左擰轉 90°；其他同第四式單鞭（圖 49、圖 50、圖 51）。

第二路

第十七式　提手上勢

重心移至左腿；提右腳，跟至左腳右側，腳掌點地，兩腿微屈，左實右

圖 48

圖 49

圖 50

圖 51

虛；同時，身體微右轉約 30°；右手由上向下畫一弧按於自己肚臍下方，掌心向下，五指朝左；左掌抬至左太陽穴一側。目視前方（圖 52）。

第十八式　迎面掌

1. 重心在左腿；上身不動；提右腳蹬鏟出步，腳跟著地，右膝要伸直。目視前方（圖 53）。

2. 重心前移；右腳踏平落實，右腿的弓和左腿的撐要同步，成右弓步；同時，右掌不

圖 52

圖 53

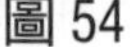

圖 54

圖 55

圖 55 附圖

變，但有下按之意；左掌由太陽穴推至左肩前方，遠不過腳，掌心朝前，五指朝上。目視前方（圖 54）。

第十九式　肘底捶

右腳跟為軸，左腳掌為輔，重心在右腿，全身同步向左後方擰轉 180°；同時，右掌變拳，隨身擊出，置於右肋前，遠不過腳，拳心向下；左掌隨身移至身體中線部位，高不過眼，遠不過腳，掌心朝右，五指朝上；左掌、左肘、右拳成一三角形；右實左虛，兩膝微屈。目視前方（圖 55、圖 55 附圖）。

第二十式　倒輦猴

1. 重心在右腿，左腳微收；同時右拳變掌，從左掌右側上抬至右太陽穴一側，掌心斜向下方，五指朝前；左掌不動（圖 56）。

2. 重心在右腿，提左腳蹬鏟出步，腳跟著地；上身不動

圖 56

圖 57

圖 58

（圖 57）。

3. 重心前移；左腳跟踏實落平；右腿蹬撐，弓和撐要同步，成左弓步；左掌不變，但要微微外旋；右掌同時推至左掌指上方，掌心朝前。目視前方（圖 58、圖 59）。

4. 上身不動，重心移至左腿；右腳順勢提至左腳跟右後側方，腳掌著地，兩膝微屈。目視前方，左實右虛（圖 59）。

圖 59

5. 其他不變；提右腳，插向左腳跟左後方，右腳掌點地；然後，左腳跟為軸，右腳掌為輔，重心在左腿，全身向右後方擰轉 270°；同時，右掌落至左胸前，掌心向左，五指朝上；左掌上抬至左太陽穴一側；兩膝微屈，重心在左腿。目視前方（圖 60、圖 61）。

6. 上身不動；提右腳蹬鏟出步，腳掌著地，右膝要伸直（圖 62）。

圖 60

圖 61

圖 62

7. 重心前移；右腳踏平落實，左腿撐、右腿弓，弓和撐要同步，成右弓步；右掌不動，左掌要隨步法的同時，推至右掌上方，掌心朝前，五指朝上，遠不過腳。目視前方（圖 63）。

圖 63

圖 64

8. 上身不動，重心移至右腿；左腳順勢跟至右腳左後方，腳掌點地，兩膝微屈，右實左虛（圖 64）。

9. 上身不動，重心不變；提左腳，插向右腳跟右後方，腳掌點地（圖 65）。

10. 右腳跟為軸，左腳掌為輔，重心在右腳，全身同時

圖 65

圖 66

圖 67

圖 68

圖 69

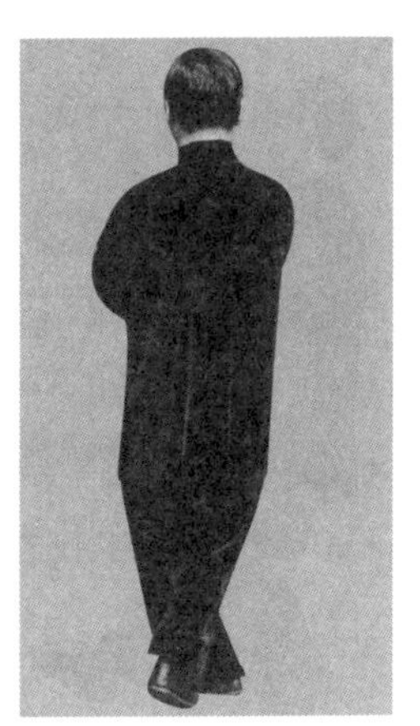
圖 70

向左後方擰轉 270°；同時，左掌橫移至右胸前，掌心向右，五指朝上；右掌抬至右太陽穴一側，右實左虛（圖 66）。

11. 其餘同倒輦侯中的圖 57、圖 58（圖 67、圖 68）。

12. 同倒輦侯中的圖 59、圖 60、圖 61、圖 62、圖 63（圖 69、圖 70、圖 71、圖 72、圖 73）。

圖 72

圖 73

第二十一式　手揮琵琶

重心在右腿；提左腿，順勢上步，左腳跟至右腳跟左後方，兩膝微屈；右掌上升至身體的中線部位，高不過眼，掌心向左；左掌落至右掌下方，掌心向右，雙掌十指朝上（圖 74）。

圖 74

第二十二式　白鵝亮翅

左腿向後退一步落實，重心在左腳；右腳順勢收至左腳尖的右前方，腳掌點地，兩膝微屈；同時，右掌上架於額前上方約兩拳遠，掌心向前；左掌由胸前向前方推出，掌心向右前方，五指朝上，高與嘴齊，遠不過腳（圖 75）。

其他同第六式白鵝亮翅（圖 76、圖 77、圖 78、圖 79）。

圖 75

圖 76

圖 77

圖 78

圖 79

圖 80

第二十三式　左摟膝拗步

同第七式左摟膝拗步（圖 80、圖 81、圖 82）。

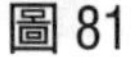

圖 81

圖 82

圖 83

第二十四式　手揮琵琶

1. 重心移至左腿，右腳順勢跟至左腳跟右側後方，腳掌點地，兩膝微屈；同時，右掌橫移至身體中線部位，高不過眼，掌心向左，五指朝上；左掌上穿至身體中線部位，於右掌下方垂直，掌心朝右，五指朝上（圖 83）。

2. 提右腳，向後退一步落實，身體也向右轉 45°，重心移至右腿；左腳順勢收至右腳左前方，腳掌點地，兩腿微屈；同時，左右掌上下相換，豎於身體中線部位，左掌在上，掌心向右；右掌在下，掌心向左。目視前方（圖 84）。

第二十五式　按勢

下身不動；左掌經胸前向後下方摟出，置於左胯外側，掌心向後上方；同時，全身坐於右腿，雙腿下蹲，左腳掌點地，上身前俯；右掌隨上身前俯下按，五指朝前，掌心斜向

圖 84

圖 85

圖 86

下方；目視右掌斜下前方；頭要微微抬起，兩肘彎要微屈（圖 85）。

第二十六式　青龍出水

圖 87

1. 上身直起；提左腳，向左前方蹬鏟出步，腳跟著地，左膝要伸直，重心坐於右腿；同時，右手隨身體直起上架於前額的斜上方，掌心朝上偏前方；左掌經後下方向前畫弧穿置於胸前，掌心朝前，五指朝上。目視前方（圖 86）。

2. 上身不動，重心前移；左腳落平踏實，左腿弓，右腿撐要同步，成左弓步。目視前方（圖 87）。

3. 左腳跟為軸，右腳跟為輔，全身向右後方翻轉 180°，重心坐於左腿；右腿腳跟著地，膝蓋伸直；左掌隨翻轉的同時上架於額前上方；右掌下落於胸前的前方，遠不過腳，五

圖 88

圖 89

圖 90

指朝上。目視前方（圖 88）。

4. 上身不動，重心前移；右腳踏平落實，右腿弓、左腿撐要同步，成右弓步。目視前方（圖 89）。

第二十七式　三甬背

1. 重心移至左腿；提右腳，收至左腿右前方，腳掌點地，兩腿微屈，坐於左腿；同時，右掌回收於右胸前，左掌下落於身體中線部位，高不過眼，左肘內彎角度大於 90°；左掌不變，右掌隨撤步後移至右腋下前側，五指朝前，掌心向內；隨勢提右腳，向左腳右後方後側一步落實，重心移至右腳；提左腳順勢收至右腳左前方，腳掌點地。目視前方（圖 90、圖 91）。

2. 上身不動，重心不變，坐於後腿；提左腳蹬鏟出步，腳跟著地，左膝伸直（圖 92）。

3. 上身不動，重心前移；左腳踏平落實。左腿弓、右腿撐要同時完成，成左弓步。目視前方（圖 93）。

圖 91

圖 92

圖 93

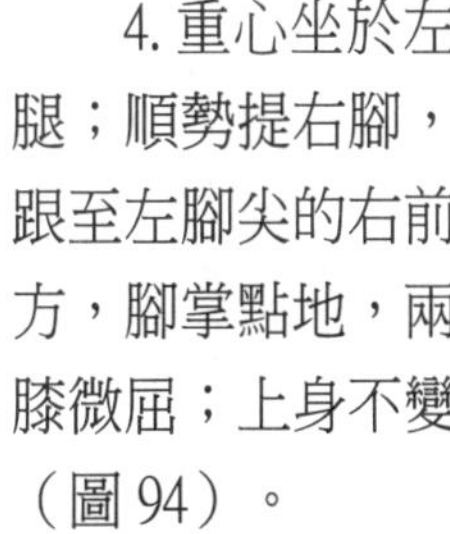
4. 重心坐於左腿；順勢提右腳，跟至左腳尖的右前方，腳掌點地，兩膝微屈；上身不變（圖 94）。

圖 94

圖 95

5. 左腳跟為軸，右腳掌為輔，全身同步向右擰轉 30°，重心坐於左腿；同時，左掌收至左腋下前方，掌心向內，五指朝斜前方；右掌由右腋下前方直接出擊，高不過眼，右肘以略彎為適，五指朝上，掌心向左；兩腿微屈。目視前方（圖 95）。

6. 上身不動，重心不變，坐於左腿；提右腿蹬鏟出步，腳跟著地，右膝伸直（圖 96）。

圖 96

圖 97

圖 98

圖 99

圖 100

圖 101

上身不動，重心前移；右腳踏平落實，右腿弓、左腿撐要同步，弓撐有力，成右弓步。目視前方（圖 97）。

第二十八式　單鞭

與第十六式單鞭相同（圖 98、圖 99、圖 100、圖 101）。

圖 102

圖 103

圖 104

第二十九式　紜手

【左式】

1. 兩腳跟為軸，全身同步向右擰轉 180°，成右弓步；左掌隨身向右轉的同時，向上向下畫一弧通過右肘內彎處，上穿至身體中線部位，五指朝上，掌心朝右，高不過眼，遠不過腳；同時，右掌下落置於肚臍處，掌心向上，五指朝左，和左掌處於垂直。目視前方（圖 102）。

2. 上身不動，重心落於右腿；提左腳，順勢跟在右腳跟的左側後方，腳掌點地，右實左虛（圖 103）。

3. 右腳跟為軸，左腳掌為輔，重心在右腿；雙掌外形不變；全身隨之向右擰轉 90°，右腳尖微內扣（圖 104）。

4. 上身不動；右膝內彎角度不變，提左腳，向左側平行蹬鏟出步，膝蓋伸直，腳跟著地，重心在右腿。目視前方（圖 105）。

5. 上身不動；全身隨兩腳跟的左轉及左腿弓、右腿撐同

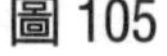

圖 105

圖 106

圖 107

時向左擰轉 90°，成左弓步。目視前方（圖 106）。

【右式】

1. 左弓步不變；右掌由下上穿，經左肘內彎處置於面前身體中線部位。掌心向左，五指朝上，遠不過腳，高不過眼；左掌同時下落至腹前肚臍處，掌心朝上，五指朝右。目視前方（圖 107）。

圖 108

圖 109

2. 上身不變；左腳跟為軸，右腳掌為輔，重心在左腿；全身同時向右擰轉 180°，坐於左腿；右腳掌點地，兩腿微屈。目視前方（圖 108）。

圖 110

圖 111

圖 112

圖 113

圖 114

圖 115

3. 同紜手的圖 103～圖 108（圖 109、圖 110、圖 111、圖 112、圖 113、圖 114）。

4. 同紜手的圖 103～圖 108（圖 115、圖 116、圖 117、圖 118、圖 119、圖 120）。

圖 116

圖 117

圖 118

圖 119

圖 120

圖 121

第三十式　單鞭

下身不動；左掌上穿至與右掌平行的部位，雙掌十指朝上，掌心朝前方，兩掌相距一拳；雙腿微屈。目視前方（圖121）。

圖 122

圖 123

圖 124

其他同第十六式單鞭（圖 122、圖 123、圖 124）。

第三十一式　左高探馬

圖 125

1. 重心移至左腿；提右腳，跟至左腳尖的右側，腳掌點地，兩腿微屈，左實右虛；同時，身體微右轉約 30°；右掌由上向下畫一弧線按於自己肚臍前方，掌心向下，五指朝左；左掌抬至左太陽穴一側。目視前方（圖 125）。

2. 上身不動；提右腿蹬鏟出步，腳跟著地，右膝蓋要伸直；同時右掌翻為掌心向上（圖 126）。

3. 重心前移；右腳踏平落實，右腿的弓和左腿的撐要同步，成右弓步；右掌不變；左掌由左太陽穴推至左胸前方，遠不過腳，掌心朝前，五指朝上。目視前方（圖 127）。

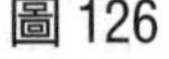

圖 126

圖 127

圖 128

4. 上身不動，重心移至右腿；左腳順勢跟至右腳跟的左側後方，腳掌點地，兩膝微屈。目視前方（圖 128）。

第三十二式　右高探馬

圖 129

1. 右腳跟為軸，左腳掌為輔，全身同步向左擰轉約 60°，重心在右腿；兩腿微屈；同時，雙掌如抱一球，同步由右向左轉，右掌至右太陽穴一側，左掌下翻至腹前肚臍前方，掌心向上，五指朝右。目視前方（圖 129）。

2. 重心在右腿，上身不動；提左腿蹬鏟出步，腳跟著地，左膝伸直（圖 130）。

3. 重心前移；左腳踏平落實，左腿的弓和右腿的撐要同步，成左弓步；左掌不變；同時，右掌由右太陽穴推至右胸前方，高不過鼻，遠不過腳，掌心向前，五指朝上。目視前

圖 130

圖 131

圖 132

方（圖 131）。

4. 重心移至左腿；右腳順勢跟至左腳跟的右側後方，腳掌點地，兩腿微屈；同時，雙掌移至身體中線部位，右掌在上，豎於面前，掌心向左，右肘內彎角度大於 90°；左掌豎於右掌跟下方，成垂直，掌心向右，雙掌十指朝上（圖 132）。

圖 133

第三路

第三十三式　右起腳

1. 左腳跟為軸，右腳掌為輔，全身同步向右擰轉 30°，重心在左腿；兩腿微屈。上身不變。目視前方（圖 133）。

2. 重心坐於左腿，全身微向右轉 30°；右腳繃直，由大腿帶起小腿，向前方踢出，高不過膝，右膝略彎曲；同時，

圖 134

圖 135

圖 136

左腿略有蹬直之意；右掌掌形不變，向前微推；左掌則向後方拉開，雙掌與單鞭的要求相同。目視前方（圖 134）。

第三十四式　左起腳

1. 右腳向左腳跟的後側方落實，同時重心移至右腿，左腳掌點地，雙腿微屈；同時，全身向左轉 60°；雙掌收回，豎在身體的中線部位，成手揮琵琶，左上右下。目視前方（圖 135）。

2. 重心坐於右腿；左腳繃直，由大腿帶起小腿，向前踢出，高不過膝，左膝要略有彎；右腿略有蹬直之意；同時，雙掌向前後分開，左前右後，與單鞭的要求相同。目視前方（圖 136）。

第三十五式　轉身踢一腳

1. 重心仍在右腿；左腳收落至右腳跟左後方，腳掌點地，兩腿微屈；同時，雙掌收回，豎在身體的中線部位，成

圖 137

圖 138

圖 139

手揮琵琶，左上右下。目視前方（圖137）。

2. 右腳跟為軸，左腳掌為輔，全身向左後方擰轉 150°，重心在右腿；左腳掌點地，兩腿微屈，右實左虛；上身不變。目視前方（圖 138）。

3. 上身不動；雙掌有前撐之意，重心不變；左腳繃直，由大腿帶起小腿，向前踢出，高不過右膝，左膝要略有彎，右腿略有蹬起之意。目視前方（圖139）。

圖 140

第三十六式　踐步栽捶

1. 上身不動；左腳向前方落步（圖 140）。

2. 重心前移；隨即提右腳，向左腳墊步騰空，右腳貼住左腳後跟。目視前下方（圖 141）。

圖 141

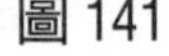

圖 142

圖 143

3. 落地後，右腳落實，左腳同時邁步出腿，左膝要直；重心在後腿，上身不變。目視前方（圖 142）。

4. 重心前移至左腿；左腿的弓和右腿的撐要同步，成左弓步；同時，左掌由胸前下按切撩至左胯一側，五指朝後方，掌心向上；右掌變拳，由上向斜下前方擊出。上身微向前俯。目視前下方（圖 143）。

圖 144

第三十七式　翻身二起

1. 以兩腳跟為軸，全身向右後方擰轉 180°，坐在左腿上；右腳跟蹬鏟著地；同時，右拳由栽捶轉體上架於前額兩拳左右地方，拳背朝額；左掌變拳，隨轉體置於小腹前，拳背朝上。目視前方（圖 144）。

2. 重心移至右腿；右腳落實，隨即提左腳順勢上步，兩

圖 145

圖 146

圖 147

腿微屈；同時，右拳不變，左拳收於左腰間，左實右虛。目視前方（圖145）。

3. 重心前移至左腳；右腳繃直，順勢向前上方踢出，至嘴高；左膝略伸直；右拳變掌置於前方，和右腳面相擊，左拳不變（圖 146）。

第三十八式　披身

圖 148

1. 右腳下落，插於左腳尖左側方，右腳掌點地；重心在左腳；同時，左拳

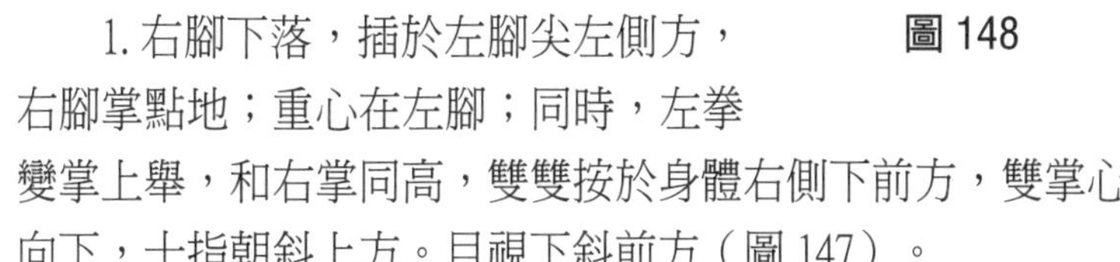
變掌上舉，和右掌同高，雙雙按於身體右側下前方，雙掌心向下，十指朝斜上方。目視下斜前方（圖 147）。

2. 重心在右腿；提左腳向左橫跨一步，成馬步，運動過程中變左弓步；同時，雙掌按捋，從腹前橫移至左腹前方（圖 148）。

圖 149

圖 150

圖 151

第三十九式　左伏虎

左掌變拳，上架至左肩前方，高不過肩，左肘內彎大於90°，左肘和左拳處於同一平面，拳心向下；右掌變拳，置於腹前，拳心向上。兩拳相對。目視右腿的右方（圖149）。

第四十式　右伏虎

重心在左腿；提右腿向後方退一步，踏平落實；左腳順勢跟回右腳的前左方，腳掌點地，兩腿微屈，右實左虛；同時，兩拳如同一線相牽，抱圓向右隨身步轉換，右拳置於胸前約 1 尺；左拳置於腹前，兩拳心相對。目視前方（圖150）。

第四十一式　踢一腳

1. 下身不變；雙拳變掌，左掌由右掌的外側上穿於面

圖 152

圖 153

圖 154

前。右掌由左掌的內側下落於胸前。雙掌成手揮琵琶式，目視前方（圖 151）。

2. 上身不動，重心坐於右腿；左腳繃直，由大腿帶小腿向前上方踢出，左膝不可伸直。目視前方（圖 152）。

第四十二式　轉身蹬一跟

1. 左腳經右腳外側向後蓋步，左腳掌點地；上身不變（圖 153）。

2. 右腳跟為軸，左腳掌為輔。全身向右擰轉 360°（轉到 60°時，變為左腳跟為軸，右腳掌為輔繼續擰轉），重心坐在左腿；右腳在左腳尖右側前方點地。雙腿微屈；雙掌在身轉時，同時上下交換，右掌在上，左掌在下，成手揮琵琶。目視前方（圖 154）。

3. 上身不動，重心坐於左腿，提右腳，向前用腳跟蹬出，高與膝平，右腳尖向右外側勾回（圖 155）。

圖 155

圖 156

圖 157

第四十三式　上步搬攔捶

圖 158

1. 右腳向前方跨步落下，腳尖向右前方；同時，右掌變拳，從左拳腕背處落於右腰間，拳心向上；左掌橫移推至右胸前。目視前方（圖 156）。

2. 上身不動；左腳順勢向前上步跨出，腳跟蹬鏟著地，重心坐於右腿（圖 157）。

3. 與第十一式上步搬攔捶中的圖 34 相同（圖 158）。

第四十四式　六封四閉

與第十二式六封四閉相同（圖 159、圖 160、圖 161、圖 162、圖 163）。

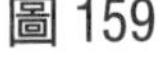
圖 159

圖 160

圖 161

圖 162

圖 163

圖 164

第四十五式　抱虎推山

與第十三式抱虎推山相同（圖 164、圖 165、圖 166、圖 167）。

圖 165

圖 166

圖 167

圖 168

圖 169

圖 170

第四十六式　手揮琵琶

與第十四式手揮琵琶相同（圖 168）。

第四十七式　右懶扎衣

與第十五式右懶扎衣相同（圖 169、圖 170、圖 171）。

圖 171　　圖 172　　圖 173

圖 174

圖 175

第四十八式　斜單鞭

與第十六式單鞭相同。不同之處是：全身向左擰轉 120°（圖 172、圖 173、圖 174、圖 175）。

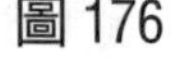
圖 176　　圖 177　　圖 178

第四路

第四十九式　野馬分鬃

1. 重心移於右腿，身體右移 120°；提左腳，收至右腳左側，腳掌點地，兩腿微屈；同時，左掌隨左腿收時向下經腹前畫一立弧，從右肘內彎處上穿於面前約 1 尺，五指朝上，掌心向右，高不過眼；右掌下落於腹前，掌心向右，五指朝上，雙掌上下遙對。目視前方（圖 176）。

2. 上身不動，重心不變；提左腿，向左側斜前方橫跨蹬鏟出步，腳跟著地，左膝伸直（圖 177）。

3. 上身不變；左腳踏平落實，左腿弓、右腿撐要和上身的左轉同步，上身向左轉 90°，成左弓步。目視前方（圖 178）。

4. 上身不變，重心移至左腿；順勢提右腳，跟至左腳右側，右腳掌點地，雙腿微屈；同時，右掌經左肘內彎處上穿

圖 179

圖 180

圖 181

豎於面前，掌心向左，五指朝上；左掌下落於腹前，掌心向上，五指向右。目視前方（圖 179）。

5. 上身不動；提右腿，向右側斜前方橫跨蹬鏟出步，坐於左腿，右膝伸直（圖 180）。

6. 上身不變；右腳踏平落實，右腿弓、左腿撐要和上身的右轉同步，上身向右轉 90°，成右弓步。目視前方（圖 181）。

圖 182

圖 183

7. 與本式中的 1～3 動相同（圖 182、圖 183、圖 184）。

8. 與本式中的 4～6 動相同（圖 185、圖 186、圖

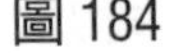
圖 184

圖 185

圖 186

圖 187

圖 188

圖 189

187）。

第五十式　單鞭

與第十六式單鞭相同（圖 188、圖 189、圖 190）。

圖 190

圖 191

圖 192

第五十一式　玉女穿梭

圖 193

1. 重心右移，兩腳跟為軸，同步向右後方擰轉 135°，成右弓步；同時，左掌由上往下撩按於腹前，掌心朝下，五指向前；右掌上架於右太陽穴一側，掌心向斜下方，五指朝前。目視前方（圖 191）。

2. 重心移至右腿，提左腿，順勢上步於右腳尖左前側，腳掌點地，兩腿微屈，右實左虛；同時，左掌從身體中線部位上架於額斜前方，約兩拳；右掌同步從左掌背腕部下落於胸前變推掌。五指朝上，掌心朝左，高不過鼻（圖 192）。

3. 上身不動，重心坐於後腿；提左腳蹬鏟出步，腳跟著地，左膝伸直（圖 193）。

圖 194

圖 195

圖 196

4. 上身不變，重心前移；左腳落平踏實，左腿弓和右腿撐要同步，成左弓步。目視前方（圖 194）。

5. 上身不變，重心落於左腿；提右腿順勢上步，右腳置於左腳跟右後側方，腳掌點地，兩腿微屈（圖 195）。

6. 提右腳，從左腳後方插於左腳跟左後方，腳掌點地（圖 196）。

圖 197

7. 左腳跟為軸，右腳跟為輔，全身同步向右後方擰轉 270°，兩腿微屈；重心落於左腿；同時，右掌從左掌外側上架於額前約兩拳。左掌從右掌內側腕部下落於胸前，高不過鼻，五指朝上，拳心朝右。目視前方（圖 197）。

8. 上身不動，坐於左腿；提右腳向前蹬鏟出步，腳跟著地，右膝要伸直。目視前方（圖 198）。

9. 上身不動，重心前移；右腳踏平落實，右腿弓要和左

圖 198

圖 199

圖 200

腿撐同步，成右弓步（圖 199）。

10. 重心落於右腿；提左腿，順勢上步於右腳跟左側方，兩腿微屈（圖 200）。

圖 201

圖 202

11. 右腳跟為軸，左腳掌為輔，全身擰轉 90°，重心在右腿；兩腿微屈；同時，左掌從右掌外側從面部交換上架於額前；右掌從左掌腕部內側從面前交換下落於胸前，五指朝上，掌心向左；兩腿微屈。目視前方（圖 201）。

12. 上身不變；提左腳蹬鏟出步，腳跟著地，右膝要直。目視前方（圖 202）。

圖 203

圖 204

圖 205

13. 上身不變，重心前移；左腿弓和右腿撐要同步，成左弓步。目視前方（圖 203）。

14. 上身不動，重心坐於左腿；提右腳順勢上步，置於左腳跟右側，腳掌點地，兩腿微屈（圖 204）。

15. 上身不變；提右腳，從左腳後方插在左腳跟左後側方，右腳點地，兩腿微屈（圖 205）。

圖 206

16. 左腳跟為軸，右腳掌為輔，全身向右後方擰轉 90°，重心落於左腿；右腳掌點地；同時，左掌從右掌的內側在面部交換下落於胸前，五指朝上，掌心朝右；右掌從左掌的外側在面部交換上架於額斜前方；兩腿微屈，左實右虛。目視前方（圖 206）。

17. 上身不變，重心在左腿；提右腿向前方蹬鑵出步，

圖 207

圖 208

圖 209

腳跟著地，右膝伸直。目視前方（圖207）。

18. 上身不動，重心前移；右腳踏平落實，右腿弓和左腿撐要同步，成右弓步。目視前方（圖 208）。

第五十二式　手揮琵琶

圖 210

重心移至右腿；提左腳，順勢跟至右腳跟左後側，腳掌點地，兩腿微屈；右掌下落於面前，左掌微收，處於身體的中線部位，右上左下，成手揮琵琶。其餘同第十四式手揮琵琶（圖 209）。

第五十三式　右懶扎衣

與第十五式右懶扎衣相同（圖 210、圖 211、圖 212）。

圖 211

圖 212

圖 213

圖 214

圖 215

圖 216

第五十四式　單鞭

與第十六式單鞭相同（圖 213、圖 214、圖 215）。

圖 217

圖 218

圖 219

圖 220

圖 221

圖 222

第五十五式　紜手

與第二十九式紜手相同（圖 216～圖 234）。

圖 223

圖 224

圖 225

圖 226

圖 227

圖 228

圖 229

圖 230

圖 231

圖 232

圖 233

圖 234

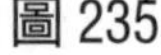
圖 235

圖 236

圖 236 附圖

第五路

第五十七式　下勢

重心坐於右腿，全身微左轉；左腳變腳跟著地，左膝伸直，右實左虛；同時，左掌下落按於左胯外側，右掌隨身體後坐從耳側向左肩前方推出，掌心朝前，坐腕，五指朝上。目視前方（圖 235）。

第五十八式　左更雞獨立

1. 重心前移；過渡成左弓步，上身不變。

2. 重心坐於左腿；提右腿順勢朝前上方頂出，右大腿和小腿成 90°，膝與胯平，右大腿面成水平，右腳自然下垂；同時，右掌隨右大腿的頂出同步向上托起，掌心向上，五指朝斜後上方，右掌根和右膝成垂直；左掌不變。目視前方（圖 236、圖 236 附圖）。

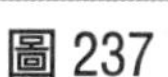

圖 237

圖 238

圖 239

第五十九式　右更雞獨立

右腿下落於左腳右後方踏實；重心移至右腿，提左腿，順勢向前上方頂出，左大腿和小腿成 90°，膝與胯平，左大腿成水平，左腳自然下垂；同時，右掌下按於右胯一側，掌心向下，五指朝前；左掌由下向上托起。掌心向上，五指朝斜後方，左掌根和左膝成垂直；獨立腿要略伸直。目視前方（圖 237）。

第六十式　倒輦侯

左腿落下，插於右腳跟右後側方；右腳跟為軸，左腳掌為輔，全身向左後方擰轉 135°，重心坐於右腿；左腳掌點地，兩腿微屈；同時，右掌經身體右側上舉於右太陽穴一側；左掌下落於身前右胸前方，掌心向右，五指朝上。目視前方（圖 238）。

其餘動作與第二十式倒輦侯相同（圖 239～圖 253）。

圖 239 附圖

圖 240

圖 240 附圖

圖 241

圖 241 附圖

圖 242

圖 243

圖 244

圖 245

圖 246

圖 247

圖 248

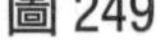
圖 249

圖 250

圖 251

圖 252

圖 253

圖 254

第六十一式　手揮琵琶

與第二十一式手揮琵琶相同（圖 254）。

圖 255

圖 256

圖 257

圖 258

圖 259

第六十二式　白鵝亮翅

與第二十二式白鵝亮翅相同（圖 255、圖 256、圖 257、圖 258、圖 259）。

圖 260

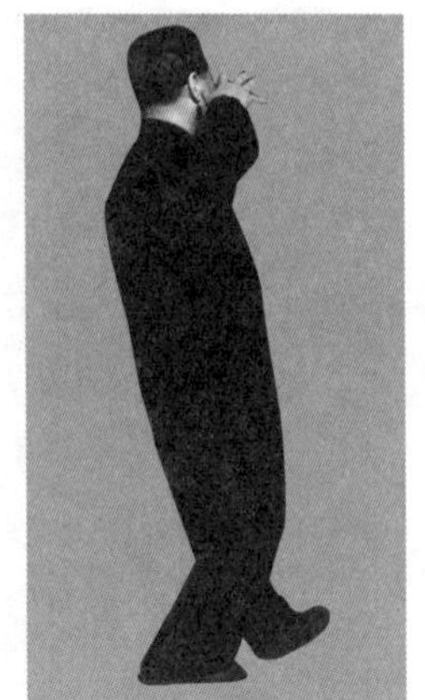
圖 261

圖 262

圖 262 附圖

圖 263

圖 264

第六十三式　左摟膝拗步

與第七式左摟膝拗步相同（圖 260、圖 261、圖 262、圖 262 附圖）。

圖 265

圖 265 附圖

圖 266

第六十四式　手揮琵琶

與第二十四式手揮琵琶相同（圖 263、圖 264）。

第六十五式　按勢

與第二十五式按勢相同（圖 265、圖 265 附圖）。

第六十六式　青龍出水

與第二十六式青龍出水相同（圖 266、圖 267、圖 268、圖 269）。

圖 267

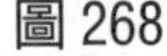
圖 268

圖 269

圖 270

圖 271

圖 272

圖 273

第六十七式　三甬背

與第二十七式三甬背相同（圖 270～圖 278）。

圖 274

圖 274 附圖

圖 275

圖 276

圖 277

圖 278

第六十八式　單鞭

與第二十八式單鞭相同（圖 279、圖 280、圖 281）。

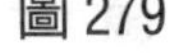
圖 279

圖 280

圖 281

圖 282

圖 283

圖 284

第六十九式　紜手

與第二十九式紜手相同（圖 282～圖 300）。

圖 285

圖 286

圖 287

圖 288

圖 289

圖 290

圖 291

圖 292

圖 293

圖 294

圖 295

圖 296

圖 297

圖 298

圖 299

圖 300

圖 301

圖 302

第七十式　單鞭

與第三十式單鞭相同（圖 301、圖 302、圖 303、圖 304）。

圖 303

圖 304

圖 305

第六路

第七十一式　提手上勢

與第五式提手上勢相同（圖 305）。

第七十二式　高探馬

與第三十一式左高探馬相同（圖 306、圖 307）

第七十三式　對心掌

1. 重心移至右腿；提左腳順勢上步，置於右腳尖左側前方，左腳掌點地，兩腿微屈；同時，左掌上舉於額前；右掌上舉於身體中線部位，高不過嘴，掌心向左，五指朝上；上步換掌的同時，全身向左轉 45°。目視前方（圖 308）。

2. 上身不動，坐於後腿；提左腿蹬鏟出步，腳跟著地，膝要直（圖 309）。

圖 306

圖 307

圖 308

圖 309

圖 310

圖 311

3. 重心前移；左腿弓和右腿撐要同步，成左弓步（圖 310）。

4. 重心移至左腿；提右腳順勢上步，置於左腳跟右側，右腳掌點地，兩腿微屈；上身不變。目視前方（圖 311）。

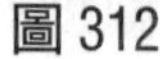
圖 312

圖 313

圖 314

第七十四式　十字擺蓮

1. 上身不動，提右腳，經左腳插在左腳跟右側後方，腳掌點地；重心在左腿（圖 312）。

2. 左腳跟為軸，右腳掌為輔，全身同步向右後方擰轉 180°，重心在左腿；兩腿微屈；隨轉體的同時，左掌下落，與右掌同高，雙掌置於胸前，同肩寬，雙掌心朝斜前，十指朝前，雙掌內彎要大於 90°。目視前方（圖 313）。

3. 重心在左腿；右腳腳面繃直，腳尖朝左，提右腿，由左下方朝上右方做擺腿，高與眼平；同時，雙掌拍擊右腳面（圖 314）。

第七十五式　指襠捶

1. 右腳向左前方落步踏實，成右弓步；同時，右掌變拳，置於右腰一側；左掌橫於右胸前，掌心朝右，五指朝上。目視前方（圖 315）。

圖 315

圖 316

圖 317

2. 重心在右腿；提左腳順勢上步，置於右腳尖左側前方，腳掌點地，兩腿微屈；上身不變。目視前方（圖316）。

3. 坐於右腿；提左腳蹬鏟出步，腳跟著地，膝蓋伸直；右拳不變；左掌同時向左胯外側斜切，置於左胯外側，掌心向下，五指朝前。目視前方（圖317）。

圖 318

4. 重心前移；左腿弓、右腿撐要同步，成左弓步；同時，左掌按於左胯前；右拳從腰向前下方擊出，遠不過腳；上身略俯。目略向前下方平視（圖 318）。

第七十六式　右懶扎衣

1. 重心坐於左腿；提右腳，順勢上步於左腳右側前方；

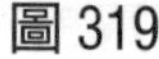
圖 319

圖 320

圖 321

上身同時略右轉 15°；同時，右拳變掌，上舉於面前，高不過眼，右肘內彎角度大於 90°；左掌上舉至右胸前，與右肘內彎相對，離左乳約一拳；兩腿微屈。目視前方（圖 319）。

其他與第十五式右懶扎衣中圖 46、圖 47、圖 48 相同（圖 320、圖 321、圖 322）。

第七十七式　單鞭

與第十六式單鞭相同（圖 323、圖 324、圖 325）。

第七路

第七十八式　下勢

與第五十七式下勢相同（圖 326）。

圖 322

圖 323

圖 324

圖 325

圖 326

圖 327

第七十九式　上步七星

1. 重心前移；左腳踏平落實，左腿弓和右腿撐要同步，成左弓步；右掌不動；左掌由下上穿於右掌外側，雙掌交叉，十指朝上，雙掌遠不過腳。目視前方（圖 327）。

圖 328

圖 329

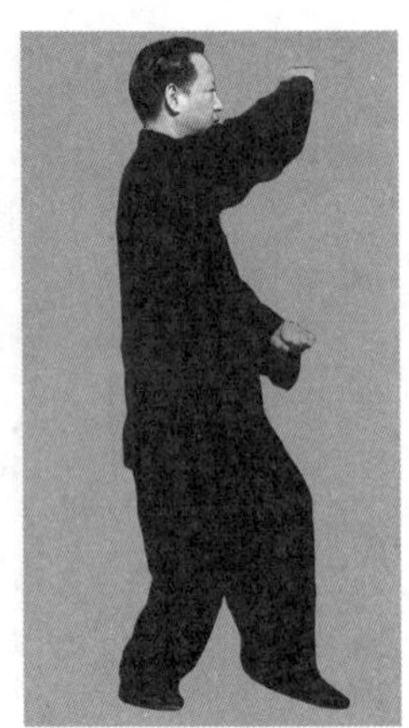
圖 330

2. 重心移至左腿；提右腳，順勢跟在左腳跟右側後方，右腳掌著地，雙腿微屈；同時，左掌不動；右掌從左掌的內側落下，上穿於左掌外側，雙掌交叉，十指朝上，雙掌遠不過腳。目視前方（圖 328）。

第八十式　退步跨虎

1. 重心在左腿；提右腿向後跨一步；重心隨即移至右腿；提左腿，順勢跟回右腳尖左側前方，腳掌點地，兩腿微屈，腰微向右轉；同時，雙掌變拳下落於小腹前，左前右後，雙掌基本平行。目視前方（圖 329）。

2. 雙腿微微蹬起，上身微向左轉；同時，左拳按壓於小腹前；右拳由下向上斜擊至面前，高不過眼，遠不過腳；左拳和右拳上下垂直。右肘內彎大於 90°。目視前方（圖 330）。

圖 331

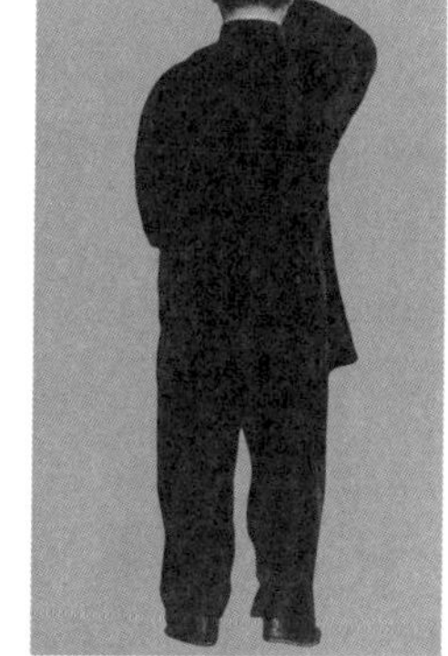
圖 332

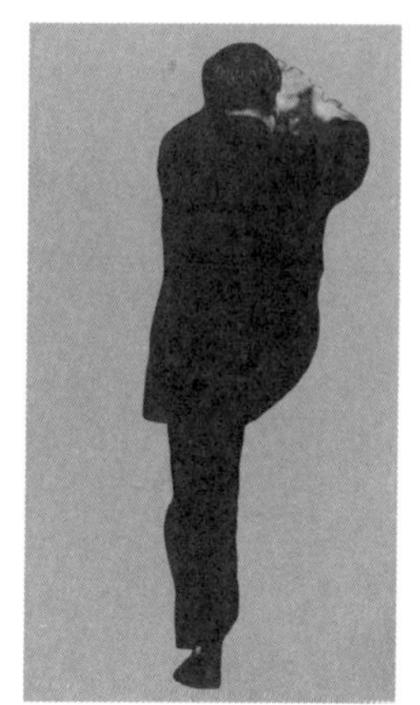
圖 333

第八十一式　轉身擺蓮

1. 上身略向右轉，重心在右腿，上身不變；提左腳，經右腿前插向右腳尖右側；左腳掌點地，兩腿微屈。目視前方（圖 331）。

2. 左腳跟落地為軸，右腳跟提起，腳掌點地為輔，全身向右後方擰轉 270°；雙腿微屈。目視前方（圖 332）。

3. 重心在左腿；提右腿，由左下方向右上方擺出，高不過眼；至面前時，雙掌擊打腳面（圖 333）。

第八十二式　彎弓射虎

1. 右腳下落，在左腳右側橫跨蹬鏟出步，腳跟著地，右膝蹬直，坐於左腿；同時，雙掌變拳，上舉於面前，左前右後。目視前方（圖 334）。

2. 重心右移；右腳掌踏平落實，右腿弓和左腿撐要同步，成右弓步；同時，左拳置於下頜正前方，拳眼朝上，左

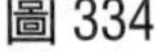

圖 334

圖 335

圖 335 附圖

肘內彎角度大於 90°；右拳順勢拉回右太陽穴一側，拳眼朝內。目視前方（圖 335、圖 335 附圖）。

第八十三式　雙抱捶

圖 336

1. 坐於左腿；右腿伸直，腳跟著地；同時，上身向右轉 90°；雙拳落於腹前，拳心朝上，兩拳平行。目視前方（圖 336）。

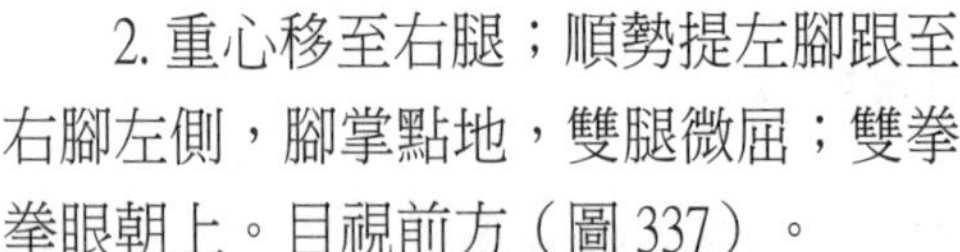

2. 重心移至右腿；順勢提左腳跟至右腳左側，腳掌點地，雙腿微屈；雙拳拳眼朝上。目視前方（圖 337）。

3. 上身不動，重心不變；提左腿蹬鏟出步，膝要伸直，腳跟著地（圖 338）。

4. 重心前移；左腳踏平落實，左腿弓和右腿撐要同步，成左弓步；雙拳微擊前方。目視前方（圖 339）。

圖 337

圖 338

圖 339

5. 重心坐於左腿；右腿跟步，置於左腳右側前方，腳掌點地，兩腿微屈；同時，左拳上舉於右拳之上前，高不過下巴，拳心朝右，右拳拳心朝左。目視前方（圖 340）。

第八十四式　手揮琵琶

1. 重心在左腿；提右腿向後退一步。重心隨即移至右腿，左腳隨即收回，放至右腳尖左側前方，左腳掌點地，左實右虛；雙拳變掌，十指朝上；雙腿微屈。目視前方（圖 341）。

圖 340

圖 341

2. 重心移至左

圖 342

圖 343

圖 344

腿；提右腳，向左腳後方退一步，重心隨即移至右腿；左腳跟隨全身向右擰轉 90°，左腳掌點地，左膝伸直；上身不變。目視前方（圖 342）。

第八十五式　收勢

1. 重心在右腿；收左腿於右腿橫線，約同肩寬；右腳尖也向左略轉，兩腳尖朝前方，兩腿略伸直；同時，雙掌向下斜方切於左右胯外側。掌心向下，十指朝上。目視前方（圖 343）。

2. 重心在右腿；收左腿，自然站立，雙腳間約一拳；同時，雙掌十指下合於大腿外側，全身鬆沉。目視前方（圖 344）。

第五章　武式太極拳傳統四十六式動作圖解

第一節　武式太極拳傳統四十六式動作名稱

第一路

第 一 式　起勢
第 二 式　左懶扎衣
第 三 式　右懶扎衣
第 四 式　單鞭
第 五 式　下勢
第 六 式　摟膝拗步
第 七 式　手揮琵琶
第 八 式　上步搬攔捶
第 九 式　六封四閉
第 十 式　按勢
第十一式　青龍出水

第二路

第十二式　三甬背
第十三式　野馬分鬃
第 十四 式　斜單鞭
第 十五 式　提手上勢
第 十六 式　迎面掌
第 十七 式　白鵝亮翅
第 十八 式　左高探馬
第 十九 式　右高探馬
第 二十 式　玉女穿梭
第二十一式　肘底捶

第三路

第二十二式　單鞭
第二十三式　紜手
第二十四式　右起腳
第二十五式　左起腳
第二十六式　倒輦侯
第二十七式　轉身踢一腳
第二十八式　踐步栽捶

第二十九式　上步搬攔捶
第 三十 式　翻身二起
第三十一式　披身
第三十二式　伏虎
第三十三式　右伏虎
第三十四式　轉身蹬一跟

第四路

第三十五式　更雞獨立
第三十六式　退步跨虎
第三十七式　十字擺蓮
第三十八式　躍步指襠捶
第三十九式　上步七星
第 四十 式　轉身擺蓮
第四十一式　雙抱捶
第四十二式　踢一腳
第四十三式　抱虎推山
第四十四式　彎弓射虎
第四十五式　對心掌
第四十六式　收勢

第二節　武式太極拳傳統四十六式動作圖解

第一路

第一式　起　勢

1.（胸朝正南方向）兩腿自然站立，腳尖向前，雙膝微屈，兩腳間約一拳之距；兩掌置於兩腿外側，指尖向下；眼平視前方，頸項自然豎直，唇微閉，齒輕合（圖1）。

2. 提起左腳，向左側平行橫跨蹬鏟出步，兩腳間距約與肩寬，腳尖向前，重心漸移兩腿中間成開立步；雙手撐指坐腕，掌心向下，指尖向前。目視前方，胸朝正南方向（圖2、圖3）。

【要點提示】

1. 立定腳跟豎起脊，心境平和，氣定神閑，身體自然放

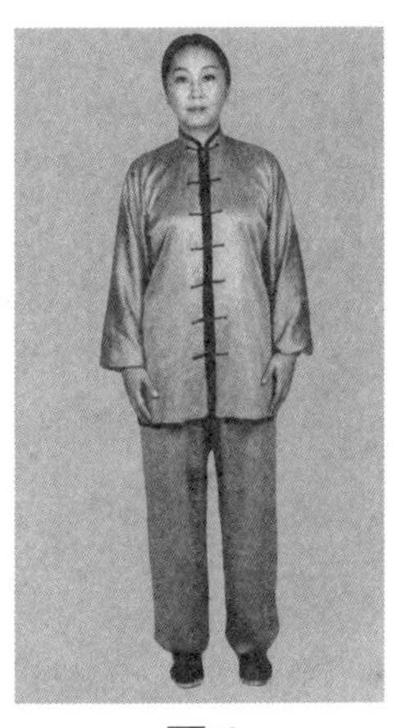
圖 1

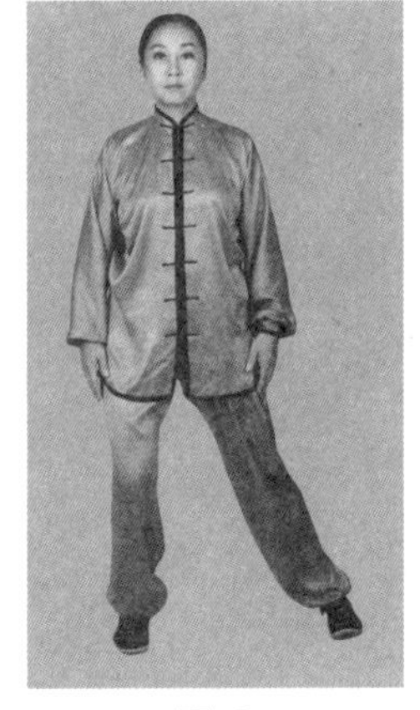
圖 2

圖 3

鬆，調整好行拳以前的身心狀態是非常重要的。

2. 腹部要充實，但不要挺腹或凸臀。軀幹要中正，不要僵硬或歪偏。胸部要空鬆，不要挺胸或凹胸。

3. 掌指坐腕要同時進行，不要先撐指後坐腕或先坐腕後撐指，且掌心要有微外凸之意。

4. 眼平視前方要自然，不要刻意前視或目光僵滯。呼吸應深、細、勻、長，順乎自然，要內固精神，外示安逸。

5. 無論出步或重心移動，身法均不能隨意改變。傳統武式太極拳對身法的要求非常嚴謹，起勢雖然形似簡單，但充分體現了傳統武式太極拳功法細微精深的內涵。

第二式　左懶扎衣

1. 重心移至右腿，以右腳跟為軸，左腳掌為輔，身體向左前方轉動 45°，左腳掌著地，右實左虛，重心坐於右腿；同時，兩掌由下而上舉於胸前，仍坐腕，左掌在前、在上，豎於身體中線處，掌心向右，掌指向上，高不過眼，遠不過

圖 4

圖 5

圖 6

腳；右掌在後、在下，置於右胸前（約一拳之距），指尖斜向前上方，掌心斜向前下方，右掌心與左肘內彎處相對（圖 4）。

2. 上體不動；提起左腳，向左前蹬鏟出步，左腿膝蓋伸直，腳跟著地，腳尖上翹，重心坐於右腿，右實左虛（圖 5）。

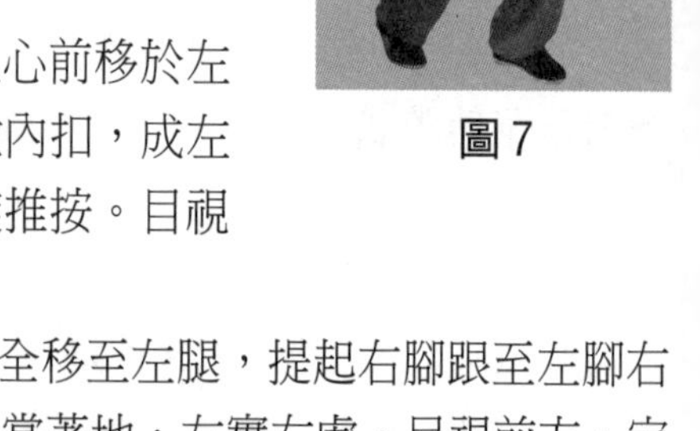
圖 7

3. 上體不動；隨著重心前移於左腿，左腳踏實，左腳尖微內扣，成左弓步；雙掌同時微微內旋推按。目視前方（圖 6）。

4. 上體不動；重心完全移至左腿，提起右腳跟至左腳右後側（約一拳之距），腳掌著地，左實右虛。目視前方，定勢胸朝東南方向（圖 7）。

【要點提示】

1. 右腳的內扣和左腳的內輾應同時進行，達到扣輾諧調一致，轉體到位充分。要注意體現傳統武式太極拳一動俱動、一到俱到、下動大於上動的拳理拳法的要求。

2. 左腳蹬鏟出步時，右腿必須保持膝蓋內彎處角度不變，左腿伸直。

3. 隨重心前移，左腿的前弓和右腿的撐直要同步完成，但要注意蹬直的腿不要過於僵直，要保持勁力的蓄涵。

4. 左腳尖微內扣，成不丁不八步，這是傳統武式太極拳步型的一個重要特點。

5. 第一分動轉體和舉掌的動作要同時啟動，同時運行，同時到位。第四分動雙掌隨重心前移內旋推出時，勞宮穴要有微外凸之意，左肘彎處要大於 90°，左掌保持撐指坐腕的狀態。

6. 提腳跟步時，應整體跟進並保持重心高度不變；要做到意要專，身要正，步要穩。有許多拳友們習練時，經常出現跟步的重心不穩、左右搖晃或上體前俯、臀部後凸等情況，請大家一定要十分重視這些似乎是微小的錯誤，其重要性直接關係到身法的正確與否。久而久之，身法上的一些小弊病就會積重難返，而成為走架中難於擺脫的疑難雜症。

第三式　右懶扎衣

1. 以左腳跟為軸，右腳掌為輔，身體同時向右前擰轉 90°；同時，雙掌在胸前上下交換位置，仍坐腕，右掌在前、在上，豎於身體中線處，掌心朝左，掌指朝上，高不過眼，遠不過腳；左掌在下、在後，距左胸前約一拳之距，掌指斜向前上方，掌心斜向前下方，左掌心與右肘內彎處相

圖 8

圖 9

圖 10

對；重心坐於左腿（圖 8）。

2. 上體不動；提起右腳，向右前蹬鏟出步，右膝伸直，腳跟著地，腳尖上翹；重心坐於左腿，左實右虛（圖 9）。

3. 上體不動，重心前移；右腳踏實，右腳尖微內扣，成右弓步；左腿的弓和右腿的撐要同步完成；雙掌同時微內旋推按。目視前方（圖 10）。

4. 上體不動，重心完全前移於右腿；提起左腳跟至右腳左後側，腳掌著地，右實左虛；目視前方；定勢胸朝西南方向（圖 11）。

【要點提示】

1. 右懶扎衣轉體角度要比左懶扎衣多轉 45°，由左前東南方向轉到右前西南方向。其間夾角為 90°。

2. 透過雙掌互換，形成了手法左右式的變化，雖由左式轉為右式，但動作要領相同。

3. 左轉體時上掌（左掌）下落，下掌（右掌）上舉時要注意雙掌動作的協調性，不可視為只是隨意調整一下雙掌的

圖 11

圖 12

上下位置，而是要注意在互相移位時，兩掌起落和前後位置變化的速度要均勻柔緩，掌、臂間要保持勁力的蓄含，其中體現了傳統武式拳的由內及外、內動大於外動的理法。

4. 右腿隨重心移動前弓和左腿的撐直要同步完成，但要注意蹬直的左腿不要太過於僵直，要保持適當的內勁支撐。要注意右腳尖微內扣，成不丁不八步這一傳統武式太極拳的步型特點。

5. 其他技術要領與左懶扎衣相同，拳友們可參加照體悟。

第四式　單　鞭

1. 以右腳跟為軸，左腳掌為輔，身體同步向左擰轉 45°；右腳尖略內扣，重心坐於右腿；同時，雙掌隨全身轉動推收於胸前，雙掌心斜向前，掌指尖斜向前上，雙掌與肩同寬，高不過鼻，兩肘內彎處要大於 90°。目視前方（圖 12）。

2. 上體不動，重心不變；提起左腳，向左平行蹬鏟出步，左腳跟著地，腳尖上翹，左腿伸直，胸向正南方向。目視前方（圖 13）。

圖 13

3. 重心漸移於左腿，左腳踏實，成左弓步，左腿的弓和右腿的撐同步完成；同時，上體左轉 90°；左掌隨轉腰豎於臉前，掌心向右，指尖向上，高不過眼，遠不過腳；右掌不隨身轉而向後拉開，右肘不可伸直，掌心向右，指尖向上，高與肩平；目視前方；定勢胸朝正東方向（圖 14）。

圖 14

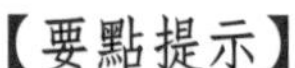
【要點提示】

1. 身體左轉與雙掌推收合於胸前要上下相應，協調同步，與下一動轉體拉掌連貫銜接要和諧自然，做到合中寓開，開合有致。

2. 提起左腳蹬鏟出步時，右膝內彎角度不變，上體不要隨出步而向左傾斜。

3. 隨左轉體 90°時，左腿的前弓和右腿的撐直要同時完成，但不可僵直。

4. 左肘內彎角度要大於 90°，並與左弓腿膝蓋上下相照（即肘、膝上下成一條垂直線）。

5. 右掌指要豎正，並注意鬆肩沉肘，右肩不可上聳、肘不可外揚。

6. 動作定勢時，要做好手與足合、肘與膝合、肩與胯合這一「外三合」的拳理要求。

7. 單鞭也是傳統武式太級拳套路中有較突出特點的動作之一，在套路中出現較多，故掌握好單鞭動作的技術要點和風格特點是非常重要的。

圖 15

第五式　下　勢

重心後移，坐於右腿，全身微左轉；左腳變腳跟著地，左腿伸直，右實左虛；同時，左掌下落按於左胯外側，掌心向下，指尖向前；右掌隨身體後坐從耳側向左肩前方推出，坐掌與胸高，掌心向前，指尖向上。目視前方，定勢胸朝東稍偏北方向（圖 15、圖 15 附圖）。

圖 15 附圖

【要點提示】

下式雖動作簡捷，但對協調性的要求卻很高。推、按掌要與轉體、坐身、翹腳同時完成。望拳友們不可因動作稍簡單而忽視了拳理拳法的要點。

第六式　摟膝拗步

〔右式〕

1. 重心移於左腿；左腳踏實，提起右腳跟至左腳右後方；同時，左掌上穿至身體中線處，掌心向右，指尖向上，置於右掌的下方。目視前方（圖 16）。

2. 以左腳跟為軸，右腳掌為輔，身體向右擰轉 45°（東

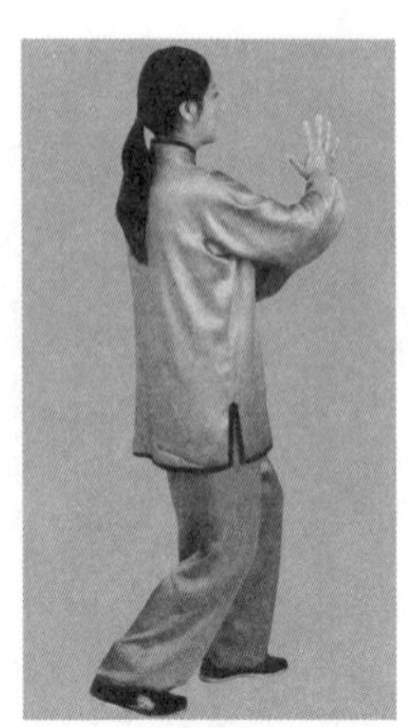

圖 16

圖 17

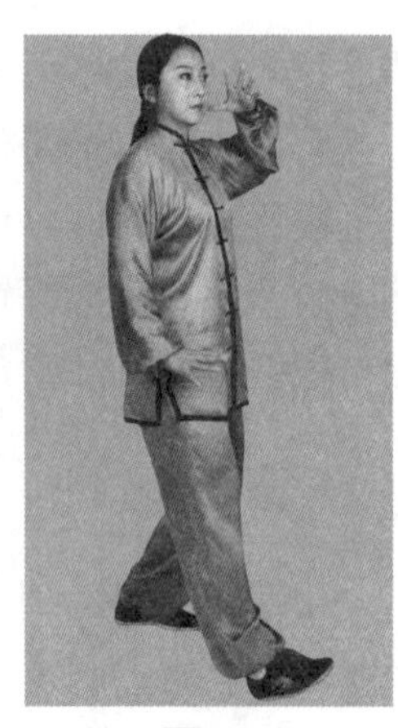
圖 18

南方向），重心在左腿，兩膝微屈；同時，左掌從右掌下向上提至右太陽穴旁，掌心斜向下，掌指斜向上；右掌下落於左胸前，掌心朝左，掌指向上。目視前方（圖 17）。

3. 重心不變；提起右腳，向前蹬鏟出步，腳跟著地，腳尖翹起，膝蓋伸直；同時，右掌從上向下斜切至右胯下方，掌心斜向下，指尖向前（圖 18）。

4. 重心前移於右腿；右腳踏實，成右弓步；右腿的弓和左腿的撐同步完成；同時，左掌由太陽穴推向左肩前方，掌心向前，掌指向上，與肩高；右掌同時也由切掌變按掌，掌心向下，掌指向前。目視前方，定勢胸朝東南方向（圖 19）。

【要點提示】

1. 第二分動落掌、提掌要隨右轉體同步進行。

2. 第三分動右掌斜切與右腳蹬鏟出步要上下協調，鏟腳到位的同時切掌到位，要使動作嚴格遵循一到俱到的拳法要求。

圖 19

圖 20

圖 21

3. 右腿的前弓和左腿的撐直要同步完成，兩腿的弓撐與兩掌推、按要協調一致，切掌變按掌時意在掌根。在體現傳統武式太極拳拳式整合性的同時，也不可忽略細微動作的嚴謹性。

4. 在摟推動作時臀部要隨重心前收，上體不要前傾，推掌要借助身體前移的動勢形成整勁，力達掌根，推掌不過腳尖，鬆腰沉胯，下盤要沉實。

〔*左式*〕

1. 重心完全前移右腿；提起左腳，跟至右腳右後側約一拳之距；同時，右掌由下而上穿至左掌下方，掌心向左，指尖向上。目視前方（圖 20）。

2. 以右腳為軸，左腳掌為輔，身體向左前 90°（東北方向）擰轉；同時，右掌上舉至右太陽穴，掌心斜向下，指尖斜向上；左掌下落於右胸前，掌心向右，指尖向上；兩膝微屈；目視前方（圖 21）。

3. 重心不變；提起左腳，向前蹬鏟出步，腳跟著地，左

圖 22

圖 23

腿伸直；同時，左掌由胸前斜切至右胯下方，掌心斜向下，指尖向前；右掌不變。目視前方（圖 22）。

4. 上體不動，重心前移；左腳踏實成左弓步；同時，右掌由太陽穴向右肩前方推出，遠不過腳，掌心斜向前，指尖向上；左掌同時也由切掌變按掌，掌心向下，指尖向前。目視前方，定勢胸向東北方向（圖 23）。

【要點提示】

1. 第一分動左腳跟步與右掌上穿要同步完成，跟步時重心不要上移。左掌在上，右掌在下，上下相應相合，併成一條垂直線。

2. 從右式轉換成左式，其間轉動 90°，幅度較大，且轉體時兩腳的扣與輾、兩掌的提與落應同時到位。因此在完成動作的過程中，注意上下肢動作整體協調性的同時，也應保持身體重心的穩定。

3. 其他的要點和風格特點與右摟膝拗步是一致的，只是方向不同，可參照研習。

圖 24

圖 24 附圖

圖 25

第七式　手揮琵琶

1. 重心完全移至左腿，提起右腳，跟至左腳右後側約一拳之距，前腳掌著地，兩腿微屈；同時，右掌橫移至身體中線處，掌心向左，指尖向上，高不過眼；左掌同時從下而上，自左胯旁上穿至右掌下方，掌心向右，指尖向上，右掌在上，左掌在下，成一條垂直線。目視前方（圖 24、圖 24 附圖）。

2. 提起右腳，向後退一步落實，重心移至右腿，左腳順勢收至右腳左前方，前腳掌著地；同時，左掌從右掌臂彎內上穿，右掌從左掌外側下落，左掌在上，掌心向右，指尖向上；右掌在下，掌心向左，指尖向上；兩掌互換後仍豎於身體中線處。目視前方，定勢胸向東北方向（圖 25）。

【要點提示】

1. 第一分動中，重心前移至左腿的同時，右腳應跟步到位，而右腳跟步到位的同時，左掌同步穿於右掌下，這樣才能充分體悟身體重心變化與步法的同步一致，步法與手法的上下協調，做到步到身到，身到手到；不論做何動作變化，走架在整體上總該保持相應相合，相輔相成。

2. 第二分動中，退步及左右手換位同步進行時方位不變，只是身體重心自左腿移於右腿，進行了虛實轉換。虛實分明是太極拳理法中的第一要義，處理好虛實的和諧平穩轉換，才能體味太極拳更深層的品味和樂趣。

圖 26

3. 手揮琵琶成勢時，上體要中正安舒，鬆肩沉肘，切忌傾身凸臀；腳尖、指尖、鼻尖要三尖對正，手腳、肘膝、肩胯做好「外三合」。該動作也是傳統武式太極拳的特點動作之一，在武式太極拳的行功走架中手揮琵琶一式，有時也用於前後動作的連接式。

第八式　上步搬攔捶

1. 重心移於左腿；左腳踏實，右腳跟隨之抬起；同時，左掌不動，右掌變拳，拳背向上，由胸前下落於右胯旁。目視前方（圖 26、圖 26 附圖）。

圖 26 附圖

2. 重心不變，上體右轉 45°；同時，提起右腳，向前蹬鏟出步；左掌坐腕橫移至右胸前，左肘內彎大於 90°，掌心向右，指尖向上；右拳由小腹的右側從內向外、向上翻腕立圓畫弧，置於腰的右側，拳心向上，拳面向前。目視

圖 27

圖 28

圖 29

前方（圖 27）。

3. 上體不動，重心移於右腿；提起左腳，向前蹬鏟出步，腳跟著地，腳尖翹起，左腿伸直；同時左掌微按壓（圖 28）。

4. 重心移於左腿；左腳踏實，成左弓步，左腿的弓和右腿的撐同步完成；同時，右拳內旋，從左掌腕上擊出，拳心向下，拳面向前，與胸同高。目視前方，定勢胸朝正東方向（圖 29）。

【要點提示】

1. 第一分動中，重心移於左腿，右腳跟隨之提起，右掌須同時變拳下落右胯旁，這樣才能使上下肢動作協調，步法與手法同步一致。

2. 第二分動，身體右轉上步與左掌坐腕橫移右胸前，右拳翻腕畫弧搬轉，收於右腰側要協調同步，要以身法帶動步法和手法。

3. 第二分動中，右拳的畫弧搬轉要柔韌圓轉，右拳收於右腰側時，應鬆肩沉肘，腋要虛空，握拳不要過緊，引肘不可過背。第三分動中，左腳向前蹬鏟出步，兩腿要虛實分明。

圖 30

4. 第四分動，右拳內旋向前擊出要與重心移於左腿成左弓步協調一致；拳向前打出要借助蹬腿重心前移的整動，力點在拳面，拳、臂間應內勁蓄涵，動作過程要收發自如。

5. 上步搬攔捶在走架中，身法、步法、手法的變化較多，因此，不但要注意做好 1～4 分動的技術要點和拳架規格，而且要在完成 4 個分動的過程中做到分動間的協調連貫，一氣呵成。

圖 31

第九式　六封四閉

1. 重心移至左腿；提起右腳，跟至左腳跟右外側，腳掌著地，左實右虛；同時，右拳變掌，與左掌同時左右分於胸前，約與肩寬，掌心斜向前，指尖斜向前上（圖 30）。

2. 上體不動；提起右腳，向後退半步踏實，重心移於右腿，左腳同時收至右腳左前，前腳掌著地，右實左虛（圖 31）。

3. 上體不動；提起左腳，向前蹬鏟出步，左腿伸直，腳跟著地，腳尖上翹；重心仍在右腿（圖 32）。

4. 重心移於左腿；左腳踏實，成左弓步，左腿的弓和右

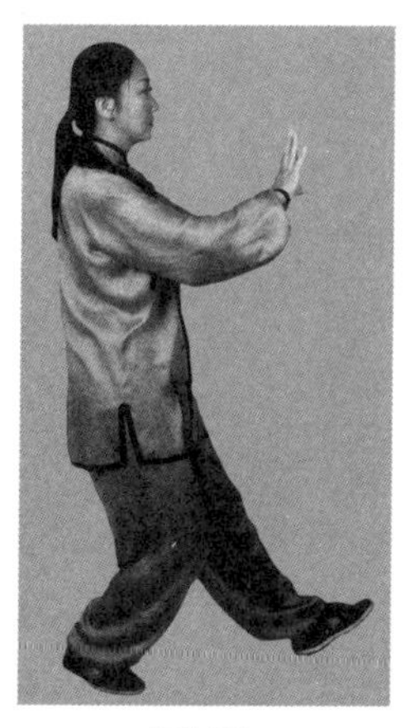
圖 32

圖 33

圖 34

腿的撐同步完成；同時，雙掌推撐前挫，掌心向前，指尖向上，高不過頦，遠不過腳（圖 33）。

5. 上體不動，重心完全移於左腿；提起右腳，跟至左腳跟左後側，右腳掌著地，左實右虛。目視前方，定勢胸朝正東方向（圖 34）。

【要點提示】

1. 第一分動，跟步與分掌動作要同步進行；肘稍屈沉，兩掌微內收時，要把握肘內彎處角度大於 90°。

2. 轉體及重心轉換要靈活平穩；上步、退步兩腿要虛實分明；身體前移不可前俯，身體後坐不可後仰，身體在走架中保持中正不偏、自然安舒，這是武式太極拳「步動而身法不亂」在行功走架中的實際體現。

3. 第四分動雙掌前挫時，要與重心前移左腿成左弓步同步一致；雙掌心有外凸之意，挫掌不過腳尖，外形不顯，但走架定勢渾厚沉實，掌臂間內力蓄涵飽滿，內外合一，氣力合一的感悟極強。

圖 35

圖 35 附圖

圖 36

4. 六封四閉較多地出現步法、步形的交替轉換，行功走架中由實變虛，由虛轉實，虛實分得清，才能轉換得靈，充分體現了武式太極拳下動多於上動的風格特點。

第十式　按　勢

1. 重心後移於右腿；右腳跟踏實，左腳跟提起，前腳掌著地。上身前俯的同時，左掌經胸前向後下方摟回，置於左胯後外側，掌心向後上方，右掌隨之下按於左小腿內側，掌心斜向下，指尖向前，目視右掌方向，定勢朝正東方向（圖35、圖 35 附圖）。

【要點提示】

1. 重心後坐，右腿與左掌回摟、屈腕上翹、右掌下按要同步一致。

2. 上體前俯要與右掌下按的勁力相隨相順，注意保持身法，不可凸臀；左掌摟回與右掌下按要前後呼應。

3. 按勢動作的拳架，從容沉實，勢如泰山壓頂，內勁深

圖 37

圖 38

圖 39

涵，外示從容安然。

第十一式　青龍出水

1. 前俯的上體直起；提起左腳，向前蹬鏟出步，腳跟著地，左腿伸直，重心坐於右腿；同時，右手上架於前額的斜上方，掌心斜向上，指尖斜向上；左掌向前畫弧穿至胸前，掌心斜向前，指尖向上。目視前方（圖 36）。

2. 上身不動，重心前移左腿；左腿踏實，成左弓步，左腿的弓和右腿的蹬撐同步完成。目視前方（圖 37）。

3. 左腳跟為軸，右腳跟為輔，全身向右後方轉動 180°，重心坐於左腿；右腳跟著地，右腿伸直；左掌翻轉同時上架於左額上方，掌心斜向上，指尖斜向上；右掌下落於胸前，掌心斜向前，指尖向上，遠不過腳。目視前方（圖 38）。

4. 上體不動，重心前移右腿；右腳踏實成右弓步，右腿的弓和左腿的撐同步完成。目視前方，定勢胸朝正西方向（圖 39）。

【要點提示】

1. 上體直身，左腳蹬鏟出步要與左、右掌從下而上弧形架起、前穿同時完成。動作要柔韌勻緩，恰似水中蛟龍伸展龍身，浮游水面，給拳勢平添一種形象意識境界，從而在保持技擊意念的同時，亦充實、豐富了行功走架的精神文化內涵。

2. 第二分動和第四分動中，青龍出水走架的左、右兩式，由正東方向變為正西方向，轉身角度很大，轉幅 180°，而且要一次完成，轉體難度較大，要注意技術要點的把握。第一，要以重心腿腳跟為主軸，虛腿腳跟為輔軸；第二，上體要自然豎直以脊為軸；第三，轉體時要在心意控制下與兩腳的扣輾同步運轉，協調一致，這樣才能在轉體幅度較大的走勢中保證拳架平穩靈活。可謂「三軸一轉，靈活轉換」。

3. 青龍出水左、右兩式重心前移成弓步定勢時，要借助重心前移的動勢形成整勁，並要悉心體悟力源於根，而腿、而腰、發於脊背的理法蘊涵。

第二路

第十二式　三甬背

〔左式〕

1. 重心移至左腿；提起右腳，收至左腳右前方，腳掌著地，兩腿微屈；同時，右掌收於右胸前，掌心斜向前，指尖斜向上；左掌下落身體中線處，高不過眼，左肘內彎角度大於 90°（圖 40）。

2. 左掌不變；提起右腳，撤步於左腳右後方，重心移於右腳；同時，提起左腳，收至右腳左前方，腳掌著地；身體

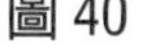

圖 40

圖 41

圖 42

隨勢微左轉；同時，右掌後移至右腋下前側，掌心斜向下，指尖斜向前。目視前方（圖 41）。

3. 上體不動，重心坐於右腿；提起左腳蹬鏟出步，腳跟著地，左腿伸直。目視前方（圖 42）。

圖 43

圖 43 附圖

4. 上體不動，重心前移左腿；左腳踏實，成左弓步，左腿的弓和右腿的撐同步完成。目視前方。定勢胸朝西偏南方向（圖 43、圖 43 附圖）。

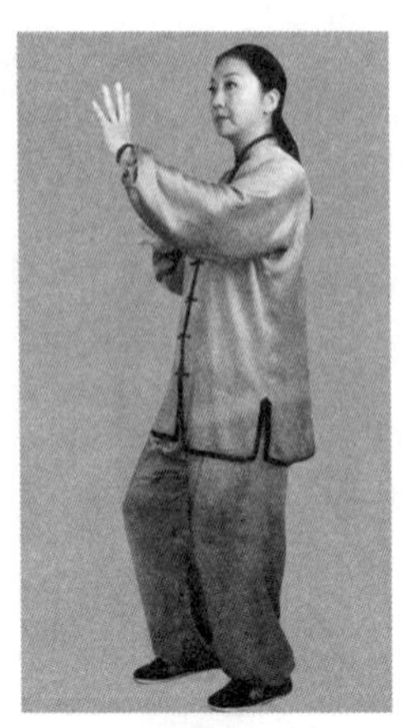

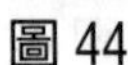

圖 44

圖 45

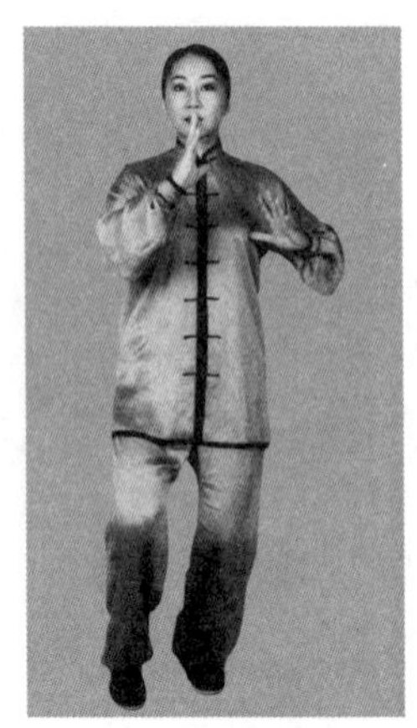

圖 45 附圖

〔右式〕

1. 重心仍在左腿，提起右腿，跟至左腳尖右前方，腳掌著地，雙膝微屈（圖 44）。

2. 以左腳跟為軸，右腳掌為輔，向右前轉體 30°，重心坐於左腿；兩腿微屈；同時，左掌收落於腋前下方，掌心斜向下，指尖斜向前；右掌由腋下向斜上方擊出，掌心向左，指尖向上，高不過眼。目視前方（圖 45、圖 45 附圖）。

3. 重心不變，坐於左腿；提起右腿，向前蹬鏟出步，腳跟著地，右腿伸直（圖 46）。

4. 重心前移右腿；右腳踏實成右弓步，右腿的弓和左腿的撐要同步完成。目視前方，定勢胸朝西偏北方向（圖 47）。

【要點提示】

〔左式〕

1. 前二動左、右腳連續交替回收，左、右掌也隨之上下、前後變換手法，動作轉換及相互組合較複雜。因此，在

圖 46

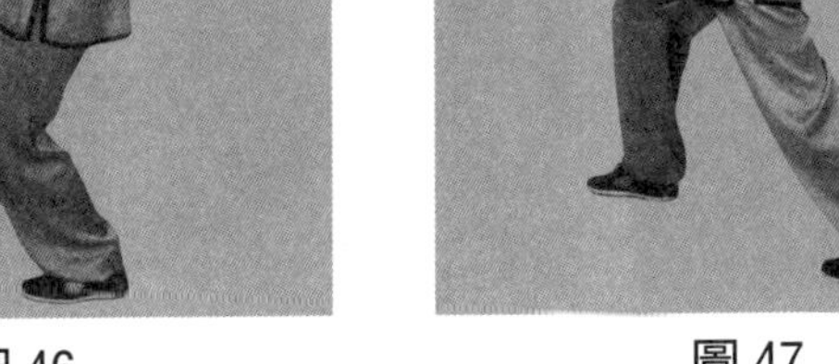

圖 47

三甬背的拳勢中，每一分動的手法與步法不但須清晰準確，勁力蓄含，整體走勢更要轉換有序，協調連貫；心意專凝，神態從容。

2. 重心完全坐於實腿，再蹬鏟出步，只有虛實分得清，重心才能轉換得靈。

3. 重心前移成弓步時，前弓腿與後撐腿務須同步弓撐，這樣才能勁力順達，蹬撐有力。這是傳統武式太極拳步法的突出特點，拳友們應在行功走架中反覆體悟。

〔右式〕

1. 三甬背的左勢定勢，胸朝正西稍偏南，而右勢胸向朝西偏北約 30°，左、右勢的方位一定要弄清楚。拳諺說：拳打細微處。要注意細微處的研習和把握，細微處見功夫，細微處見水準。

2. 左掌收落，右掌自右腋前向斜上方擊出要與身體右轉協調一致，走架時注意以身法帶動手法，做到一動俱動，身到手到。

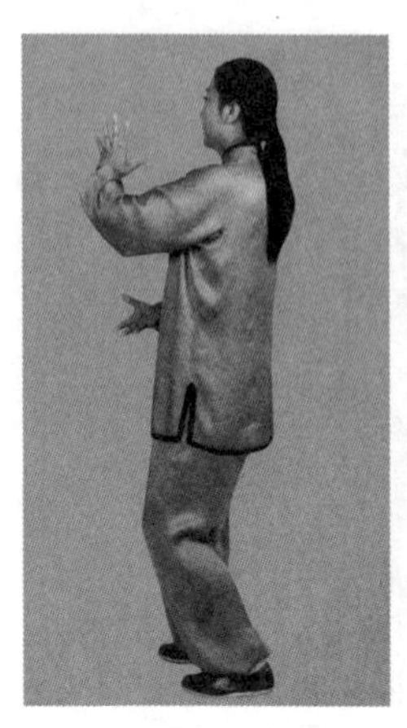

圖 48

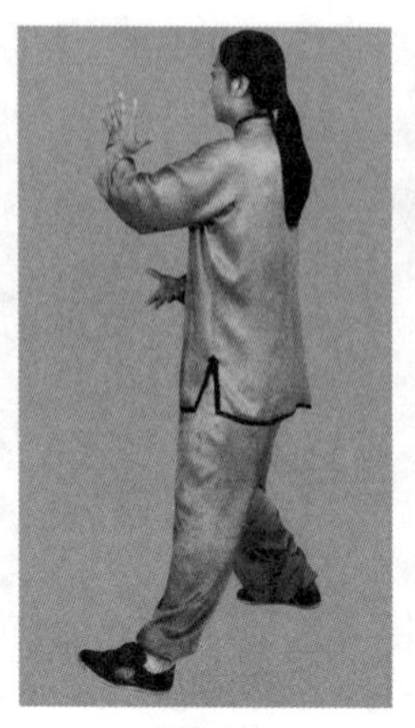
圖 49

圖 49 附圖

3. 其他技術要點可參照左式習練，只是要注意左、右勢的變化和方位的不同。

第十三式　野馬分鬃

〔左式〕

1. 重心移於右腿；提起左腳，跟至右腳左側，腳掌著地，兩腿微屈；同時，左掌隨勢向下經腹前畫一立弧，從右肘內彎處上穿於面前，掌心向右，指尖向上，高不過眼；右掌同時下落於腹前，掌心向上，指尖向左，雙掌上下相對。目視前方（圖 48）。

2. 上體不動，重心不變；提起左腿，向左前方橫跨蹬鏟出步，腳跟著地，左腿伸直（圖 49、圖 49 附圖）。

3. 重心漸移於左腿；左腳踏實；成左弓步，左腿的弓和右腿的撐要同步完成；同時，上體順勢向左轉 90°；雙掌位置不變。目視前方，定勢胸朝西南方向（圖 50）。

圖 50

圖 51

圖 51 附圖

【要點提示】

1. 第一分動，步法與手法要注意協調配合。跟步到位時，穿、落掌要同步到位，且兩掌須上下相照。

2. 第二分動，蹬鏟出步時，上體要保持身法中正不偏，注意體現「步動而身法不亂」的理法要義。

3. 第三分動的重心漸移應與轉體同步，並以腰為中樞，帶動掌、臂運轉。弓步定勢下盤要沉穩，肩臂要鬆沉，兩腋虛空，隨轉體前臂外靠技法要充分，掌、臂間內力蓄含飽滿。

〔右式〕

1. 上體不變，重心完全移至左腿；提起右腳，跟至左腳右側，腳掌著地，雙膝微屈；同時，右掌經左肘內彎處上穿豎於面前，掌心向左，指尖向上，高不過眼；左掌同時下落於腹前，掌心向上，指尖向左。目視前方（圖 51、圖 51 附圖）。

2. 上體不動，重心坐於左腿；提起右腿，向右前方橫跨

圖 52

圖 52 附圖

圖 53

蹬鏟出步，右腿伸直（圖 52、圖 52 附圖）。

3. 上體不變，重心漸移右腿；右腳踏實，成右弓步，右腿的弓和左腿的撐同步完成；同時上體右轉 90°；雙掌位置不變。目視前方，定勢胸朝西北方向（圖 53）。

【要點提示】

1. 左右野馬分鬃動作規格一致，技術要點相同，只是方向相反，可參照研習。

2. 雖左右野馬分鬃要點相同，但也要用心地在行功走架時體會式間轉換相互協調連貫、不可分割的細微變化，才能在習練中漸得要點，運用自如。

第十四式　斜單鞭

1. 上體不動，重心完全移於右腿；提起左腳，跟至右腳左後方，約一拳之距；同時，左掌內旋上舉胸前，右掌隨之內旋；兩掌心斜向前，與肩同寬，指尖斜向上，高不過鼻，兩肘內彎處要大於 90°，雙掌位置不變。目視前方（圖

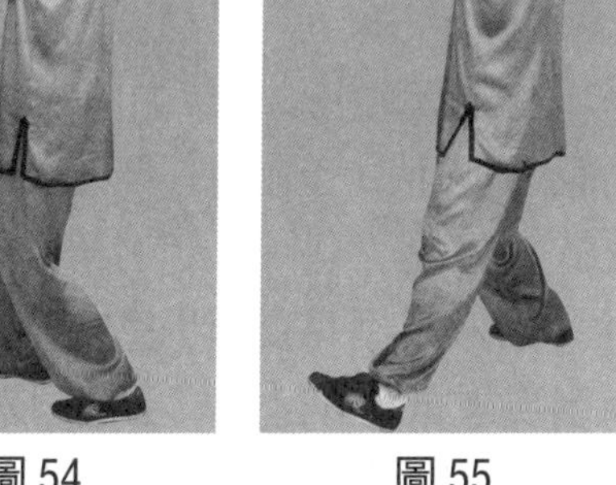

圖 54　　圖 55　　圖 56

54）。

圖 56 附圖

2. 上體不動，重心不變；提起左腳，向左前蹬鏟出步，左腳跟著地，腳尖上翹，左腿伸直；胸向西南方向。目視前方（圖 55）。

3. 重心漸移於左腿，左腳踏實，成左弓步，左腿的弓和右腿的撐同步完成；同時上體向左轉 90°；左掌隨腰轉，豎於臉前，左肘內彎大於 90°，高不過眼，遠不過腳；右掌不隨腰轉而向後拉開，右掌心向右，指尖向上，高與肩平。目視前方，定勢胸朝西南方向（圖 56、圖 56 附圖）。

【要點提示】

1. 第一分動，跟步與收掌上穿合於胸前要上下協調。左掌與右掌雖同時內旋翻掌，但由於距離不等，因此左掌內旋速度較右掌稍快，以利同步運行到位。左掌上穿到位時，兩掌應同時到位。傳統武式太極拳講求「步動而身法不亂，手動而氣勢不散」。氣勢不散即是指行功走架中變化萬千，但兩掌之間，手法與步法之間，手法、步法與身法之間總須保持相吸相繫，相應相合，周身一家。

2. 第二分動，提起左腳蹬鏟出步時，右膝內彎角度不變。重心不要隨出步而上下起伏，上體也不要因出步而出現前俯後仰，左右歪斜。

3. 第三分動，轉體和兩腿的弓撐要同步完成。拳友們初學時，在習練中經常出現兩腿弓撐已完成上體卻未同步到位，沒有達到上下協調及身法與步法的一致，因而無意中違背了上下協調、周身一家的拳理要求。

4. 左肘內彎角度大於 90°，並與左弓腿膝蓋上下相照（即肘、膝上下成一條垂直線）。

5. 右掌向後拉開時，要與左掌前後相應相合。注意鬆肩沉肘，右肩不可上聳，肘不可外揚。

6. 整個動作的完成，要符合手與足合、肘與膝合、肩與胯合的要點。

7. 單鞭也是傳統武式太極拳突出的特點動作之一，在套路中較多出現。雖形式並不複雜，猶如乾枝老梅，樸實無華，但理法深涵，真正得其要點卻不是易事。只有遵循理法，刻苦研習，勤修善悟才能漸得要點。因此，從某種意義去講，走好單鞭的拳勢才有可能更好地體現武式太極拳的傳統風格，才能使謹嚴深涵的武式太極拳返樸歸真。

第十五式　提手上勢

1. 上體不動，重心完全移於左腿；左腿膝蓋內彎處角度不變；提右腳，跟至左腳右後方，約一拳之距，腳前掌著

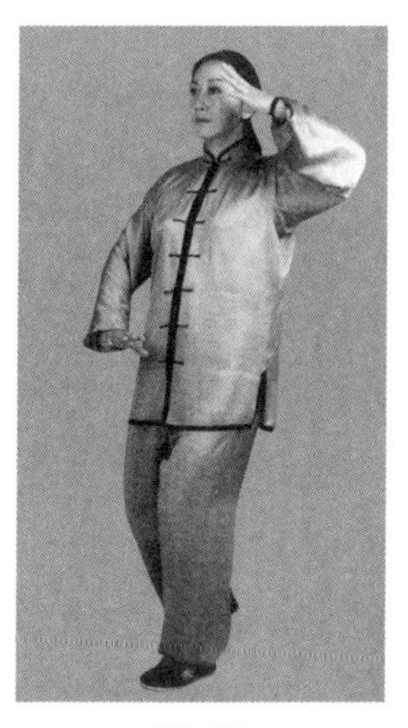

圖 57

圖 57 附圖

圖 58

地；同時，右掌由上往下畫弧，收按至右胯前，掌心向下，指尖向左；左掌提至左太陽穴一側，掌心斜向下，指尖斜向前。目視前方，定勢胸朝西南方向（圖 57、圖 57 附圖）。

【要點提示】

1. 本式跟步時要保持重心的高度；跟步與提、落掌同步一致。右掌在體側弧形下落平抄於右胯前時，掌根要有下按之意。按掌時不要把右肘彎拉開太大，要保持一定的屈度。

2. 右腳跟步到位成勢時，出步時兩掌雖相距較大，但應上下呼應，掌、臂要有鬆活外綳之意。

3. 提手上勢拳式簡捷明快，步法動中寓靜，手法內力蓄含，從容自然，氣勢騰挪。

第十六式　迎面掌

1. 上體不動，重心仍坐於左腿；提起右腳蹬鏟出步，腳跟著地。右腿要伸直。目視前方（圖 58）。

2. 重心前移於右腿；右腳踏實，成右弓步，右腿的弓和

圖 59

圖 60

圖 61

左腿的撐同步完成；同時，右掌不變；左掌由太陽穴推至右肩前，掌心向前，指尖向上，高不過眼，遠不過腳。目視前方，定勢胸朝西南方向（圖 59）。

【要點提示】

1. 第一分動，蹬鏟出步時，要注意保持好身法，穩定好重心。

2. 兩掌似未動，而意寓動，右掌於右胯前保持按勁，左掌於耳側如引箭在弦，已成待機蓄發之勢。

3. 第二分動的推掌要與重心前移形成整勁。雖推掌遠不過腳，拳勢緊湊，但掌、臂間勁力蓄含，內在神氣鼓蕩，動作氣勢飽滿。

4. 要注意做好「迎面掌」與前式「提手上勢」在「意」與「勢」上的前後相接。在字義上兩式可以歸納為一式，即「提手迎面掌」。走勢上「提手上勢」為蓄勢，「迎面掌」為發勢，蓄而後發，順勢而發，前後兩式動靜有致，氣勢連貫，可謂靜若山岳，動若江河。

第十七式　白鵝亮翅

圖 62

1. 上體不動，重心完全移於左腿；同時，提起右腿，收至左腳尖右前方，約一拳之距，前腳掌著地，兩膝微屈；左掌同時由胸前向前推按，掌斜向右前，指尖向上，高與嘴齊，遠不過腳；右掌由胯前畫弧，由下而上架於前額上方約兩拳之距，掌心斜向上，指尖斜向上。目視前方（圖 60）。

2. 上體不動，重心不變；左膝內彎處角度不變，提起右腿蹬鏟出步，腳跟著地，右腿伸直（圖 61）。

圖 63

3. 上體不動，重心前移於右腿；右腳踏實，成右弓步，右腿的弓和左腿的撐要同步完成；雙掌同時有內旋之意，勞宮穴有外展之意。目視前方（圖 62）。

4. 上體不動，重心完全移至右腿；提起左腳，跟至右腳跟的左後方，前腳掌著地。目視前方，定勢胸朝西南方向（圖 63）。

【要點提示】

1. 第一分動中重心移於左腿，提收右腿要與左掌向前推按、右掌畫弧上架協調一致，同步運行。

2. 定勢時，要注意左掌前推遠不過腳，右掌上架於前額上保持兩拳之距，把握拳式走架分寸適度，做到無過不及，

圖 64

圖 65

圖 66

才能更好地體現傳統武式太極拳拳架緊湊蓄含的風格特點。

3. 右腿蹬鏟出步時要注意身法中正，重心平穩，虛實分明。

4. 第二分動，重心前移成右弓步時，左右兩腿的弓、撐要同步進行，同時到位。

5. 雙掌分別推、架都要有內旋之意，勞宮穴要有較明顯的外展之意，體現武式太極拳以心行氣、以氣推形的理法內涵，體悟其行功走架內外合一，意力合一的更高境界。

第十八式　左高探馬

1. 上體不動，重心完全移於右腿；提起左腿，向右腳右後側插步，前腳掌著地。目視前方，胸朝西南方向（圖64）。

2. 以右腳跟為軸，左腳掌為輔，身體向左後轉體 90°（東南），重心不變，同時，左掌從胸前提舉於左太陽穴側，掌心斜向下，指尖斜向上；右掌也同時由前額上方畫一

圖 67

圖 68

圖 69

立弧下落於腹前，與臍平，約一拳之距，掌心向下，指尖向左。目視前方（圖 65）。

3. 上體不動，重心移於左腿；左腳跟踏實，重心坐於左腿；同時，右腳跟抬起，成虛步，左實右虛（圖 66）。

4. 上體不動，重心不變；提起右腿、向前蹬鏟出步，腳跟著地，右腿伸直；同時，右掌外旋翻轉，掌心向上，指尖向左（圖 67）。

5. 重心前移於右腿；右腳踏實，成右弓步，右腿的弓和左腿的撐同步完成；右掌不變；左掌由左太陽穴推至左胸前方，掌心斜向前，指尖斜向上，高不過鼻，遠不過腳（圖 68）。

6. 上體不動，重心完全移於右腿；提起左腳，跟至右腳跟左後側，前腳掌著地，兩膝微屈。目視前方。定勢胸朝東南方向（圖 69）。

【要點提示】

1. 1～2 分動，插步轉體，落掌、收掌要同時完成。

圖 70

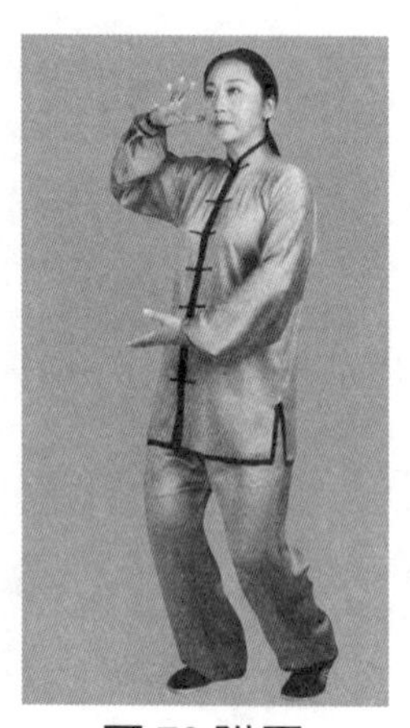
圖 70 附圖

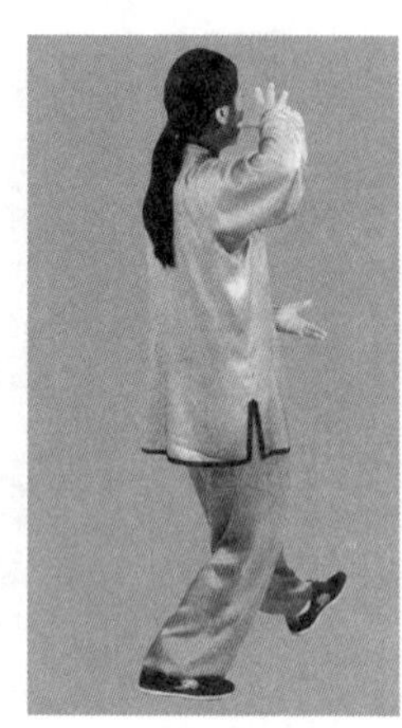
圖 71

2. 插步轉體時要以實腿腳腳跟為主軸，插步腳前掌為輔軸，兩腿在轉動時要注意虛實分清，不可出現雙重。虛實則靈，雙重則滯。

3. 轉體時，必須保持身體中正不偏，這樣才能更好地保證轉動的靈活和身體的穩定性。

4. 第四分動，右腿蹬鏟出步要與右掌外旋翻轉協調一致，上下相應。

5. 第五分動，左右腿的弓、撐同步完成，左掌前推要與右腿前弓協調一致，並應借助重心前移形成全身的整動，動作過程整合連貫，周身一家。

第十九式　右高探馬

1. 以右腳跟為軸，左腳掌為輔，全身同步向左轉體約 90°，重心在右腿；兩腿微屈；同時，雙掌上下相互轉換，右掌內旋，從臍前下而上畫一個立弧舉於右太陽穴一側，掌心斜向下，指尖斜向前；左掌也同時從胸前由上而下畫一個

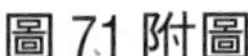
圖 71 附圖

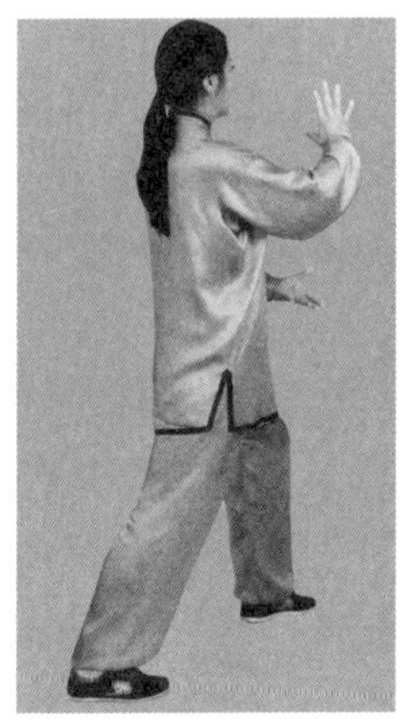
圖 72

圖 73

立弧，外旋翻轉落於腹部臍前約一拳之距，掌心向上，指尖向右。目視前方（圖 70、圖 70 附圖）。

2. 上體不動，重心不變；提起左腳，向前蹬鏟出步，腳跟著地，左腿伸直，重心坐於右腿（圖 71、圖 71 附圖）。

3. 上體不動，重心前移於左腿；左腳踏實，成左弓步，左腿的弓和右腿的撐同步進行；左掌不變；同時右掌從右太陽穴推至右胸前，掌心斜向前，指尖向上，高不過鼻，遠不過腳。目視前方（圖 72）。

4. 上體不動，重心完全移於左腿；提右腳跟至左腳跟右後側，前腳掌著地，兩腿微屈。目視前方。定勢胸朝東北方向（圖 73）。

【要點提示】

1. 第一分動，兩掌的舉、落、上下互換要與轉體保持一致，同步進行。

2. 右掌畫弧上舉與左掌畫弧翻轉下落要柔韌勻緩，速度一致，兩掌上下轉換的完成要相應相合。

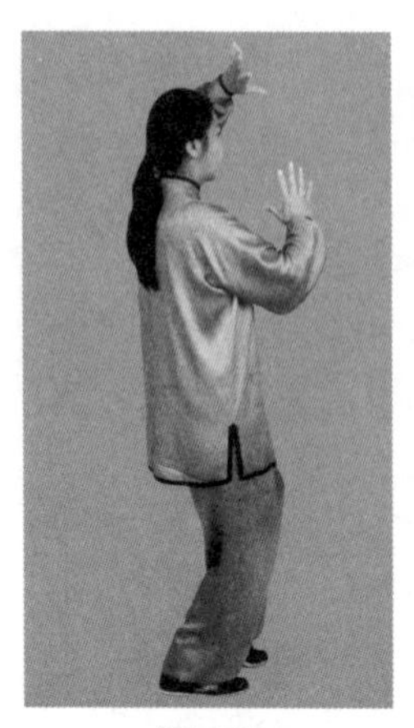
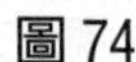

圖 74

圖 74 附圖

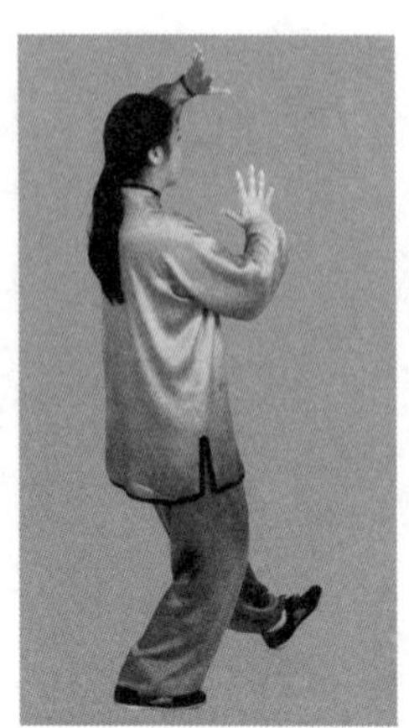

圖 75

3. 其他技術要點與左高探馬相同，可參照習練，但要注意方向不同，左右相反。

第二十式　玉女穿梭

（一）

1. 上體不動，重心後移於右腿；右腳跟踏實，重心坐於右腿；同時，左腳順勢收於右腳左前側，前腳掌著地，兩腿微屈，右實左虛；同時，左掌從臍前內旋翻轉，從身體中線處上架於額斜前方，約兩拳之距，掌心斜向上，指尖斜向右上；右掌由左掌背腕部下落胸前坐腕豎掌，掌心向左，指尖向上，高不過鼻，遠不過腳（圖 74、圖 74 附圖）。

2. 上體不動，重心仍坐於右腿；提起左腳蹬鏟出步，腳跟著地，左腿伸直（圖 75、圖 75 附圖）。

3. 上體不動，重心前移於左腿；左腳踏實，成左弓步，左腿弓和右腿的撐同步完成。目視前方（圖 76）。

4.上體不動，重心完全移於左腿；提起右腳跟至左腳跟

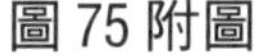
圖 75 附圖

圖 76

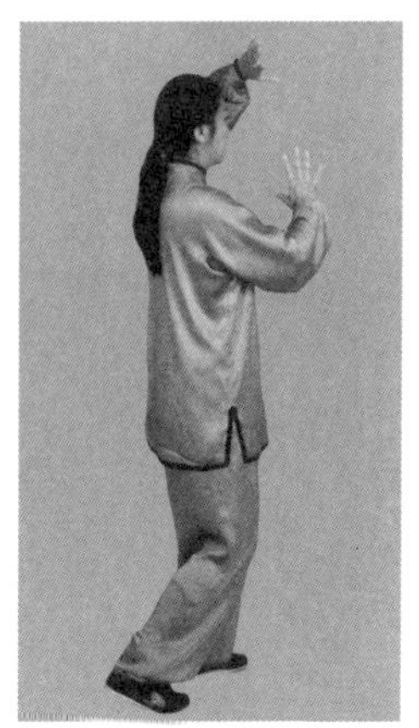
圖 77

右後側，前腳掌著地，兩腳微屈。目視前方，定勢胸朝東北方向（圖 77、圖 77 附圖）。

圖 77 附圖

圖 78

（二）

1. 上體不動，重心完全移於左腿；提起右腳，向左腳左後側插步，前腳掌著地（圖 78）。

2. 上體不動，以左腳跟為軸，右腳掌為輔，身體向左後輾轉 270°；兩腿微屈，重心落於左腿；同時，右掌從左掌外側上架於額前上方，約兩拳之距，掌心斜向上，指尖斜向左；左掌從額上由右掌內側腕部下落於胸前，掌心向右，指

圖 79

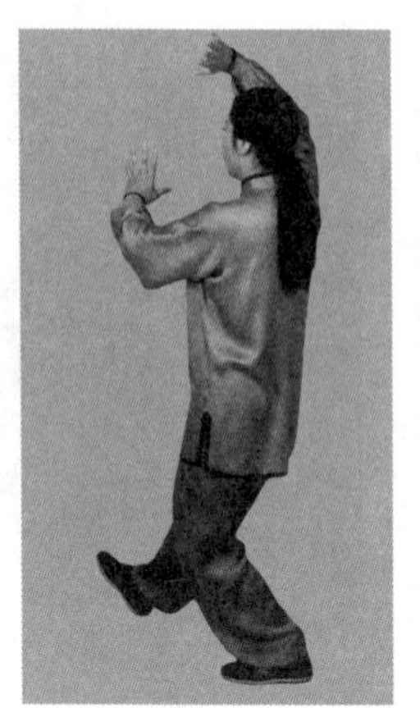
圖 80

圖 81

尖向上，高不過鼻，遠不過腳。目視前方（圖 79）。

3. 上體不動，重心完全移於左腿；提起右腿，向西北方向蹬鏟出步，腳跟著地，右腿伸直。目視前方（圖 80）。

4. 上體不動，重心前移；右腳踏實，成右弓步，右腿的弓和左腿的撐同步完成（圖 81）。

5. 重心完全移於右腿；提起左腳，跟於右腳跟左後側，前腳掌著地，兩腿微屈。目視前方，定勢胸朝西北方向（圖 82）。

（三）

1. 以右腳跟為軸，左腳掌為輔，身體向西南方向轉 90°，重心在右腿；兩腿微屈；同時，左掌從右掌外側上架於額前上方，約兩拳之距，掌心斜向上，指尖斜向右；右掌從左掌腕部內側下落於胸前，掌心向左，指尖向上，高不過鼻，遠不過腳；兩腿微屈。目視前方（圖 83）。

2. 上體不動，重心完全移於右腿；提起左腳，向西南方向 45°蹬鏟出步，腳跟著地，左腿伸直。目視前方（圖 84）。

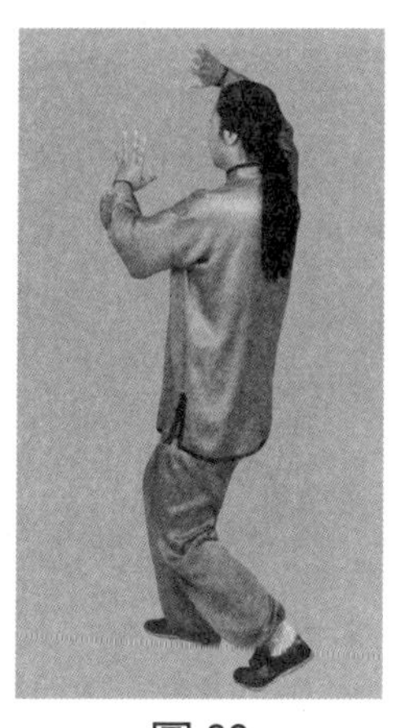

圖 82

圖 83

圖 84

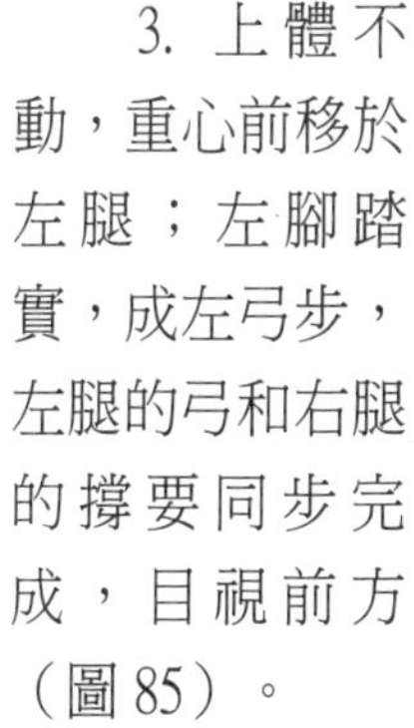

3. 上體不動，重心前移於左腿；左腳踏實，成左弓步，左腿的弓和右腿的撐要同步完成，目視前方（圖 85）。

圖 85

圖 86

4. 上體不動，重心完全移於左腿；提起右腳，跟於左腳右後側，前腳掌著地，兩腿微屈。目視前方，定勢胸朝西南方向（圖 86）。

（四）

1. 上體不變；提起右腳，向左腳左後側插步，前腳掌著地，兩腿微屈（圖 87）。

圖 87

圖 88

圖 89

2. 以左腳跟為軸，右腳掌為輔，身體向右後（東南方向）轉 270°，重心坐於左腿；右腳前掌著地；同時，左掌從右掌的內側腕部下落於胸前，掌心向右，指尖向上，高不過鼻，遠不過腳；右掌從左掌的外側上架於額前斜上方，約兩拳之距，掌心斜向上，指尖斜向左；兩腿微屈，左實右虛。目視前方（圖 88）。

3. 上體不變，重心完全移於左腿；提起右腿，向前方（東南方 45°）蹬鏟出步，腳跟著地，右腿伸直。目視前方（圖 89）。

4. 上體不動，重心前移於右腿；右腳踏實，成右弓步，右腿的弓和右腿的撐要同步完成。目視前方（圖 90）。

5. 上體不動，重心完全移於右腿；提起左腳，跟於右腳跟左後側。目視前方，定勢胸朝東南方向（圖 91）。

【要點提示】

1. 第一分動，隨著右腳踏實，重心繼續前移至完全坐於右腿，左腳應順勢向前出步，並與重心同時到位。

圖 90

圖 91

2. 左、右掌在體前分別上架、下落時，要與身體重心前移、左腳上步協調一致，做到身到、步到、手到。

3. 第二分動，蹬鏟出步時首先穩定好重心，兩腿虛實分得清，出步腿要伸直。

4. 第四分動，右腳跟步到位時，注意重心不得上下起伏，身體應自然豎正，雙腿保持屈膝狀態。

5. 玉女穿梭定勢方位轉換了四個隅角，旋轉換勢多以插步配合，兩腳的輾轉，腰為主宰，上下相隨，身體連續四次轉換方位，步移手動，身法始終中正不偏，氣勢保持完整不散。從中足見傳統武式太極拳理法深涵，行功走架竅要細膩緊嚴這全豹之一斑。

6. 步隨身換。身體轉換得靈，步法是關鍵。插步後，首先要把握住身體中正不偏，兩腿分清虛實。轉換方位時，實腿腳以腳跟為軸，身體轉動要與實腳扣轉同步，虛腿腳要以前腳掌為軸，順勢自然輾轉。純熟地掌握好傳統武式稱之為「輾轉朵朵梅花」的腳下功夫，身體自然可以隨心所欲八方靈活轉換。

第二十一式 肘底捶

重心仍在右腿；以右腳跟為軸，左腳掌為輔，身體向左後方轉 180°，右實左虛，兩膝微屈；同時，右掌變拳，隨轉身順勢自上而下畫弧擊出，至右肋前，拳心向下，遠不過腳；左掌心向右，指尖向上。目視前方，定勢胸朝西北方向（圖 92、圖 92 附圖）。

【要點提示】

1. 第一分動，右掌一定要從身體中線下落，並自然外旋。

2. 右拳由胯前斜向擊出時，要注意以腰帶臂，隨轉體打出，方可做到順勢而發，勁力順達，氣勢完整。

3. 第二分動，身體向左後轉體 180°，幅度較大，要注意體轉與兩腳的輾轉同步，上下相隨，鬆活自然，氣勢完整。

第三路

第二十二式 單 鞭

1. 上體不動，重心坐於右腿，提起左腳，向右腳右後方插步，左腳掌著地，兩腿微屈（圖 93）。

2. 以右腳跟為軸，左腳掌為輔，身體向左後輾轉 135°（胸朝正南）；右腳尖微內扣；同時，右拳變掌，與左掌一同收於胸前，雙掌心斜向前，指尖斜向前上，與肩同寬，高不過鼻，兩肘內彎處要大於 90°。目視前方（圖 94）。

3. 上體不動，重心不變；提起左腿，向左平行蹬鏟出步，腳跟著地，腳尖上翹，左腿伸直。目視前方（圖 95）。

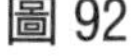

圖 92

圖 92 附圖

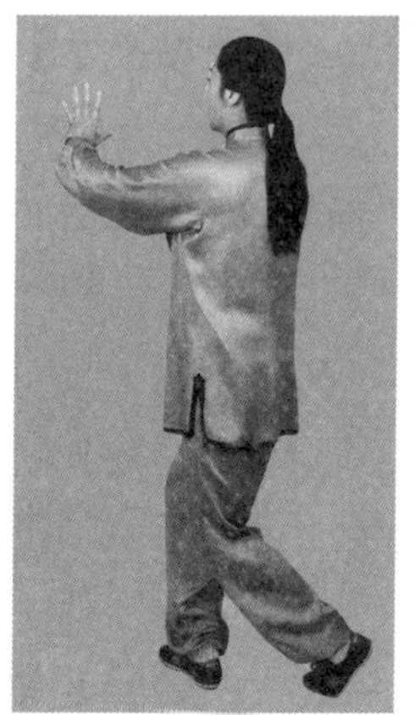

圖 93

圖 94

圖 95

圖 96

4. 重心漸移於左腿；左腳踏實，成左弓步，左腿的弓和右腿的撐同步完成；同時上體向左轉 90°；左掌隨體轉豎於臉前，掌心向右，指尖向上，高不過眼，遠不過腳；右掌隨身轉體而向後拉開，右肘不可伸直，掌心向右，指尖向上，高與肩平。目視前方，定勢胸朝正東方向（圖 96）。

【要點提示】

1. 第一分動，左腳向右腳右後插步不可距之過遠，才能保持身體中正自然，轉動自如。

2. 第二分動，身體左轉與雙掌收於胸前要相順相隨，自然和諧。

3. 第三分動，左腳向左蹬鏟出步時重心腿內彎角度不變，上體不要隨之俯仰。

4. 第四分動，身體左轉，要與左右兩腿分別弓、撐同步完成，蹬鏟腿要伸直，但不可僵直。

5. 注意左肘內彎角度要大於 90°，並與左弓腿膝蓋處上下相照。

6. 右掌指要豎正，肩要鬆，肘要沉，兩掌要前後呼應。定勢要氣勢完整 ，沉穩自然。

第二十三式　紜　手

（一）

〔左式〕

1. 以兩腳跟為軸，與身體同步向右轉 180°，成右弓步，右腿弓和左腿的撐同步完成；左掌隨向右轉身同時，由上向下畫一弧，從右肘內彎處，上穿至身體中線處，掌心向右，指尖向上，高不過眼，遠不過腳；同時右掌下落於腹部臍前一拳處，掌心向上，指尖向左，兩掌上下垂直。目視前方（圖 97）。

2. 上體不動，重心完全移於右腿；提起左腳跟於右腳跟的左後側，前腳掌著地，右實左虛（圖 98）。

3. 以右腳跟為軸，左腳掌為輔，重心在右腿；雙掌不變；向左轉身 90°，右腳尖微內扣（圖 99）。

圖 97

圖 98

圖 99

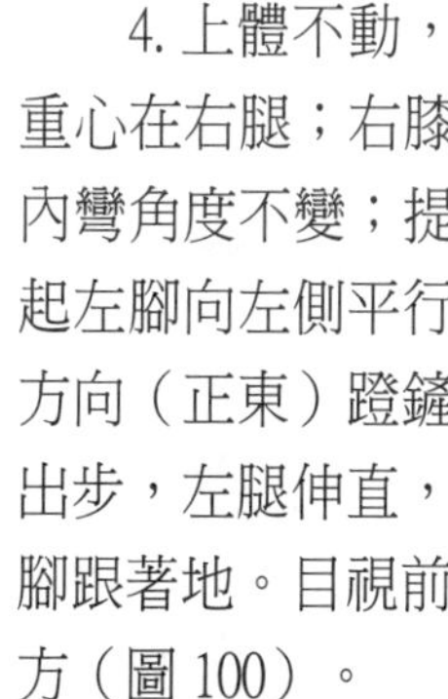

4. 上體不動，重心在右腿；右膝內彎角度不變；提起左腳向左側平行方向（正東）蹬鏟出步，左腿伸直，腳跟著地。目視前方（圖 100）。

圖 100

圖 101

5. 上體不動；右腿略蹬起，以兩腳跟為軸身體向左轉 90°，成左弓步，左腿的弓和右腿的撐同步完成。目視前方（圖 101）。

〔右式〕

6. 左弓步不變；右掌由下經左肘內彎上穿於臉前身體中線處，掌心向左，指尖向上，高不過眼，遠不過腳；左掌同

圖 102

圖 103

圖 104

時下落腹部臍前，掌心向上，指尖向右。目視前方（圖 102）。

7. 上體不動，重心不變；以左腳跟為軸，右腳掌為輔。身體向右轉 180°，重心仍坐於左腳；右腳前腳掌著地，兩腿微屈。目視前方，定勢胸朝正西方向（圖 103）。

（二）

〔左式〕

圖 105

1. 上體不動，重心在左腿；左掌從右肘彎內側上穿於臉前，掌心向右，指尖向上，高不過眼，遠不過腳；右掌同時下落腹部臍前，掌心向上，指尖向左；同時，收右腳於左腳尖右前側，腳跟著地（圖 104）。

2. 上體不動，掌形不變，重心移於右腿；以右腳跟為軸，左腳掌為輔，身體向左轉 90°；右腳尖微內扣。目視前

圖 106

圖 107

圖 108

方（圖 105）。

3. 上體不動，重心坐於右腿；右膝內彎角度不變，提起左腿，向左側平行方向（正東）蹬鏟出步，左腿伸直，腳跟著地。目視前方（圖 106）。

4. 上體不動，以兩腳跟為軸，向左轉身 90°成左弓步，左腿的弓和右腿的撐同步完成。目視前方（圖 107）。

〔右式〕

圖 109

5. 左弓步不變；右掌由下經左肘內彎上穿於臉前，置於胸前中線處，掌心向左，指尖向上，高不過眼；遠不過腳；左掌同時下落腹部臍前，掌心向上，指尖向右。目視前方（圖 108）。

6. 上體不動，重心不變；以左腳跟為軸，右腳掌為輔，身體向右轉 180°，重心仍坐於左腿；右腳掌仍著地，兩腿微屈。目視前方，定勢胸朝正西方向（圖 109）。

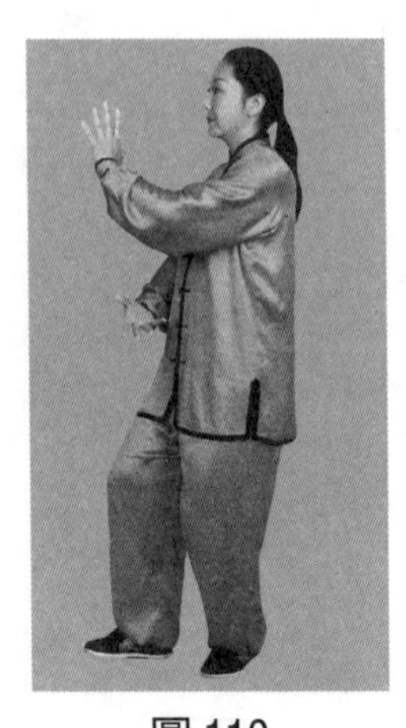
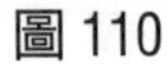
圖 110

圖 111

圖 112

（三）

〔左式〕

1. 上體不動，重心坐於左腿；左掌從右肘彎內側上穿於臉前，掌心向右，指尖向上，高不過眼，遠不過腳；右掌同時下落腹部臍前，掌心向上，指尖向左；同時，收右腳於左腳尖右前側，腳跟著地（圖 110）。

2. 上體不動，掌形不變，重心移於右腿；以右腳跟為軸，左腳掌為輔，身體向左轉 90°；右腳尖微內扣。目視前方（圖 111）。

3. 上體不動，重心坐在右腿；右膝內彎角度不變，提起左腿，向左側平行方向（正東）蹬鏟出步，左腿伸直，腳跟著地。目視前方（圖 112）。

4. 上體不動；以兩腳跟為軸向左轉身 90°，成左弓步，左腿的弓和右腿的撐同步完成。目視前方（圖 113）。

〔右式〕

5. 左弓步不變；右掌由下經左肘內彎上穿於臉前，置於

圖 113

圖 114

圖 115

胸前中線處，掌心向左，指尖向上，高不過眼，遠不過腳；左掌同時下落腹部臍前，掌心向上，指尖向右。目視前方（圖 114）。

6. 上體不動，重心不變；以左腳跟為軸，右腳掌為輔。身體向右轉 180°，重心仍坐於左腿；右腳掌仍著地，兩腿微屈。目視前方，定勢胸朝正西方向（圖 115）。

【要點提示】

1. 第一分動是單鞭式轉換為紜手式的連接動作。要注意身體右轉 180°的同時，重心隨勢右移成右弓步，並與左掌上穿、右手下落協調一致，同步到位。

2. 本套路中紜手一式為左紜手（即身體重心向左移動），並設計了三組紜手，每組紜手動作都分成左、右兩式。下面分別從左、右兩式作要點提示：

①2～5 分動完成的是第一組紜手的左式，傳統武式太極拳講究下動大於上動。因此，我們主要提示一下身法與步法變化的要點。紜手左式整體轉向是 180°，但是分兩次完成

的。

第一次轉體是以實腿腳跟，虛腿前腳掌為軸，兩腳扣輾轉體 90°，胸朝向正南；左腳向左側平行蹬鏟出步後，實腿、虛腿皆以腳跟為軸輾步，身體隨之再次轉向 90°。在整體完成轉向 180°的同時，身體重心由右向左同步移成左弓步（定勢胸朝正東）。

②6～7 分動完成的是第一組紜手的右式。右式紜手整體轉向也是 180°，是身體重心以實腿腳跟，虛腿前腳掌為軸輾轉同步、一次完成的，但兩腿重心的虛實並未發生變化。

3. 紜手式的手法都是左、右兩式走架到位時，分別進行上穿下落的換位變化，在左、右式的動作過程中手法相對不變，只是由身體帶動手法的左右紜轉。

4. 紜手的式間轉換，轉體幅度較大（180°），走勢到位時胸向正東、正西，因此步法一定要扣輾充分，身體才能轉換到位，從容自然。

5. 每組左、右式走架運行過程中保持身體中正，鬆肩沉肘，坐胯，不可前俯後仰、左右晃動及上下起伏波動。

6. 在紜手走勢的連續紜轉過程中要注意手、眼、身法、步的協調配合，力求上下相隨，周身一致，匀緩平穩，轉接流暢，和諧自然，並在走整體連貫中講求勢間轉換的節奏。

7. 第二、三組紜手要點與上相同，不再贅述，請參照習練。

第二十四式　右起腳

1. 重心完全移於左腿；提起右腳，收於左腳右前側，前腳掌著地；同時，左掌從臍前上穿於右掌根下，掌心向右，指尖向上；右掌在上，掌心向左，指尖向上，兩掌上下成一垂直線。目視前方（圖 116）。

2. 重心坐於左腿，身體微向右轉 30°；提起右腿向前方踢出，高不過左膝，腳面繃直，右膝微屈；左腿略有蹬起之意；右掌掌形不變，

圖 116

圖 117

向前推撐，掌心向左，指尖向上，高不過眼；左掌向後方拉開，掌心向左，指尖向上，與左肩同高。目視前方，定勢胸朝西北方向（圖 117）。

【要點提示】

1. 向前踢腳時，要以大腿帶動小腿，膝部鬆活，小腿要有鬆彈勁，腳面應繃平，腳踢出約膝高，力達前腳面。

2. 在踢腳的同時，兩掌前後推撐助力（如單鞭手形），前掌與踢出腳同一方向。兩掌推撐要與前踢腳上下相應相合。

第二十五式　左起腳

1. 重心仍在左腿；右腿收於左腳右前側，腳掌著地，同時重心移於右腿，右腳踏實；左腳跟微提起變腳掌著地，兩腿微屈；同時上體向左轉 60°；兩掌收於身體中線處，左掌在上，掌心向右，指尖向上；右掌在下，掌心向左，指尖向上，兩掌上下成一條垂直線。目視前方（圖 118）。

圖 118

圖 119

圖 119 附圖

2. 重心完全移於右腿；提起左腿向前踢出。高不過右膝，左腳繃直，左膝微屈；右腿略有蹬起之意；同時，左掌向前推撐，掌心向右，指尖向上；右掌向後拉開，掌心向右，指尖向上，與肩同高。目視前方。定勢胸朝西南方向（圖 119、圖 119 附圖）。

【要點提示】

請參照右起腳要點。

第二十六式　倒輦侯

〔右式〕

1. 上體不動；兩掌形不變；左腿屈膝收回，向右腳右後落腳插步，前腳掌著地，右實左虛。目視前方（圖 120）。

2. 重心仍在右腿；以右腳跟為軸，左腳掌為輔，向左輾轉 90°；同時，右掌隨轉身提舉於右太陽穴旁，掌心斜向下，指尖斜向上；左掌不動。目視前方（圖 121）。

3. 上體不動，重心不變；提起左腿向前蹬鏟出步，左腿

圖 120

圖 121

圖 122

伸直（圖 122）。

4. 重心前移於左腿；左腳踏實，成左弓步，左腿的弓和右腿的撐同步完成；左掌不變，但要微內旋；右掌同時推至左掌指尖上方，掌心斜向前，指尖斜向上。目視前方，定勢胸朝東南方向（圖 123）。

圖 123

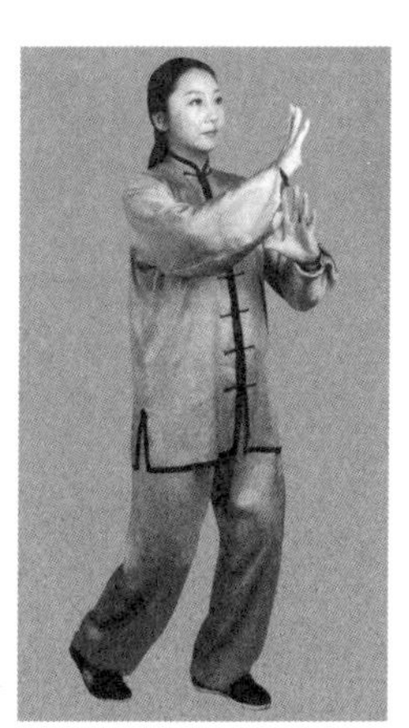

圖 124

〔左式〕

1. 上體不動，重心完全移於左腿；提起右腳，跟於左腳跟右後側，前腳掌著地（圖 124）。

2. 重心不變；提起右腳，向左腳跟左後方插步，前腳掌

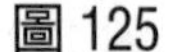
圖 125

圖 126

圖 126 附圖

著地（圖 125）。

3. 上體不動，重心坐在左腿；以左腳跟為軸，右腳掌為輔，向右後轉身 270°（東北）；同時，左掌上提舉於左太陽穴旁，掌心斜向下，指尖斜向下；右掌隨轉身微下落左胸前，掌心向右，指尖斜向上。目視前方（圖 126、圖 126 附圖）。

4. 上體不動，重心仍在左腿；提起右腿，向前蹬鏟出步，腳跟著地，右腿伸直（圖 127）。

5. 重心前移於右腿；右腳踏實，成右弓步，右腿的弓和左腿的撐要同步完成；右掌不變；同時，左掌隨前移推掌於右掌指尖上方，掌心斜向前，指尖斜向上。目視前方，定勢胸朝東北方向（圖 128、圖 128 附圖）。

【要點提示】

1. 第二分動，插步後兩腿要虛實分清。身體要隨虛實兩腳的輾轉同步轉體。右掌要隨體轉順勢提起，並成引蓄之勢。

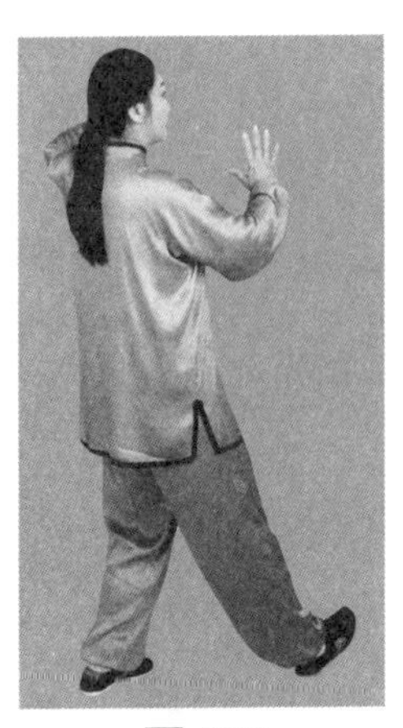

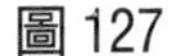

圖 127

圖 128

圖 128 附圖

2. 倒攆侯走架定勢方位是西南、西北兩個隅角方向。左右換式時，身體轉幅 270°，體現了傳統武式太極拳行功走架八面支撐、八方轉換的重要風格特點。

3. 武式太極拳的八面轉換多採用後插步及虛實兩腿的輾轉步法，以此轉換之法可以在 360°之內靈活轉向，八方支撐，應對自如。世人稱譽武式太極以輾轉步法，八面轉換，靈活應對的功夫為「落地梅花」。

4. 因轉勢時幅度較大，必須做到身法中正不偏，兩腿虛實分明。轉體時要上下相隨，周身一家，勻緩平穩，協調自然，避免過急過快，身法不可散亂。

5. 左、右兩式弓步推掌時，要借助重心前移的動勢形成整勁，雖推掌遠不過腳，拳勢緊湊，但要神氣鼓蕩，內勁蓄含，氣勢飽滿。

第二十七式　轉身踢一腳

1. 上體不動，重心不變；提起左腳，跟於右腳跟左後

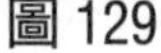
圖 129

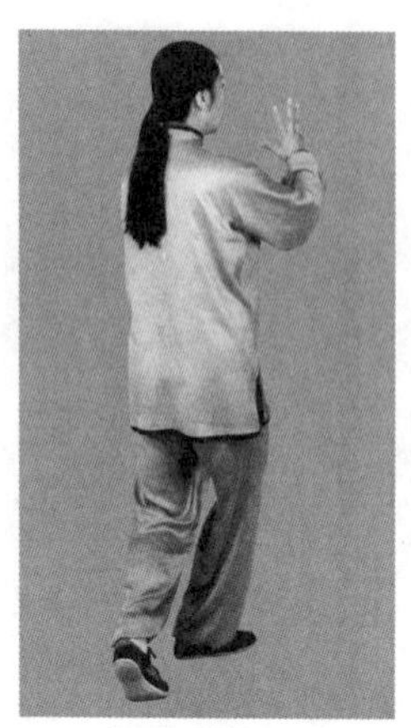
圖 130

圖 131

側，前腳掌著地；同時，左手由上向下落於右掌根下，掌心向右，指尖向上；右掌由下向上置於左掌指尖上方，掌心向左，指尖向上。右掌在上，左掌在下，成一垂線。目視前方（圖 129）。

2. 上體不動，重心不變；提起左腳，向右腳右後插步，左前腳掌著地，重心仍在右腿；隨後以右腳跟為軸，左腳掌為輔，向左後轉身 315°（正東方向）；同時，左掌由下向上，右掌由上向下，兩掌互換成琵琶式手形（圖 130、圖 131）。

3. 上體不動，重心不變；提起左腳向前踢出，腳背繃直，高不過右膝，左膝微屈，目視前方，定勢胸朝正東方向（圖 132）。

【要點提示】

1. 插步後兩腿仍保持右實左虛，身體左轉要與腳下的輾轉同步一致。

2. 身體轉換幅度很大（約 315°），要注意身體舒鬆自

圖 132

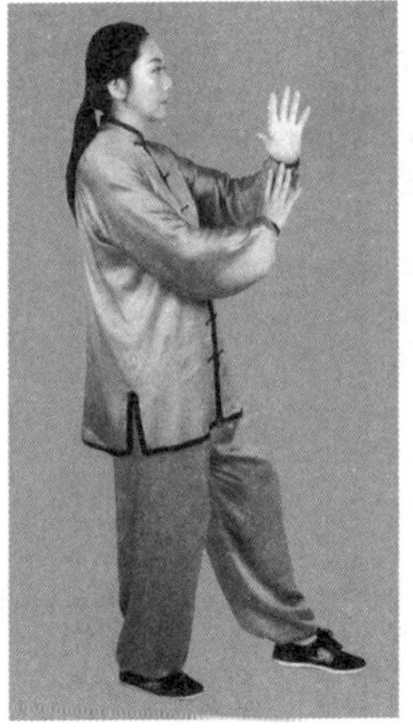

圖 133

圖 134

然，全身要有收合之意，轉體要平穩，不要過猛過急。

3. 左腳向前蹬出時，身體要舒鬆自然，精神要貫注，實腿穩定支撐；要用大腿帶動小腿，膝部關節要鬆活。前蹬腿勁力要鬆彈柔和，力達腳面。

第二十八式　踐步栽捶

1. 上體不動；左腳向前方落步（圖 133）。

圖 135

2. 重心前移；隨即提起右腳向左腳墊步騰空，右腳貼住左腳後跟。目視前下方（圖 134）。

3. 落地後，右腳踏實，左腿同時邁步出腳，左膝要直；重心在右腿；上體不變。目視前方（圖 135）。

4. 重心前移於左腿，左腳踏實，成左弓步，左腿的弓和右腿的撐同步完成；同時，左掌由胸前下按切撩至左胯旁，

圖 136

圖 136 附圖

圖 137

掌心向下，指尖向後；右掌變拳，由上向斜下前方擊出；上身微向前俯。目視前下方。定勢胸朝正東方向（圖 136、圖 136 附圖）。

【要點提示】

1. 左腳落步後，隨重心前移，右腳要隨即向左腳墊步並蹬地，身體騰空前躍應輕靈，落地後要沉穩，控制失衡。右腳落實的同時左腿迅即伸膝出步。以上動作只是在瞬間完成，應協調連貫，一氣呵成。

2. 右掌變拳向斜下擊出時，必須與兩腿弓、撐前移成弓步協調一致。左掌的下按切撩與右拳的擊出要前後呼應並與重心前移同步完成到位。

3. 弓步右拳擊出時，上體可微前傾，但不可俯身過大，更不要凸臀。

第二十九式　上步搬攔捶

1. 上體直起，重心完全移於左腿；提起右腳跟於左腳跟

圖 138

圖 139

圖 140

右後側，前腳掌著地；同時，左掌由右胯旁收舉於胸前，左肘彎大於 90°，掌心向右，指尖向上，坐腕；右拳由前下向右胯旁收回，拳心向下，拳面向前，拳背向上。目視前方（圖 137）。

2. 重心不變；提起右腳，向前蹬鏟出步；同時，左掌橫移右胸前，左肘內彎要大於 90°，掌心向右，指尖斜向上；右拳由小腹的右側從內向外、向上翻腕立圓畫弧，置於腰的右側，拳心向上，拳面向前。目視前方（圖 138）。

3. 上體不動，重心完全移於右腿；提起左腳，向前蹬鏟出步，腳跟著地，腳尖翹起，左腿伸直；同時左掌微按壓。目視前方（圖 139）。

4. 重心移於左腿；左腳踏實，成左弓步，左腿的弓和右腿的撐同步完成；同時，右拳內旋，從左掌腕上擊出，拳心向下，拳面向前，與胸同高。目視前方，定勢胸朝正東方向（圖 140）。

圖 141

圖 142

圖 143

【要點提示】

1. 第一分動的直身，跟步、收掌、收拳須同步完成，這樣才能使上下肢協調動作。

2. 第二分動，可以直接上步搬拳。由於傳統武式太極拳理法的規範，拳架較小巧緊湊，因此拳的搬轉不要過多地借助上臂，而應更多地運用肘部和前臂，走架時肘部要鬆活，腕部要靈活，前臂要圓轉。

3. 右拳向前擊出時，要借助後腿蹬撐、重心前移的整勁，拳、臂間勁力蓄含飽滿。

4. 搬攔捶的總體動作一定要注意手、眼、身法、步的協調配合，要以身法帶動步法和手法，才能轉接自如，氣勢完整。

第三十式　翻身二起

1. 重心移於左腿，提起右腳跟半步於左腳右後方，全腳掌著地。目視前方（圖 141）。

2. 以兩腳跟為軸，向右後方轉身 180°，重心坐於左腿；右腳跟蹬鏟著地；同時，右拳由胸前上架於額前兩拳之距，拳背朝額；左掌變拳，隨轉身置於腹部臍前，拳背向上，拳心向下。目視前方（圖 142）。

3. 重心移於右腿；右腳踏實蹬地，隨即左腿上擺，身體騰空，右腿順勢向上擺起，小腿向上彈踢，腳面繃平；同時，右拳變掌，向前拍擊腳面，左拳翻轉收於左腰間，拳心向上。目視拍腳方向，定勢胸朝正西方向（圖 143）。

【要點提示】

1. 第二分動，向後轉體時注意以兩腳跟為軸，兩腳輾轉要充分，以保證旋轉平穩靈活。右拳上架於額前、左掌變拳收置於腹前要與轉體協調同步。

2. 右腳踏實蹬地，小腿迅即上擺，帶動身體騰空躍起。大腿向上擺起要順勢，中間不要出現間歇和斷勢。整體動作蹬地、騰起、擺腿、彈踢、拍腳應連貫銜接，一氣呵成。

3. 拍腳的最佳時點應在身體騰空的最高處。上乘功夫講究得機順勢，身體下落已是錯失良機。小腿順身體騰起之勢向上彈踢，右手鬆腕迎拍腳面，擊聲脆響，動作乾淨俐落。

第三十一式　披　身

1. 左腳落地，右腳收落並向左腳外側跨跳落地踏實，左腳順勢向左後橫跨一步，腳跟著地；同時，左拳變掌上舉，與右掌同時按於身體右腰前側，兩掌心向下，指尖斜向前上方。目視右前方（圖 144）。

圖 144

2. 重心漸移至左腿成左弓步；同時，雙掌順勢向左橫向捋按，經腹前至左腹前方。目視雙掌方向（圖 145）。

【要點提示】

1. 第一分動，左腳向左後跨步與兩掌同時舉按體側要協調動作，同步到位。

2. 第二分動，要以腰來帶動雙掌的橫向捋按，並與重心左移同步。

圖 145

第三十二式　左伏虎

重心仍在左腿；左掌變拳，上架至左肩前方，高不過肩，左肘內彎大於 90°，左肘和左拳平齊，拳心向下；右掌變拳，置於腹前，拳心向上。兩拳心相對。目平視右腿的右前方，定勢胸朝向南方向（圖 146）。

【要點提示】

1. 左掌變拳上架與右掌變拳置於腹前要協調一致，相順相隨。

2. 左伏虎定勢時上體要自然豎直，不要向前傾斜。肩要鬆、腋要空、肘要沉，兩拳心相對，上下合住勁，兩臂蓄含飽滿，下盤沉實穩固，勢如龍盤虎踞，精神貫注，勁力完整。

圖 146

第三十三式　右伏虎

重心在左腿；提起右腿，向後方

退步，右腳踏實；左腳順勢跟於右腳的左側，腳掌著地，兩腿微屈，右實左虛；同時，兩拳隨轉體換勢，右拳從下向右、向上內旋，提置於右肩前，拳與肘平，拳心向下；左拳由上向左、向下外旋，落於腰前，兩拳心的相對。目平視左腿的左前方向。定勢胸朝西北方向（圖 147、圖 147 附圖）。

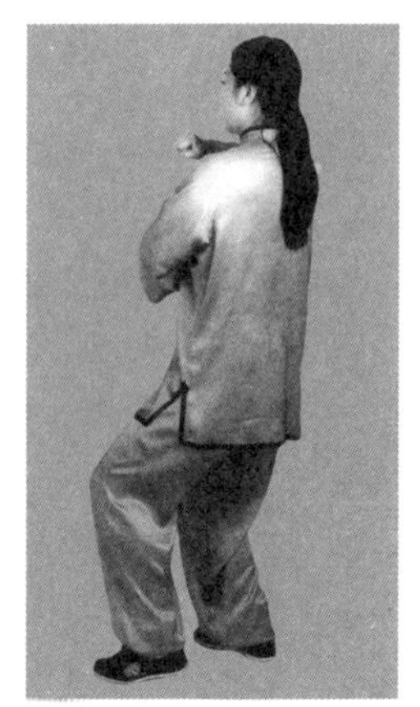

圖 147

【要點提示】

1. 右伏虎定勢步型為虛步，右實左虛，而左伏虎定勢步型為左弓步，走架時要注意加以區別。

2. 左右伏虎兩式的轉換，兩拳抱圓，相牽相繫，隨重心移動和轉體順勢翻旋搬轉協調動作，同步完成。

圖 47 附圖

第三十四式　轉身蹬一跟

1. 重心不變，以右腳跟為軸，腳掌向右擺轉 90°，身體隨之轉向正東方向；提左腳，順勢跟於右腳跟在左後方，前腳掌著地；同時，兩拳變掌，左掌從右掌肘彎內上穿，置於胸前中線處，掌心向右，指尖向上，高不過眼；右掌落於左掌根下，掌心向左，指尖向上。目視前方（圖 148）。

2. 上體不動，重心仍在右腿；以右腳掌為軸，提起左腳，隨轉身向右畫擺扣落於右腳右後方，身體順勢轉向 360°，重心坐於左腿；右腳前腳掌著地，左腿實右腿虛；同

圖 148

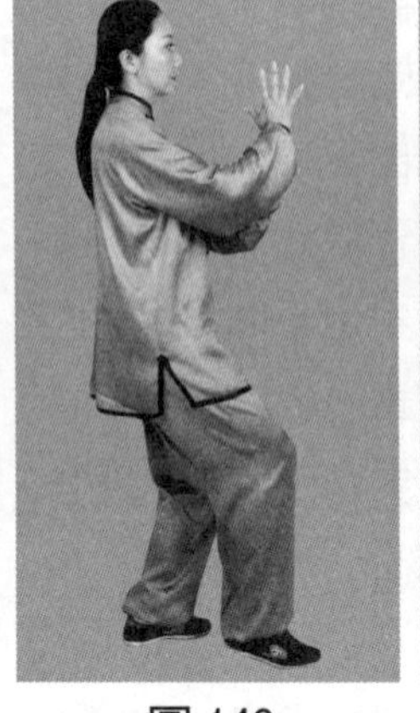
圖 149

圖 150

時，兩掌互換成手揮琵琶手型（圖 149）。

3. 上體不動，重心仍在左腿；提起右腳，向前下蹬出，高與左膝平，力點在腳跟；兩掌不變，順勢微前撐。目視前方，定勢胸朝正東方向（圖 150）。

【要點提示】

1. 第二分動，左腿隨體向右後畫擺扣落時是以右腳掌為軸，左腳扣落後，身體繼續右轉是以兩腳的前掌為軸。完成 360° 轉向後，重心隨之坐於左腿，胸向正東。

2. 第二分動，右腳提起前蹬時，兩掌仍保持手揮琵琶的手型，但有前撐之意。

第四路

第三十五式　更雞獨立

〔右式〕

1. 上體不動，重心不變；提起右腿向後撤步，落於左腳

圖 151

圖 152

圖 153

跟右後方踏實，重心移至右腿；同時，左掌落於左胯旁，右掌落於右腰際。目視前方（圖 151）。

2. 提起左腿，順勢向前上方提膝，屈腿 90°，左膝與胯平，左腳自然下垂；同時，右掌下移，按於右胯旁，掌心向下，指尖向前；左掌由下向上托起，掌心斜向上，指尖斜向後上，左掌根和左膝垂直相對。目視前方，定勢胸朝正東方向（圖 152）。

〔左式〕

1. 重心不變；右腿屈膝，左腿向右腳跟左後撤步，左腳踏實，重心移於左腿；同時，左掌落於左腰際。目視前方（圖 153）。

2. 重心在左腿；提起右腿，向前上方提膝屈腿 90°，右膝與胯平，右腳自然下垂；同時，右掌由下向上托起，掌心斜向上，指尖斜向後上；左掌同時下按於左胯旁，掌心向下，指尖向前。目視前方，定勢胸朝正東方向（圖 154）。

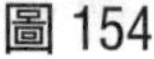
圖 154

圖 155

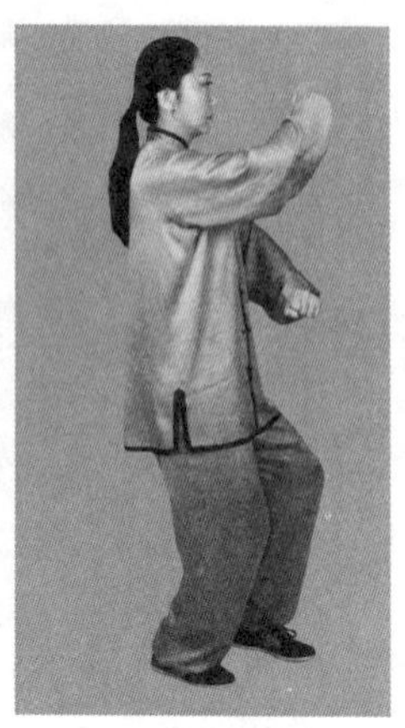
圖 156

【要點提示】

1. 更雞獨立右式是提左膝，左掌上托；左式是右膝上提，右掌上托。膝部要有頂勁。托掌要有前撐之意。

2. 掌上托與膝上提要相牽相繫。肘與膝要上下相照，而掌的上托、下按要協調同步，左右相應。

第三十六式　退步跨虎

1. 上體不動，重心在左腿；左腿屈膝，右腳向左腳右後撤步，右腳踏實，重心移於右腿；左腳收於右腳左前，前腳掌著地，兩腿微屈，腰稍右轉；同時，右掌下落於腹前，兩掌同時變拳，收於小腹前，左前右後，兩拳平行。目視前方（圖 155）。

2. 重心不變，上體微向左轉；同時，左拳按壓於小腹前，拳心向下，拳面向右；右拳由下向上斜擊至臉前，拳心向下，拳面向左，高不過眼，遠不過腳，兩拳上下相對；右肘內彎大於 90°。目視前方，定勢胸朝正東方向（圖 156）。

【要點提示】

1. 第一分動，重心移於右腿、左腳收於右腳前要與兩掌變拳收落於腹前協調動作，同步進行。

2. 第二分動，兩掌隨腰稍右轉收落於腹前變拳。第二分動也是隨腰左轉左拳按壓於小腹，右拳向上斜擊。因此，在上步七星的整體走勢中，一定要注意以腰為中樞，以腰的轉動帶動兩臂，以身法帶動手法完成技擊內涵，這樣在行功走架中上下肢動作才能更協調，進而達到周身一家，勁力完整。

圖 157

第三十七式　十字擺蓮

1. 上體不動，重心移於左腿；左腳踏實，右腳向左後插步，腳前掌著地；重心在左腿（圖 157）。

圖 158

2. 以左腳跟為軸，右腳掌為輔，向右後轉身 180°，重心在左腿；兩腿微屈；隨轉身的同時，兩拳變掌，右掌下落，左掌上提，雙掌置於胸前，同肩寬，掌心斜向下，指尖斜向上，兩肘彎大於 90°。目視前方（圖 158）。

3. 重心完全移於左腿；提起右腿，由左下向上、向右上方擺腿，腳面繃平，腳尖朝左，高與眼平；同時，雙掌迎擊右腳面。目視拍腳方向。定勢胸朝正西方向（圖 159）。

圖 159

圖 160

圖 161

【要點提示】

1. 第二分動，向右後轉體 180°時，要注意身體中正自然，轉動靈活平穩，兩拳變掌置於右胸前應與轉體同步完成。

2. 第二分動，重心腿要支撐穩定，擺動腿應放鬆。向右上弧形擺起，兩掌迎擊腳面時要準確俐落，一拍兩響。轉身擺蓮整體上要做到步法清晰，轉體自如，銜接連貫，一氣呵成。

第三十八式　躍步指襠捶

1. 上體不動；拍腳後，左重心腿微屈，迅即蹬地向前上跳起，右腳落地的同時，左腳順勢收於右腳尖左前方，前腳掌著地，兩腿微屈；同時，兩掌從右肩前下落，右掌變拳收於右腰側；左掌橫於右胸前，掌心向右，指尖斜向上。目視前方（圖 160、圖 161、圖 161 附圖）。

2. 重心坐於右腿；提起左腳蹬鏟出步，腳跟著地，左腿

圖 161 附圖

圖 162

圖 163

伸直；右拳不變；左掌同時向左胯外側斜切，掌心斜向下，指尖向前正方。目視前方（圖 162）。

3. 重心前移；左腳踏實，成左弓步，左腿的弓和右腿的撐同步完成；同時，左掌於左胯下按。右拳從腰側向前下方擊出，遠不過腳；上體稍前俯。目視向前下方，定勢朝正西方向（圖 163）。

【要點提示】

1. 第一分動，左支撐腿微屈，成預跳之勢，迅即跳起要輕靈，不要過高、過猛。

2. 第二分動，左腳蹬鏟出步與左掌向左胯外斜切協調一致，同步完成。

3. 第三分動，左掌下按、右拳向前下擊出動作要協調一致，並順應重心前移成弓步的動勢，同步完成。

4. 打拳不要發力，遠不過前腳。上體稍前俯，但不可前傾過大，更不可凸臀擰胯。

5. 蹬地前跳、落地收拳、出步切掌、弓步擊拳要隨機順勢，銜接緊湊，一氣貫穿。

圖 164

第三十九式　上步七星

1. 上體豎直，重心不變；右拳變掌，上舉於胸前中線處；同時，左掌由下向上穿於右掌外側，兩掌交叉，右掌心向左，指尖向上，左掌心向右，指尖向上，兩掌遠不過腳。目視前方（圖 164）。

2. 重心完全移於左腿；提起右腳，跟至左腳右後方，前腳掌著地，雙腿微屈；同時，左掌不動，右掌從左掌肘彎內側落下，再畫弧上穿於左掌外側，兩掌交叉，指尖向上，高不過下頜，兩掌遠不過腳。目視前方，定勢胸朝正西方向（圖 165）。

圖 165

【要點提示】

1. 第一分動，右拳變掌上舉與左掌上穿的動作要同步。

2. 再重新抬頭。第二分動，隨右腳跟步的同時再次完成一次上穿架掌，右掌弧形下落後再上穿至胸前左掌外側畫一立圓，圓轉地完成了左右兩掌的交叉換位，動作完成的過程自然和諧。從上步七星的走架，再一次使人感到傳統武式太極拳所獨具的古樸濃郁、精微細致的風格特色。

圖 166

圖 167

圖 168

第四十式　轉身擺蓮

1. 上體不動，重心不變；右腳向左腳左後方插步，以左腳跟為軸，向右後轉身 225°，雙腿微屈；同時，兩掌分舉於右肩前，右掌腕與肩同高，左掌置於右肘內稍下（圖 166、圖 167）。

2. 重心仍在左腿；提起右腿，由左下向右上方擺腿，腳面外撇，腳尖向左，至臉前時兩掌擊打腳面。目視擊打方向，定勢胸朝東南方向（圖 168）。

【要點提示】

1. 第一分動，插步後轉身幅度較大，轉動時要控制好重心，轉體要平穩自然。兩掌合舉於右肩前要與轉體同步完成。

2. 擺蓮時支撐腿要站穩，右腿向右上擺腿，兩掌要依次拍擊腳面，雙響要清晰，動作要俐落。

3. 要注意，左右掌上穿架掌都是舉於胸前中線處並上下

圖 169

圖 170

圖 171

相合，遠不過腳。

第四十一式　雙抱捶

圖 172

1. 重心在左腿；右腿收落，向左腳右後方撤步，前腳掌著地，隨即腳跟著地；同時，兩掌下落於腹前，掌心向下，指尖向前。目視前方（圖 169）。

2. 重心完全移於右腿；提起左腳，收至右腳左側，前腳掌著地，雙腿微屈；兩掌變拳，拳眼向上。目視前方（圖 170）。

3. 上體不動，重心不變；提起左腿，向前蹬鏟出步，左腳伸直，腳跟著地。目視前方（圖 171）。

4. 重心前移於左腿；左腳踏實，成左弓步，左腿的弓右腿的撐要同時完成；雙拳稍前擊。目視前方（圖 172）。

5. 重心完全移於左腿；提起右腳跟於左腳右後方，前腳掌著地，兩腿微屈；同時，左拳上舉於右拳之上前方，高不過下頜；左拳心向右下方，右拳心向左下方。目視前方，定勢胸朝東偏南方向（圖 173）。

圖 173

【要點提示】

1. 第一分動的右腳下落向後撤步與兩掌下落於腹前、第二分動的提收左腳至右腳左側與兩掌變拳、第四分動的重心前移成弓步與雙拳稍前擊、第五分動的右腳跟於左腳前與左拳上舉，以上動作都要注意自然協調，同步一致。

2. 在第四分動和第五分動中雙拳稍前擊及左拳上舉，在注意與身法、步法的協調外，也要注意控制動作的分寸。在把握拳架小巧緊湊的同時，強化走架中內勁蓄含飽滿，整體氣勢完整的風格意識，充分體現由內及外、內動大於外動、下動大於上動的武式流派技術風格。

圖 174

第四十二式　踢一腳

1. 上體不動，重心不變；提起右腳，向左腳右後側撤步，前腳著地，隨即右腳跟踏實，重心在右腿；左腳腿勢收於右腳掌左前側；同時，兩拳變掌，成琵琶手型，左掌在上，掌心向右，指尖向上；右掌在下，掌心向左，指尖向上，豎於胸前中線處。目視前方（圖 174）。

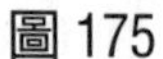
圖 175

圖 176

圖 177

2. 上體不動，重心在右腿；提起左腳，向前上方踢出，與右膝平，腳面繃直，左膝微屈。目視前方，定勢胸朝東南方向（圖 175）。

【要點提示】

1. 第一分動，左腳順勢收於右腳左前與兩拳變掌成琵琶式手型要同步一致。

2. 第二分動，踢腳時支撐腿要穩，膝部應鬆活，踢腳腿要鬆彈，不要踢直，腳面繃平，力點在腳面。

第四十三式　抱虎推山

1. 上體不動，重心不變，仍在右腿；提起左腳，向右腳右後插步，前腳掌著地；以右腳跟為軸，左腳掌為輔，隨兩腳輾轉，身體順勢向左後轉 225°（正西方向）；同時，右掌提舉至右太陽穴，掌心斜向下，指尖斜向上；左掌橫置於右胸前，左肘內彎角度於 90°，掌心向右，指尖斜向上。目視前方（圖 176、圖 177）。

圖 178

圖 179

2. 上體不動，重心在右腿；提起左腳，向前蹬鏟出步。腳跟著地，左腿伸直。目視前方（圖 178）。

3. 重心前移於左腿；左腳踏實，成左弓步，左腿的弓和右腿的撐要同步完成；同時，右掌由太陽穴前推至左掌上方，掌心斜向前，指尖斜向上。目視前方，定勢胸朝正西方向（圖 179）。

【要點提示】

1. 第一分動，身體轉動 225°要與右掌舉至太陽穴同步一致。轉體時身體要自然平穩，不應過急過快。

2. 重心前移、左腿成弓步與右掌由太陽穴前推要同步到位，並應借助前移的動勢形成整勁。推掌遠不過眼，但掌、臂間要有內勁蓄含之意。走架沉實穩固，勁力飽滿，要有擒虎移山的奪人氣勢。

第四十四式 彎弓射虎

1. 重心完全移於左腿；提起右腳，跟於左腳內側，前腳

圖 180

圖 181

圖 182

掌著地；同時，兩掌下落於胸前，掌心向下，指尖斜向上（圖 180）。

2. 上體不變，重心在左腿；提起右腿蹬鏟出步；同時，兩掌變拳，上舉於臉前，左前右後。目視前方（圖 181）。

3. 重心移於右腿；右腳踏實，成右弓步，右腿的弓和左腿的撐要同步完成；同時，左拳置於下頷前方，拳眼向上，左肘內彎角度大於 90°；右拳順勢拉回右太陽穴旁，拳眼向內。目視正南前方，定勢胸朝西南方向（圖 182）。

【要點提示】

1. 第一分動，兩掌下落於胸前要與身體右轉同步一致。體轉 225°，轉幅較大，要注意靈活平穩，不要過急、過猛。

2. 第二分動，提起右腿蹬鏟出步與兩掌變拳上舉於臉前要協調同步。

3. 第二分動，重心前移、右腿成右弓步要與左拳置於下頷及右拳拉回太陽穴旁同步一致。

4. 彎弓射虎的整體動作，下盤沉實穩固，兩拳、臂間內

圖 183

圖 184

圖 185

勁蓄含飽滿，相吸相繫，相合相應，神氣鼓蕩，氣勢完整，不發而威。

第四十五式　對心掌

1. 重心不變，仍在右腿；提起左腳，跟於右腳左後側，前腳掌著地；同時，兩拳變掌，豎於胸前中線處，左手在上，右手在下（琵琶式手型）。目視前方（圖 183）。

2. 重心坐於右腿；提起左腳，向左前蹬鏟出步，腳跟著地，腳尖翹起；同時，左掌上架於額前，掌心斜向上，指尖斜向上；右掌不變（圖 184）。

3. 重心移於左腿；左腳踏實，成左弓步，左腿的弓和右腿的撐要同步完成。目視前方（圖 185）。

4. 重心完全移於左腿；提起右腳，跟於左腳右後側，前腳掌著地，上體不變。目視前方，定勢胸朝西南方向（圖 186）。

圖 186

圖 187

圖 188

【要點提示】

1. 第一分動，左腳跟步右腳左前與兩拳變掌豎於中線處要保持同步一致。

2. 第二分動，左腳向前蹚鏟出步與左拳上架於額前要協調動作。

3. 下動大於上動，內動大於外動，這是傳統武式太極的重要技術特點。第三分動、第四分動雖然只要求了步法和重心的變化，但是，步法和身法的走勢目的都是為最終實現手法的技擊意圖。因此，第三分動的重心前移成弓步，第四分動的重心完全移於左腿，雖然文中講「上體不變」，但在實際的走架中，不論是上架於額前的左掌，還是豎於胸中線的右掌，不但掌、臂間要有內勁蓄含的感覺，而且隨重心前移的動勢要有向前架推的展放之意。雖然上體外形不變，但內意卻神氣鼓蕩，正所謂勢靜而意連。只有這樣才能逐漸體悟出武式太極雖拳架緊湊，但卻勁力完整、氣勢飽滿的內涵。

第四十六式　收　勢

1. 上體不動；提起右腳向後撤步（正北），前腳掌著地；隨轉體重心後移，重心坐於右腿；左腳尖外擺翹起（正南）；同時，右掌順勢上穿，左掌下落，收於胸前中線處，右掌在上，左掌在下（琵琶式手型）。目視前方（圖187）。

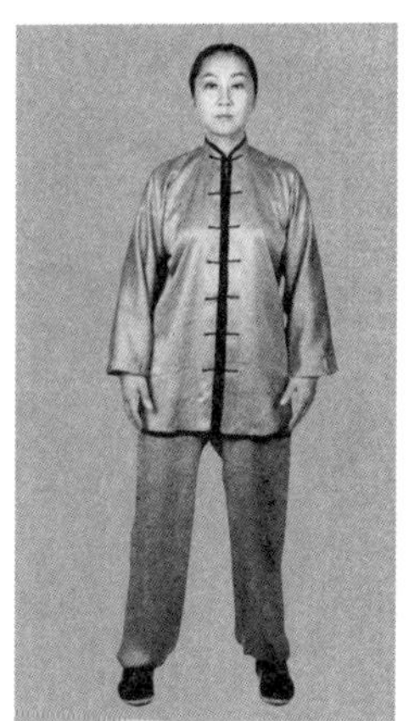

圖 189

2. 上體不動，重心坐於右腿；提起左腳，收至右腳左側，兩腳間距與肩等寬，腳尖向前；重心移於兩腿中間。目視前方（圖 188）。

3. 兩腿漸伸膝；身體豎直的同時，兩掌要掌下落於兩腿外側，掌心向內，腳尖向下。目視前方（圖 189）。

4. 上體不動，重心移於右腿；提起左腳，收於右腳左內側，兩腳間距一拳，腳尖向前。目視前方，定勢胸朝正南方向（圖 190）。

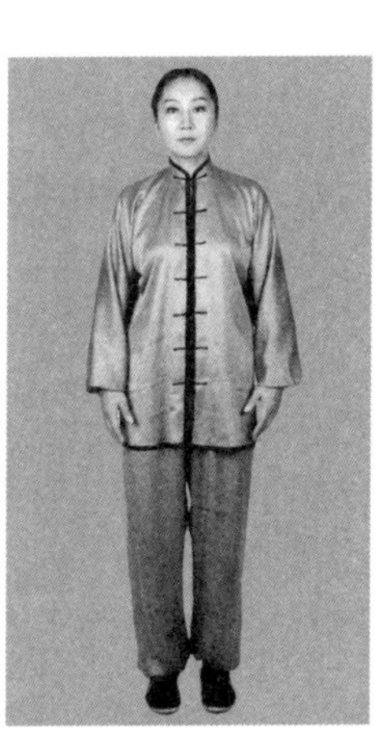

圖 190

【要點提示】

右腳後撤，隨轉體重心後移，左腳收回右腳平行處，動作過程要平穩柔緩，從容自然，不要過急過快。兩臂下落要與伸膝協調一致。併步直立後要心意專注地調整好身法，身體豎正，舒鬆自然，神氣內收，心境平和，氣定神閑，使意、氣、形復回陰陽合一的無極狀態。

第六章　武式太極拳十八式動作圖解

第一節　武式太極拳十八式動作名稱

第一式	起勢	第 十 式	倒輦侯
第二式	懶扎衣	第十一式	摟膝拗步
第三式	單鞭	第十二式	按勢
第四式	玉女穿梭	第十三式	青龍出水
第五式	左右起腳	第十四式	伏虎勢
第六式	踢一腳	第十五式	紜手
第七式	轉身蹬一跟	第十六式	下勢
第八式	上步搬攔捶	第十七式	手揮琵琶
第九式	六封四閉	第十八式	收勢

第二節　武式太極拳十八式動作圖解

第一式　起　勢

1. 身體自然站立，保持中正，周身協調，自然鬆正，眼看正前方，外示安逸，精神集中。本項要求貫穿於整個拳架，以下不再贅述（圖 1）。

2. 上身不動；雙膝微屈下蹲；重心坐在右腿上（圖 2）。

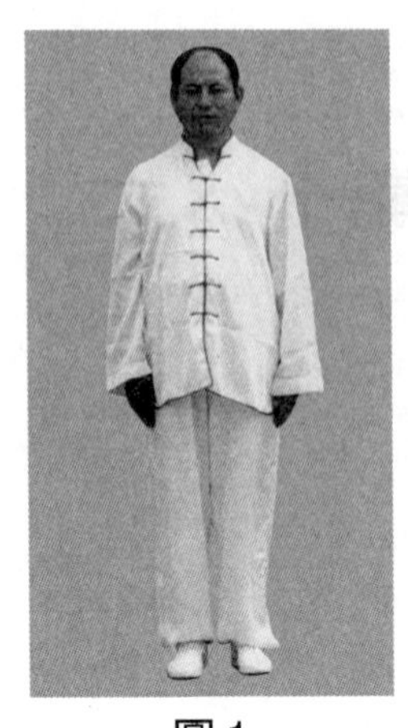

圖 1

圖 2

圖 3

圖 4

圖 5

3. 上身不動；雙膝微屈下蹲；重心仍坐在右腿上；提起左腳向左蹬出，左腿伸直，腳跟蹬地，腳尖翹起朝前，蹬出的跨度與右腿下蹲的高度為基準，兩腿距離與肩同寬（圖 3）。

4. 上身不動；左腿屈膝，重心移在兩腿正中間（圖 4）。

5. 其他不動；雙掌坐腕，掌心向下，五指伸直、張開、中指朝前（圖 5）。

圖 6

圖 7

圖 8

第二式 懶扎衣

圖 9

1. 上身保持中正；以右腳跟為軸，左腳尖為輔，身體向左前方擰動約45°，重心坐在右腿上；同時，雙掌在胸前舉起，中指朝上，左手在前、右手在後，左手高、右手低；左手高不過眼、遠不過腳尖；右手在右胸前一拳距離，右手掌心與左手肘彎部相對（圖6）。

2. 上身不動；重心坐在右腿上保持不動；出左腿，左腳跟向前蹬鏟著地，左腿要伸直，左腳尖翹起（圖7）。

3. 上身不動；右腿蹬，左腿弓，成弓步；右腿要伸直，腳跟不能翹。左小腿要垂直地面（圖8）。

4. 上身不動；跟右腿，重心移在左腿上，右腳跟在左腳後內側一拳距離處，腳尖點地（圖9）。

圖 10

圖 11

圖 12

【注意】：右腳要放的恰當，不可離左腳過遠或過近，過遠則身法散亂，過近則影響下一個動作的轉換。

5. 上身保持中正，重心坐在左腿上保持不變；以左腳跟為軸，右腳尖為輔，身體向右方擰動約 90°；同時，左右掌在胸前交換，變為右手在前、左手在後，右手高、左手低，右手高不過眼、遠不過腳尖；左手在左胸前一拳距離，左手掌心與右手肘彎部相對（圖 10）。

6. 上身不動，重心坐在左腿上保持不動；出右腿，右腳跟向前蹬鏟著地，右腿要伸直，腳尖翹起（圖 11）。

7. 上身不動；左腿蹬，右腿弓，成弓步（圖 12）。

【注意】：左腿要伸直，腳跟不能翹。右小腿要垂直地面。

8. 上身不動，跟左腿，重心移在右腿上，左腳跟在右腳後內側一拳距離，腳尖點地（圖 13）。

【注意】：左腳要放的恰當，不可離右腳過遠或過近，過遠則身法散亂，過近則影響下一個動作的轉換。

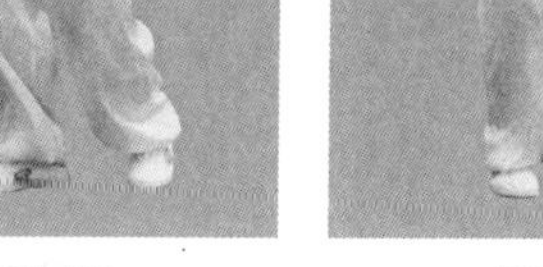

圖 13

圖 14

圖 15

第三式　單　鞭

圖 16

1. 重心在右腿上保持不變；以右腳跟為軸，左腳腳尖為輔，身體向左擰動約 45°；右腳腳尖向右要扣過中線；同時，左掌在胸前與右掌舉齊，雙掌心向前，十指朝上，雙掌距胸前約 1.5 尺（圖 14）。

2. 重心在右腿上保持不動，上身不動；左腳向左蹬出，左腿伸直，腳跟蹬地，腳尖翹起朝前，蹬出的跨度與右腿下蹲的高度為準（圖 15）。

3. 右腿向左蹬起；右掌不動；身體隨左腳跟向左轉動，成左弓步；同時，左掌隨身體向左轉動；目視左掌前方；左掌高不過眼、遠不過前腳掌；右掌指尖高不過膀尖（圖 16）。

圖 17

圖 18

圖 19

第四式　玉女穿梭

1. 重心在兩腿之間；兩腳跟，向右側後方擰動約 180°，成右弓步；右掌舉在胸前；同時，左掌收在左胯前方，掌心向下（圖 17）。

2. 其他不動；跟左腿，前腳掌點地，重心坐在右腿上（圖 18）。

3. 右掌舉在胸前不動；重心仍坐在右腿上保持不變；出腿，左腿要伸直，左腳跟蹬鏟著地，前腳掌翹起；同時，左掌舉在顎頭前斜上方約一拳半距離，右掌舉在胸前不動，離胸約 1 尺（圖 19）。

4. 上身不動；右腿蹬，左腿弓，成左弓步（圖 20）。

5. 上身不動；跟右腳，前腳掌點地，重心坐在左腿上（圖 21）。

6. 上身不動；重心仍坐在左腿上；右前腳掌點地，踏在左腳後外側（圖 22）。

圖 20

圖 21

圖 22

圖 23

圖 24

7. 重心仍坐在左腿上；以左腳跟為軸，右腿前腳掌為輔，向右後方擰動約 270°；在身體轉動的同時，左右掌互置（圖 23）。

8. 重心仍坐在左腿上，上身不動；出右腿，右腿要伸直，右腳跟蹬鏟著地，前腳掌翹起（圖 24）。

圖 25

圖 26

圖 27

9. 上身不動；左腿蹬，右腿弓，成右弓步（圖 25）。

10. 上身不動；跟左腳，前腳掌點地，重心坐在右腿上（圖 26）。

11. 重心仍坐在右腿上；以右腳跟為軸，左腳前腳掌為輔，自左側向右後擰動約 90°；在身體轉動的同時，左右掌互換位置（圖 27）。

12. 重心仍坐在右腿上，上身不動；出左腿，左腿要伸直，左腳跟蹬鏟著地，前腳掌翹起（圖 28）。

13. 上身不動；右腿蹬，左腿弓，成弓步（圖 29）。

14. 上身不動；跟右腳，前腳掌點地，重心坐在左腿上（圖 30）。

15. 上身不動；右前腳掌點地，踏在左腳後外側（圖 31）。

16. 重心仍坐在左腿上；以左腳跟為軸，右腳前腳掌為輔，從右側向後擰動約 270°；在身體轉動的同時，左右掌互換位置（圖 32）。

圖 28

圖 29

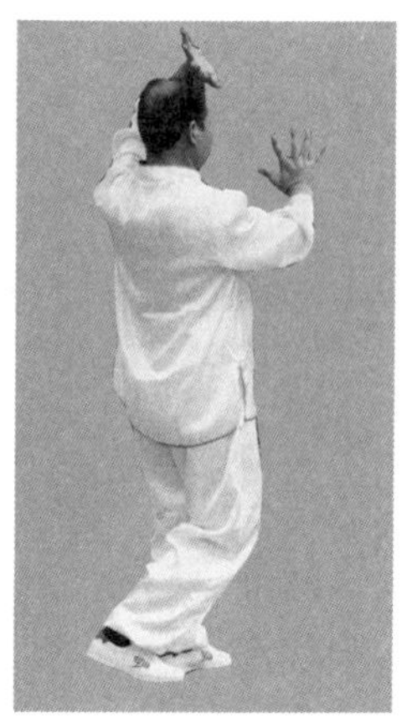
圖 30

圖 31

圖 32

圖 33

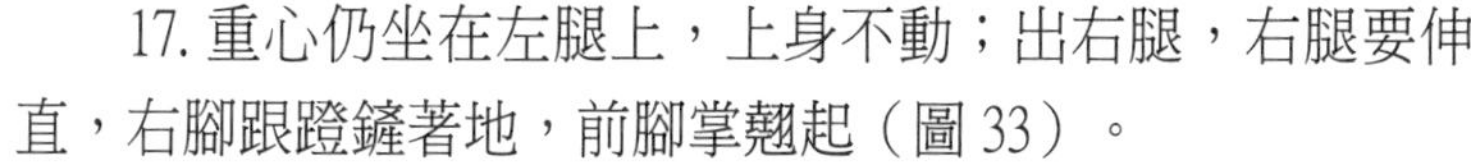
17. 重心仍坐在左腿上，上身不動；出右腿，右腿要伸直，右腳跟蹬鏟著地，前腳掌翹起（圖 33）。

18. 上身不動；左腿蹬，右腿弓，成右弓步（圖 34）。

19. 上身不動；跟左腳，前腳掌點地，重心坐在右腿上（圖 35）。

圖 34

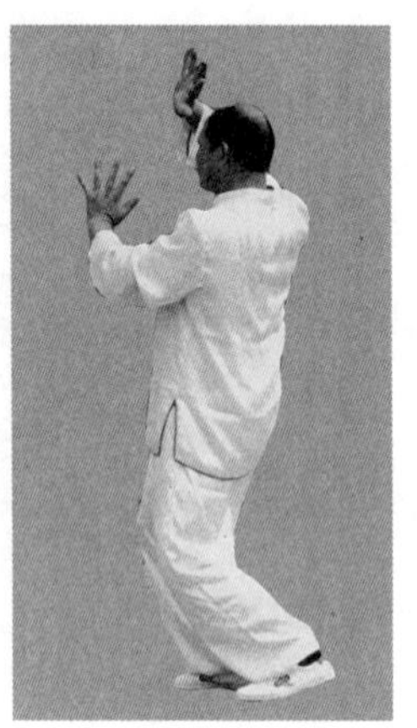
圖 35

圖 36

第五式　左右起腳

圖 37

1. 右起腳

退左腳，身體左轉約 45°，重心坐在左腿上；右腳退至左腳前，前腳掌點地；同時，雙掌收在胸前，上下對齊，雙掌距胸前約 1 尺，右掌在上、左掌在下，右掌高不過眼（圖 36）。

2. 左腿微屈，支撐身體重心；隨著左腿站直，提起右腳向右側前方踢出，右踢腿微屈，腳面繃緊伸直，高不過膝（圖 37）。

3. 右起腳

右腳落在左腳後，重心坐在右腿上；左前腳掌點地；同時，雙掌收在胸前，上下對齊，左掌在上、右掌在下，右掌

圖 38

圖 39

圖 40

高不過眼（圖 38）。

4. 右腿微屈，支撐身體重心；隨著左腿站直，提左腳向左側前方踢出，前踢腿微屈，腳面繃緊伸直，高不過膝（圖 39）。

圖 41

第六式　踢一腳

1. 重心坐在右腿上；隨著左腿回收，以右腳跟為軸，身體自左向後擰動約 180°，左腳前腳掌點地；同時，雙掌收在胸前，上下對齊，距胸前約 1 尺，左掌在上，右掌在下。左掌高不過眼（圖 40）。

2. 右腿微屈，支撐身體重心；隨著右腿站直，提起左腳向正前方踢出，前踢腿微屈，腳面繃緊伸直，高不過膝（圖 41）。

圖 42

圖 43

圖 44

第七式　轉身蹬一跟

圖 45

1. 上身不動；左腿自右後側回落，前腳掌點地；重心仍在右腿（圖42）。

2. 上身不動；左右腿變換重心，即重心由右腿過渡到左腿，右腿變為虛腿，前腳掌點地（圖 43）。

3. 重心坐在左腿上；隨著以左腳跟為軸，右腳前腳掌為輔，身體繼續自右向後擰動；身體轉動約完成360°，重心仍坐在左腿上；右腳前腳掌點地；同時，雙掌收在胸前，上下對齊，距胸前約 1 尺，左掌在上，右掌在下，左掌高不過眼（圖 44）。

4. 上身不動；左腿屈膝，支撐身體重心，右腿屈膝抬起，腳尖回勾（圖 45）。

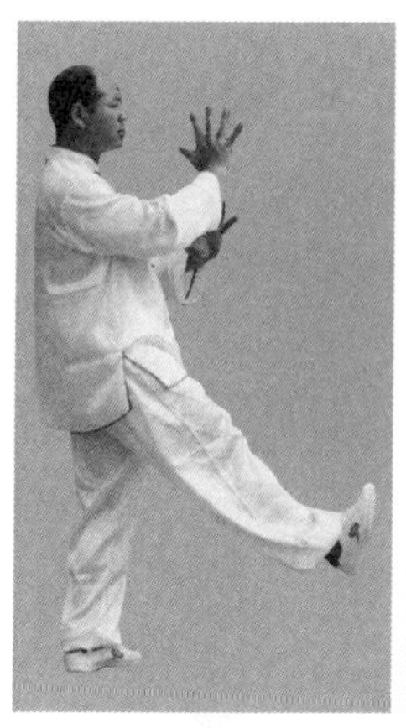

圖 46

圖 47

圖 48

5. 隨著支撐腿左腳站直，右腳跟向正前方蹬出，高不過膝，蹬出腿要伸直（圖 46）。

第八式　上步搬攔捶

1. 右腿前落，前腳掌外擺，重心坐在左腿上；同時，左掌按在胸前約 1 尺；右掌握拳，由左向右外旋收回腰間，拳心向上（圖 47）。

圖 49

2. 上身不變；隨著重心向右腿過渡；上左腿，左腿在向前過渡中（註：這是一個過渡動作）（圖 48）。

3. 其他不動；右腿支撐重心；左腿向前蹬鏟著地；同時，左掌微向下按（圖 49）。

4. 接著，右腿蹬、左腿弓，成左弓步；同時，出右拳，經左掌腕背部打出，拳面朝前（圖 50）。

圖 50

圖 51

圖 52

第九式　六封四閉

1. 跟右腿，前腳掌點地，重心坐在左腿上；同時，右拳變掌，雙掌同時分開，約與肩同寬。雙掌坐腕，中指朝斜上方（圖 51）。

2. 上身不動；退右腿，重心坐在右腿上；左腿隨著退在右腿前，前腳掌點地（圖 52）。

3. 上身不動；重心仍坐在右腿上；左腿向前蹬鏟著地（圖 53）。

圖 53

圖 54

4. 上身不動；右腿蹬、左腿弓，

圖 55

圖 56

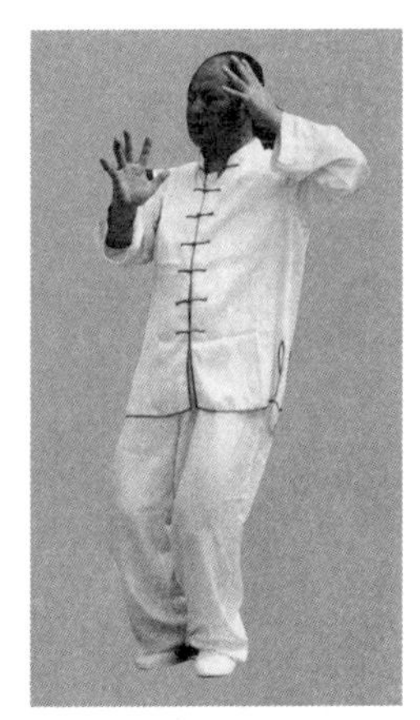
圖 57

成弓步；同時，雙掌掌根前坐，食指朝上（圖 54）。

5. 上身不動；跟右腿，重心坐在左腿上；右腳前腳掌點地（圖 55）。

圖 58

第十式　倒輦猴

1. 上身不動，重心仍坐在左腿上；右腳前腳掌點踏在左腳後外側（圖 56）。

2. 重心仍坐在左腿上；以左腳跟為軸，右腳前腳掌為輔，向右後擰動

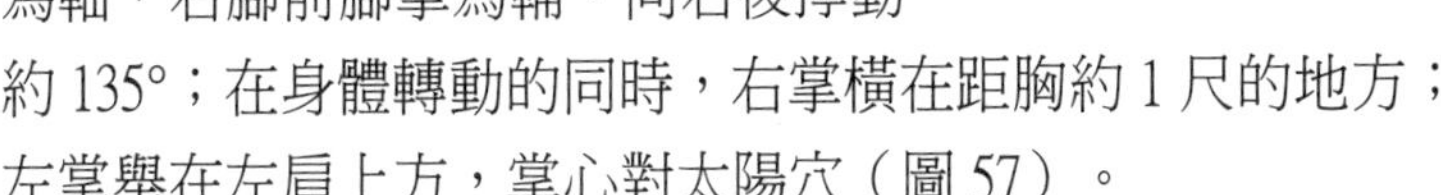

約 135°；在身體轉動的同時，右掌橫在距胸約 1 尺的地方；左掌舉在左肩上方，掌心對太陽穴（圖 57）。

3. 上身不動，重心仍坐在左腿上；出右腿，右腿向前蹬鏟著地，前腳掌翹起（圖 58）。

【注意】：右腿要伸直。

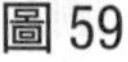
圖 59

圖 60

圖 61

4. 左腿蹬，右腿弓，成右弓步；右掌橫在距胸約 1 尺的地方不動；同時，左掌推向右掌上方（圖 59）。

5. 上身不動；跟左腿，重心坐在右腿上，左前腳掌點地（圖 60）。

6. 上身不動；重心仍坐在右腿上；左腳前腳掌踏在右腳後外側（圖 61）。

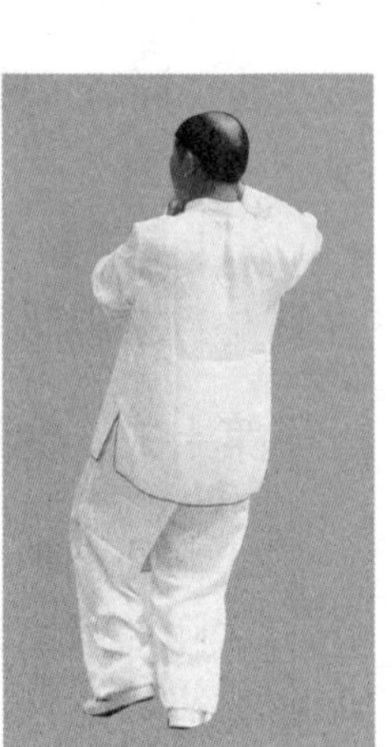
圖 62

7. 以右腳跟為軸，左腳前腳掌為輔，自左向後擰動約 270°；重心仍坐在右腿上；左前腳掌點地；在身體轉動的同時，左掌橫在距胸約 1 尺，右掌舉在右肩上方，掌心對著右太陽穴（圖 62）。

8. 上身不動，重心仍坐在右腿上；出左腿，左腿向前蹬鏟著地，前腳掌翹起（圖 63）。

【注意】：左腿要伸直。

圖 63

圖 64

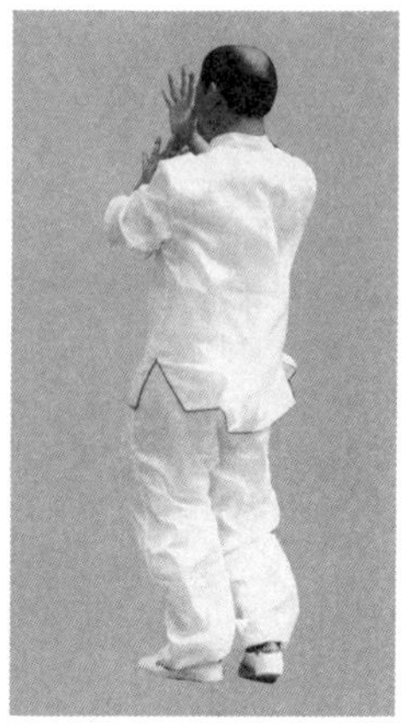

圖 65

9. 右腿蹬、左腿弓，成左弓步；同時，右掌推向左掌上方（圖 64）。

10. 上身不動；跟右腿，重心坐在左腿上，右前腳掌點地（圖 65）。

第十一式　摟膝拗步

1. 右摟膝拗步

重心仍坐在左腿上；以左腳跟為軸，右前腳掌為輔，向左微微擰動，做好出左腿的準備；同時，右掌橫在距胸約 1 尺，左掌舉在左肩上方，掌心對太陽穴（圖 66）。

圖 66

2. 其他不動；重心仍坐在左腿上；出右腿，右腳向前蹬鏟著地，前腳掌翹起。注意：右腿要伸直；同時，右掌斜切至右胯側（圖 67、圖 67 附圖）。

3. 右掌不動；蹬左腿，弓右腿，成右弓步；同時，推左

圖 67

圖 67 附圖

圖 68

圖 68 附圖

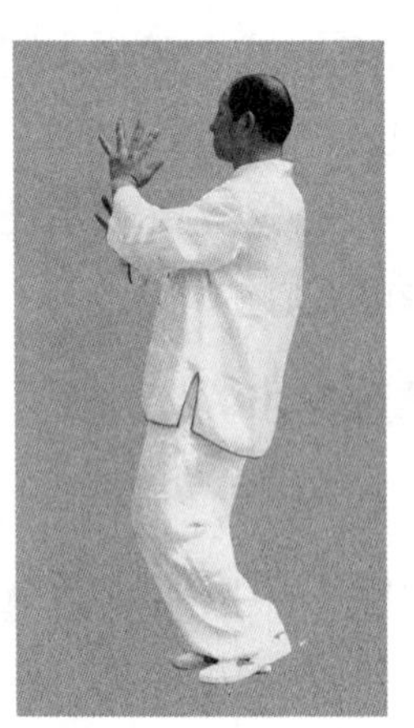
圖 69

圖 69 附圖

掌，高不過眼，遠不過前腳掌，坐腕，中指朝上；右掌由切掌變按掌，五指朝前（圖 68、圖 68 附圖）。

4. 跟左腿，重心坐在右腿上，左腳前腳掌點地；同時，右掌跟在左掌正下方（圖 69、圖 69 附圖）。

5. 左摟膝拗步

圖 70

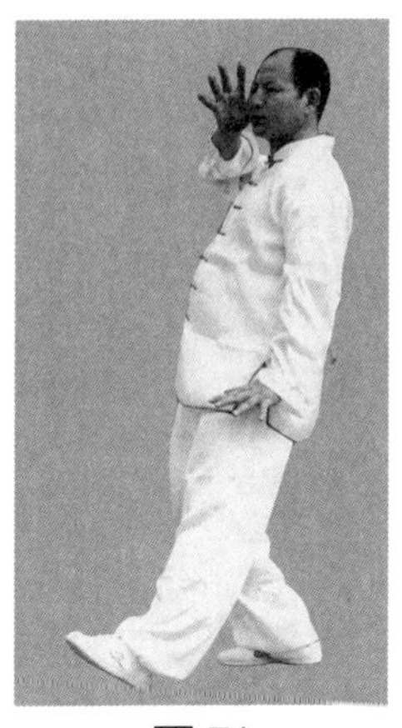
圖 71

圖 72

重心坐在右腿上；以右腳跟為軸，左腳前腳掌為輔，向左擰動約 90°；在身體轉動的同時，左掌橫在約胸前 1 尺，右掌上舉在右肩上方，掌心對太陽穴（圖 70）。

6. 重心坐在右腿上；右掌不動；出左腿，左腿向前蹬鏟著地，前腳掌翹起。注意：左腿要伸直；同時，左掌斜切至左胯側（圖 71）。

圖 73

7. 蹬右腿，弓左腿；左掌不動；同時，右掌推出，高不過眼，遠不過前腳掌，坐腕，中指朝上；左掌由切掌變按掌，五指朝前（圖 72）。

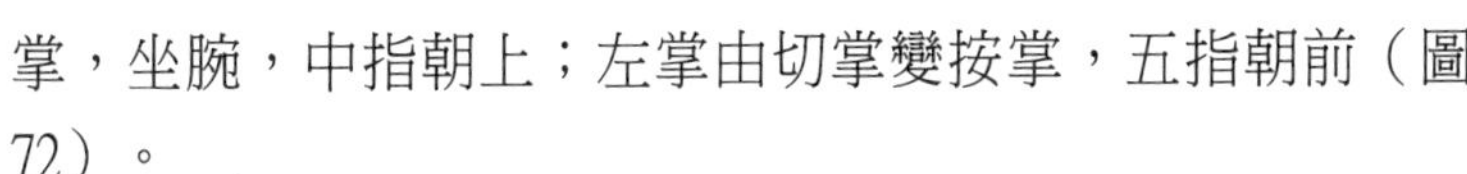

8. 跟右腿，重心坐在左腿上；右腳前腳掌點地；同時，左掌自左胯上舉在右掌正下方，左右掌上下對齊，置於約胸前 1 尺（圖 73）。

圖 74

圖 75

圖 76

第十二式　按　勢

1.退右腿；身體向右轉約 45°，重心坐在右腿上；左腳尖點地；同時，左右掌在胸前上下交換位置（圖 74）。

2. 其他不動；左掌自胸前向後撩至左臀部，掌心向上，五指張開，中指朝後，鈎腕約 90°（圖 75）。

3. 其他不動；右腿支撐重心，下蹲；右掌隨身體下按，距地面兩拳，中指與地面平行。眼看按掌前約半尺的地方（圖 76）。

第十三式　青龍出水

1. 起身，重心坐在右腿上；左腳前腳掌點地；同時，左掌自左上舉，在胸前約 2 尺，肘彎大於 90°，坐腕，中指朝上；右掌自胸前上舉，在顎頭前上方約兩拳距離（圖 77）。

2. 上身不動；重心坐在右腿上；出左腿，蹬鏟著地（圖

圖 77

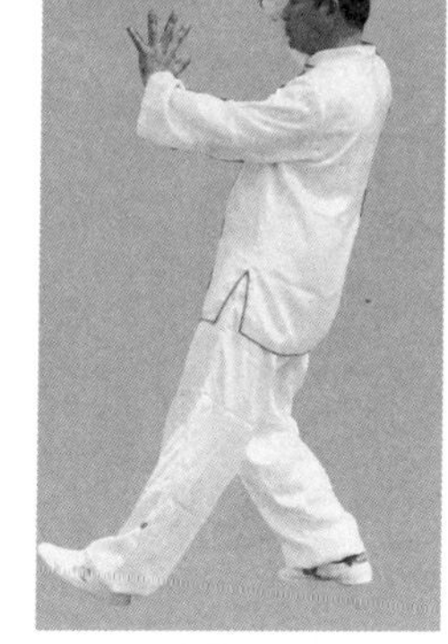
圖 78

圖 79

78）。

3. 上身不動；蹬右腿，左腿弓，成左弓步（圖 79）。

圖 80

圖 81

4. 重心坐在左腿上；左腿伸直，前腳掌翹起；兩腳跟自右向後擰轉約 180° 的同時，左右掌隨著身體由頭上方向右後方畫弧，右掌落於胸前約 2 尺的前方；左掌落於顎頭的前上方約兩拳（圖 80）。

5. 上身不動，蹬左腿，右腿弓，成右弓步（圖 81）。

圖 82

圖 82 附圖

圖 83

第十四式　伏虎勢

1. 雙腳不動，重心向左腿上坐；右腿伸直，左腿倒弓，成倒弓步；同時，雙掌收至小腹前約半尺（圖 82、圖 82 附圖）。

2. 隨著身體左轉，兩腳跟微向左擰，重心坐在左腿上；右腿伸直，左腿弓，成為左側弓步；同時，雙掌回收，當收至腹前時開始握拳，落於身體左側，兩拳拳心上下相對約一腳距離，距腹部約半尺；左拳在上，右拳在下。左臂高與肩平；上臂與肩背在一條線上，前臂屈回，拳在身體左側，拳心向下；右拳在身體左側，高與腰平，拳心向上，兩拳拳心上下相對。眼睛順右膀尖向右側前視（圖 83、圖 83 附圖）。

3. 其他不動；右腿回收，落在左腿右側，前腳掌點地，重心坐在左腿上（圖 84）。

4. 右腳踏實，重心坐在右腿上；左前腳掌點地，隨著身

圖 83 附圖

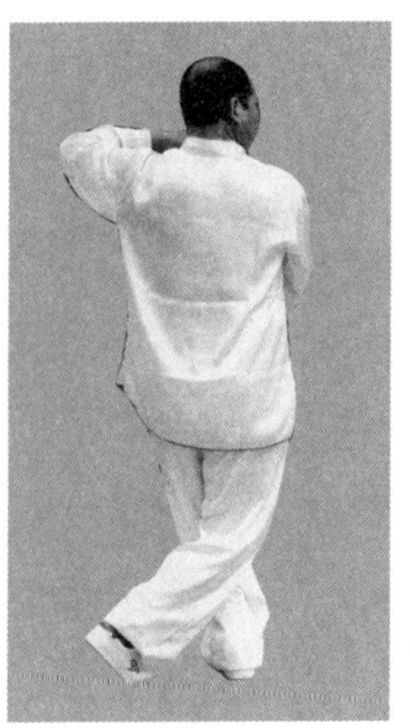

圖 84

圖 85

體向右轉 90°，左腳跟隨身體轉動擺順；兩拳在胸前位置互換，距胸前約半尺。右拳在上，左拳在下，兩拳心相對保持約一腳距離不變（圖 85）。

【注意】：兩拳在胸前位置互換過程中，保持約一腳距離不變。

第十五式　紜　手

圖 86

1. 左腳踏實，重心坐在左腿上；右腳前腳掌點地；雙拳變掌，右掌在上、左掌在下；右掌坐腕，中指朝上，掌心向左；左掌中指向右，掌心向上，在肚臍前一拳距離（圖 86）。

2. 上身不動，重心仍坐在左腿上；右腳前掌點地，以左腳跟為軸，右腳前腳掌為輔，向右擰動約 90°（圖 87）。

3. 左右腿重心交換；即右腿踏實，重心坐在右腿上，左

圖 87

圖 88

圖 89

腳前腳掌點地；同時，左右掌上下交換位置，換掌時左掌從右臂內穿掌（圖 88）。

4. 上身不動；右腳踏實，重心坐在右腿上；左腳向左蹬出，左腿伸直，腳跟蹬地，前腳掌略翹起、朝前，蹬出跨度與右腿下蹲的高度為基準（圖 89）。

5. 右腿向左蹬起；雙掌位置不變；身體隨左腳跟一起向左轉動，成左弓步，向左轉時右腳不動（圖 90）。

6. 其他不動；左右掌上下交換位置，右掌在上，左掌在下，換掌時右掌從左臂內穿掌（圖 91）。

7. 上身不動；以左腳跟為軸，右腳前掌為輔，向右後方擰動約 180°，重心坐在左腿上（圖 92）。

8. 重心坐在左腿上；左右掌上下交換位置。左掌在上，右掌在下，換掌時左掌從右臂內穿掌；同時，右腿收在左腳前，前腳掌點地（圖 93）。

9. 上身不動；左右腿重心交換，即右腳踏實，重心坐在右腿上，左腳前腳掌點地（圖 94）。

圖 90

圖 91

圖 92

圖 93

圖 94

圖 95

10. 上身不動，重心坐在右腿上；以右腳跟為軸，左腳腳尖為輔，向左擰動約 90°（圖 95）。

11. 上身不動，重心坐在右腿上；左腳向左蹬出，左腿伸直，腳跟蹬地，前腳掌略翹起、朝前，蹬出的跨度與右腿下蹲的高度為基準（圖 96）。

圖 96

圖 97

圖 98

12. 右腿向左蹬起，雙掌位置不變，隨身體與左腳跟一起向左轉動，成左弓步（圖 97）。

13. 其他不動；左右掌上下交換位置，右掌在上，左掌在下，換掌時右掌從左臂內穿掌（圖 98）。

14. 上身不動；以左腳跟為軸，右腳前腳掌為輔，向右後方擰動約 180°，重心坐在左腿上（圖 99）。

15. 上身不動；左右腿重心交換，即右腳踏實，重心坐在右腿上，成右弓步（圖 100）。

第十六式　下　勢

1. 其他不動；左掌在小腹前變掌心向下（圖 101）。

2. 以右腳跟為軸，重心坐在右腿上；擰動兩腳跟，身體向左後轉約 180°；左腿伸直，腳跟蹬地，前腳掌略翹起；同時，左掌放在左胯變按掌；右掌經右面頰向前推出，距胸約 2 尺，高不過眼，遠不過腳（圖 102）。

圖 99

圖 100

圖 101

圖 102

圖 103

第十七式　手揮琵琶

1. 蹬右腿、弓左腿，成左弓步；右掌不動；同時，舉起左掌在右掌下，左右掌上下對齊，成一條垂直線（圖 103）。

圖 104

圖 105

圖 106

2. 上身不動，重心坐在左腿上；跟右腿，右腳落左腳跟左後內側一拳距離（圖 104）。

3. 以左腳跟為軸，身體隨著右腿後撤，向右轉約 90°，左腿伸直，腳跟蹬地，前腳掌略翹起；重心坐在右腿上；同時，左右掌上下交換位置（圖 105）。

第十八式　收　勢

1. 上身不動，重心坐在右腿上；左腳收在右腳左側，約與肩寬（圖 106）。

2. 雙腿微屈，重心移在兩腿正中間；同時，雙掌下按，掌心向下，中指朝前，左掌放在左胯側，右掌放在右胯側（圖 107）。

3. 其他不動；雙掌合掌，五指併攏，指尖向下（圖 108）。

4. 上身不動，重心坐回右腿上；左腿伸直，腳跟蹬地，腳尖略翹起（圖 109）。

圖 107

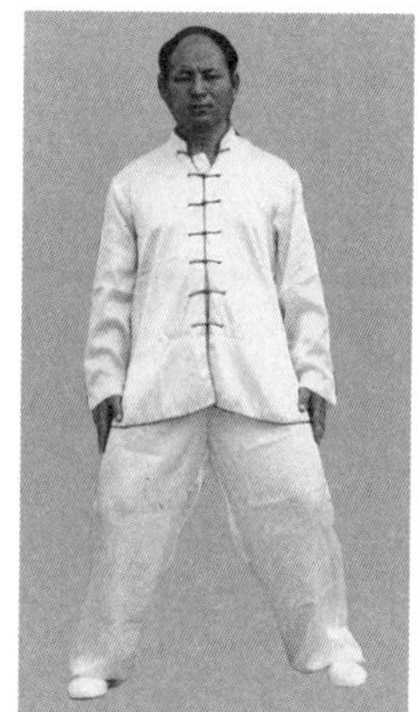

圖 108

圖 109

圖 110

圖 111

5. 左腿收回，與右腿併攏（圖 110）。

6. 身體自然站立。回到開始的位置（圖 111）。

第七章　武式太極拳十三式（簡化套路）動作圖解

第一節　武式太極拳十三式簡介

該簡化套路係根據現代社會人們的需求，把傳統的 85 式刪改為 13 式，集中了原傳統套路的主要結構，保留了它原有的樸實無華、乾枝老梅的獨特風格及全部傳統身法的習練方法和內容，既大大縮短了整個套路的習練時間，使學者便於記憶操練，又使年老體弱者力所能及。

這套簡化套路共 13 式，練習者可連貫演練，也可選擇單式進行練習。該套路獨特的身法訓練，對輔助治療糖尿病、高血壓、風濕病及由內分泌失調所引起的各種疾病、對緩解大腦疲勞都有著顯著的療效。

為了表述清楚，圖像和文字對動作做了分解說明，練拳時應力求連貫銜接。

在文字說明中，凡有「同時」兩字的，不論先寫或後寫身體的某一部分動作，都要求一齊運動，不要分先後去做，要手腳相隨，周身一家。

預備動作的要求同時也是對各式的要求。在每一動後，都要有一個短暫的停頓，然後再做下一動作。交換角度，重心都要坐在腳跟為軸的腿上。整個套路雙掌都要十指撐開坐腕。

動作的方向是以身體的前、後、左、右為依據，不論怎樣變化，總是以面對的方向為前，背對的方向為後，身體的左側為左，身體的右側為右。

第二節　武式太極拳十三式動作名稱

預備勢
第一式　攬扎衣
第二式　單鞭
第三式　紜手
第四式　白鵝亮翅
第五式　摟膝拗步
第六式　肘底捶
第七式　倒輦侯
第 八 式　下勢
第 九 式　更雞獨立
第 十 式　退步跨虎
第十一式　搬攔捶
第十二式　六封四閉
第十三式　手揮琵琶
收勢

第三節　武式太極拳十三式動作圖解

預備勢

圖 1

1. 兩腿自然站立，兩腳距離與肩同寬平行，腳尖向前，兩膝微屈；雙掌十指撐開上翹，坐腕，掌心朝下，置於左右胯旁。眼平視前方，頸項要自然順直，唇輕閉，齒輕合。脊背自然豎直，全身鬆沉，不可僵硬。腹部要充實，下盤要穩固，軀幹要鬆正，不可歪偏，呼吸自然（圖 1）。本套路各式身法要求

圖 2

圖 3

圖 4

同此。

第一式　攬扎衣

〔左式〕

1.重心移至右腿，右腳跟為軸，左腳掌為輔，全身向左擰轉 45°，左腳掌著地，右實左虛，身體重心坐於右腿；同時，兩掌舉於胸前，左掌在前、在上，豎於身體中線部分，高不過眼，左肘彎略大於 90°，掌指朝上，掌心朝右，坐腕；右掌在後、在下，置於右胸前，距右胸一拳左右，掌指斜向前上方，掌心於左肘內彎處相對（圖 2）。

2. 上身不變，右腿膝彎處角度不變，提左腿，向前蹬鏟出步，左膝伸直，腳跟蹬地，腳掌上翹；重心坐於右腿，右實左虛（圖 3）。

3. 上身不變，重心前移；左腳落平踏實，左腿的弓和右腿的撐要同時完成，成左弓步；同時，兩掌微微外旋，勞宮穴有外展之意。目視前方（圖 4）。

圖 5

圖 6

圖 7

4. 上身不變，重心移至前腿；前腿弓步的角度不變，右腳提起，跟至左腳跟右側偏後，腳前掌著地，左實右虛。目視前方（圖 5）。

〔右式〕

1. 左腳跟為軸，右腳掌為輔，重心在左腳跟，全身同時向右擰轉 90°；同時雙掌相挫，右掌在前、在上，豎於身體中線部分，高不過眼，右肘彎略大於 90°，掌指朝上，掌心朝左，坐腕；左掌在後、在下，距左胸一拳左右，掌指斜向前上方，掌心於右肘內彎處相對；重心在左腿（圖 6）。

2. 上身不變，左腿膝彎處角度不變，提右腿，向前蹬鏟出步，右膝伸直，腳跟蹬地，腳掌上翹；重心坐於左腿，左實右虛（圖 7）。

3. 重心前移，右腳落平踏實，成右弓步，右腿的弓和左腿的撐要同時完成；同時，兩掌微微外旋，勞宮穴有外展之意。目視前方（圖 8）。

4. 上身不變，重心移至前腿，前腿弓步的角度不變，左

圖 8

圖 9

圖 10

腳提起，跟至右腳跟左側偏後，腳前掌著地，右實左虛。目視前方（圖 9）。

圖 11

第二式　單　鞭

1. 右腳跟為軸，左腳掌為輔，全身同時向左擰轉 45°，右腳尖內扣；雙掌隨全身之轉動推至胸前，高與嘴平，兩肘內彎處要大於 90°，目視前方，重心在右腿（圖 10）。

2. 重心在右腿，上身不變，右膝內彎角度不變；提起左腳向左側蹬鏟出步，腳跟著地，腳掌上翹，膝蓋伸直，向正前方（圖 11）。

3. 右腿的撐和左腿的弓及上身同時向左轉 90°，成左弓步；同時，左掌隨腰轉豎於面前，肘彎內角略大於 90°，掌心向右，下和左弓步腿處在垂直，高不過眼；右掌不隨身轉

圖 12

圖 13

圖 14

而拉開，右肘不可太伸直，中指垂直向上，手和肩平。目視前方（圖 12）。

第三式　紜　手

1. 全身隨兩腳跟同時右轉 180°，成右弓步；左掌隨身向右轉的同時，由上向下畫弧，至肚臍前一拳左右，掌心向上；右掌豎於身前，高不過眼，遠不過腳，右掌在左掌的正上方（圖 13）。

圖 15

2. 身體方向不變，重心移至右腿；左腳隨即跟半步，落於右腳後方，腳掌點地；同時，左掌從右肘內彎處穿出，置於面前，成立掌，高不過眼，遠不過腳；右掌在左掌上穿的同時，落於肚臍前一拳左右，掌心向上，雙掌上下垂直（圖 14）。

3. 右腳跟為軸，左腳掌為輔；雙掌外形不變，隨身體向左擰轉 90°（圖 15）。

圖 16

圖 17

圖 18

4. 上身不變，右膝內彎角度不變，左腳向左側、向右腳的平行方向蹬鏟出步，膝蓋伸直，腳跟著地，腳掌上翹，左腳和身體處同一方向，重心在右腿（圖 16）。

圖 19

5. 右腿的撐和左腿的弓及上身同時向左擰轉 90°，成左弓步；雙掌隨上身同時轉，外形不變（圖 17）。

6. 下身不動；右掌從左肘內彎處上穿至面前，高不過眼，遠不過腳，成立掌；在右掌上穿的同時，左掌下落於肚臍前一拳左右，掌心向上（圖 18）。

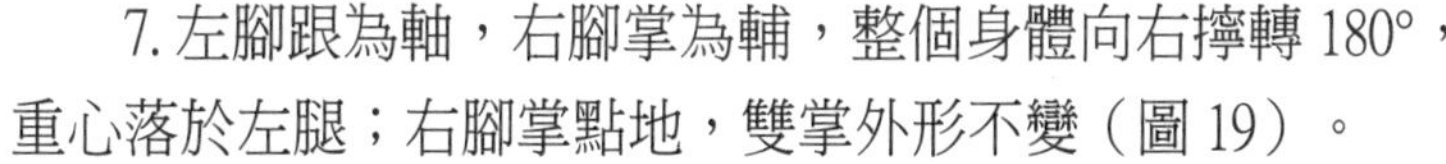

7. 左腳跟為軸，右腳掌為輔，整個身體向右擰轉 180°，重心落於左腿；右腳掌點地，雙掌外形不變（圖 19）。

圖 20

圖 21

圖 22

第四式　白鵝亮翅

1. 右腿微收，腳掌點地；右掌上舉於額頭上方約一拳左右，左掌舉於胸前，左肘內彎要大於 90°，高不過嘴。眼平視（圖 20）。

2. 上身不變，左膝內彎角度不變，重心坐在左腿；提右腿向前蹬鏟出步，腳掌翹起，膝蓋伸直（圖 21）。

3. 右腿弓，左腿撐，要同時完成，成右弓步；右掌有架撐之意，左掌有前推之意（圖 22）。

4. 上身不變，重心移至右腿；左腳隨即跟至右腳跟的左後方（圖 23）。

圖 23

第五式　摟膝拗步

1. 上身不變，提左腳插向右腳的右

圖 24

圖 25

圖 26

後方，腳掌點地，身體此時要中正，不偏不倚（圖 24）。

2. 右腳為軸，左腳掌為輔，重心在右腳跟，整個身體向左後方 180°擰轉，同時右掌落至右太陽穴一側，五指朝前，掌心向內斜下方；右掌落至胸前，成立掌，掌心向右，掌指朝上。眼平視（圖 25）。

3. 重心在右腿，右膝內彎角度不變；左腳蹬鏟出步，腳掌上翹，膝蓋伸直；同時，左掌由胸前由上而下，斜切至左大腿外側，掌心向下，五指朝前（圖 26）

4. 左腿弓，右腿撐，要同時完成，成左弓步；右掌由太陽穴處前推，遠不過腳，高不過肩，在右胸一側，此時右掌有前推之意，左掌有下按之意（圖 27）。

圖 27

5. 重心移至前腿，右腿隨即跟步至

圖 28

圖 29

圖 30

左腳跟的右後方，腳掌點地，重心在左腳；右掌由推掌變立掌，豎於胸前；左掌由下上舉至右掌的正下方（圖 28）。

6. 左腳跟為軸，右腳掌為輔，整個身體同時向右擰轉 90°；右掌橫於左胸前，右肘內彎角度要大於 90°，掌心向左；左掌上舉於左太陽穴一側，掌心向內，掌指朝斜上方（圖 29）。

7. 重心在左腿，左膝內彎角度不變；提右腿蹬鏟出步，腳掌上翹，膝蓋伸直；左掌位置不變；右掌從胸前由上而下斜切至右大腿外側，掌心下按，五指朝前（圖 30）。

8. 右腿弓，左腿撐，要同時完成，成右弓步；隨著弓步的形成，左掌也同步前推，高不過肩，遠不過腳，左掌要有前推之意，右掌要有下按之意（圖 31）。

第六式　肘底捶

右腳跟為軸，左腳掌為輔，整個身體向右後方擰轉 180°，重心在右腿，左腳掌點地；左掌隨身體轉動變立掌，

圖 32

圖 32 附圖

圖 33

豎於胸前正中，高不過眼，左肘內彎角度要大於 90°；右掌由掌變拳隨之轉，位於左掌的右斜下方，與左肘平行，拳面略斜指前方（圖 32、圖 32 附圖）。

第七式　倒輦侯

1. 右腳不動，左腳掌微收；右拳變掌，由下上舉至右太陽穴一側，掌心向內側斜下方向；左掌橫至右胸前，左肘彎大於 90°（圖 33）。

2. 上身不變，右腿膝內彎角度不變；提左腳向前蹬鏟出步，腳跟著地，腳掌翹起，膝蓋伸直（圖 34）。

3. 左腿的弓和右腿的撐要同步，成左弓步；左掌隨弓步的形成而掌心外吐；右掌同時向前方推至左掌中指上方（圖 35）。

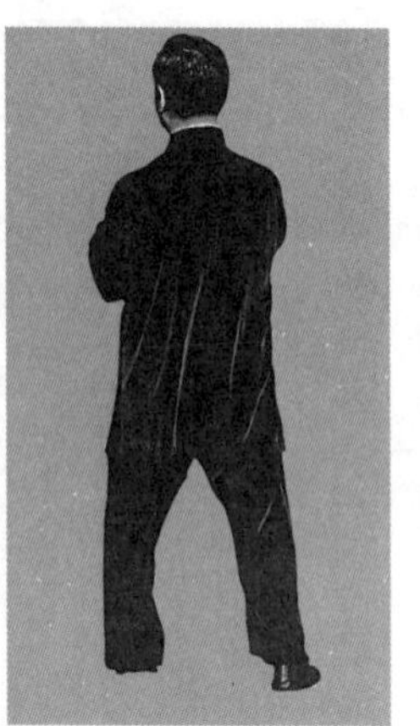

圖 35

圖 36

4. 上身不變，重心移到左腿；右腳隨即跟步至左腳右後方，腳掌著地（圖 36）。

5. 上身不變，提右腳向左腳的左後方插步（圖 37）。

圖 37

6. 左腳跟為軸，右腳掌為輔，重心落於左腿，向右後方擰轉 270°；右掌隨身體擰轉落至左胸前，右掌內彎大於 90°；左掌舉至左太陽穴一側（圖 38）。

7. 上身不變，左膝內彎角度不變；提右腳蹬鏟出步，腳跟著地，腳掌翹起，膝蓋伸直（圖 39）。

8. 右腿的弓和左腿的撐要同步，成右弓步；右掌隨弓步的形成而掌心外吐；左掌同時向前方推至右掌中指上方（圖 40）。

圖 38

圖 39

圖 40

第八式　下　勢

圖 41

重心坐在右腿，雙腳跟同時為軸，向左後方旋轉 180°，重心仍坐於右腿；左腳跟蹬鏟著地，腳掌上翹，膝蓋伸直；在翻轉的同時，左掌斜切落至左大腿外側，掌心向下，五指朝前；右掌同時推出，胳膊不可伸直，五指朝上，雙掌坐腕（圖 41）。

第九式　更雞獨立

1. 右腿站立但不可伸直；左腿隨之上抬，大腿成平面小腿垂直成 90°，左腳自然下垂，成右獨立步；同時，右掌按至右側大腿外側，掌心向下，五指朝前；左掌上托至嘴鼻之前，掌心向上，掌根與左腿膝蓋成垂直（圖 42）。

2. 左腳落至右腳左側；右腿隨即抬起，大腿平行，小腿

圖 42

圖 43

圖 44

和大腿成 90°，腳掌自然下垂，成左獨立步；在換步的同時，左掌落至左腿外側，掌心向下，五指朝前，坐腕；右掌上托至嘴鼻之前，掌心向上，掌根與上抬腿的膝蓋成垂直（圖 43）。

第十式　退步跨虎

1. 右腳落至左腳的右後方，雙膝微屈，重心落於右腳；左腳跟提起，腳掌點地；隨步法的變換，雙掌變拳，落於腹前，拳背朝上，左拳在左前，離腹約 8 寸；右拳在右後方，離腹約一拳，上身微向右轉（圖 44）。

2. 下身不動，上身向左轉正；同時，右拳隨身轉，由下方向上斜擊至眼平，右肘內彎要大於 90°，拳背朝上，右肘微微下垂；左拳隨之下按至肚臍前一拳左右（圖 45）。

第十一式　搬攔捶

1. 重心落於左腿，右腳上跨一步，重心轉至右腿；左腳

圖 45

圖 46

圖 47

隨即跟至右腳的左前方，腳跟提起，腳掌點地；同時，右拳落至腰的右側；左拳在上步的同時，變掌上舉至右胸前，成立掌，掌心向右，五指朝上，左肘內彎大於 90°（圖 46）。

2. 上身不變，右膝內彎角度不變；提左腳蹬鏟出步，膝蓋伸直，腳跟著地，腳掌上翹（圖 47）。

3. 左腿的弓和右腿的撐要同步，成左弓步；左掌微微下按；右拳由腰間向前從左腕部上方擊出（圖 48）。

圖 48

第十二式　六封四閉

1. 重心移至左腿，右腳隨即跟至左腳跟的右側，腳掌點地，兩膝微屈；同時，右拳變掌，和左掌向左右分開，兩掌與肩同高，掌心向斜下方，高不過肩，兩肘要微微下沉。目

圖 49

圖 50

圖 51

視前方（圖 49）。

2. 上身不變，右腿向後方退半步，重心隨即移至右腿；左腳隨右腳後退的同時，也向後撤半步，腳掌點地，兩腿微屈（圖 50）。

3. 上身不變，右膝內彎角度不變；提左腳蹬鏟出步，膝蓋伸直，腳跟著地，腳掌上翹（圖 51）。

4. 左腿的弓和右腿的撐要同步，成左弓步；兩掌要同時挫向前方，十指朝上，掌心向前，掌心有外凸之意，遠不過腳。目視前方（圖 52）。

第十三式　手揮琵琶

1. 重心移至左腿，右腳隨即跟在左腳跟的右後方，兩膝微屈；同時，右掌落於左掌下方，成立掌，掌心向左；左掌變立掌，豎於右掌的上方，掌心向右，雙肘微沉。目視前方（圖 53）。

2. 上身不變，重心在左腿；提右腳插向左腳右後方一

圖 52

圖 53

圖 54

步，右腳踏平落實；重心移至右腳掌；左腳跟隨身體向右擰轉 90°，腳蹬鏟著地，腳掌上翹，左膝蓋伸直，身體坐在右腿上。目視前方（圖 54）。

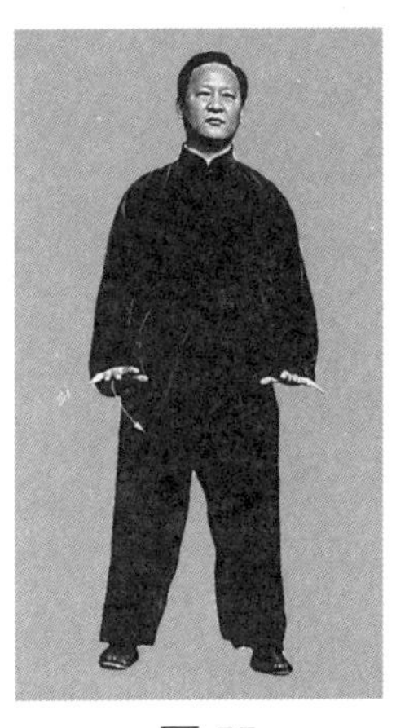

圖 55

圖 56

3. 收左腿與同右腿平行，與肩同寬，重心在兩腳之間，腳尖向前，兩膝微屈；同時，雙掌由上向下斜切，分落於身體的左右，雙掌坐腕，十指撐開（圖 55）。

4. 重心移至右腿，左腳收起與右腳一拳寬平行；雙掌自然下垂，十指朝下，自然站立。目視前立（圖 56）。

第八章　武術太極劍動作圖解

第一節　武式太極劍動作名稱

預備勢
第一式　登門拜友
第二式　撥雲摘星
第三式　打草驚蛇
第四式　指東擊西
第五式　隴西四勢
第六式　負荊請罪
第七式　倒輦侯
第八式　雄鷹捕兔
第九式　專諸刺撩
第十式　陳倉飛渡
第十一式　撩袍端帶
第十二式　懷中抱笏
第十三式　平旦鳴鐘
第十四式　野馬分鬃
第十五式　驚濤駭浪
第十六式　玉女穿梭
第十七式　落地錦
第十八式　青龍出水
第十九式　懶扎衣
第二十式　如封似閉
第二十一式　燕歸巢
第二十二式　雞鳴起舞
第二十三式　啟爐丹成
第二十四式　大道渾一
第二十五式　道心如盡
收勢

圖 1

圖 2

圖 3

第二節　武式太極拳劍動作圖解

預備勢

雙腿站立，兩腳間隔約與肩同寬；左手背劍於身左側。目視前方。其他身法均和拳架相同（圖 1）。

第一式　登門拜友

提右腿向右前方出步後，右腳跟為軸，左腳掌為輔，向左後方擰轉 135°，坐於右腿；左腳點地；同時，左手持劍，隨身轉同步，在胸前畫一弧，置於自己面前，劍尖朝下；右劍指上舉至左腕部。目視前方（圖 2、圖 3）。

第二式　撥雲摘星

1. 左腿微收；同時，右掌從左手背處接劍，並反撩，高

圖 4

圖 5

不過肩；左掌變劍指，處於右手腕背部（圖 4）。

2. 提起左腿，成右更雞獨立步；右手持劍，使劍尖由右到左畫一圓，與肩平；目視前方；左劍指處於右腕裡側（圖 5、圖 5 附圖）。

圖 5 附圖

第三式　打草驚蛇

左腿向前落下，隨即右腿上一步成弓步；同時，右手持劍從左側穿上，畫一圓後，劈點於正前斜下方。目視劍尖方向（圖 6、圖 6 附圖、圖 7、圖 8）。

圖 6

圖 6 附圖

圖 7

圖 8

第四式　指東擊西

坐於右腿；提左腿，插向右腿後右方；右手持劍前刺；左劍指指向身體左側斜上方（圖 9）。

圖 9

圖 10

圖 11

第五式　隴西四勢

1. 右手持劍，向左後翻轉 180°，劍由斜上方向下劈點；坐於左腿（圖 10、圖 11）。

2. 右弓左撐，成右弓步，右手持劍向前平刺；左劍指在右手之後（圖 12）。

圖 12

3. 左腿上一步，全身向右擰轉 90°，成馬步；同時，右手持劍，隨身轉由上往下置於面前，劍尖朝上；左劍指點住右腕部。目視前方（圖 13、圖 13 附圖）。

4. 全身向左轉 90°；提右腿，跟在左腳後方；同時，右手持劍隨身轉，從下往上，劍尖朝右，橫於面前，持劍的手在面前（圖 14）。

5. 左腳跟為軸，右腳掌為輔，向左後方擰轉 180°；右腿向前邁一步，隨即左腿繼續上步成左弓步；同時，右手持劍，隨身轉將完成之際，由上往下後方劈削，置於右腿上方；左劍指上橫舉於面前；頭擺向右後方（圖 15、圖

圖 13

圖 13 附圖

圖 14

圖 15

圖 16

圖 17

圖 18

16）。

6. 坐於左腿，全身向右後方翻轉 180°，右手持劍點，左劍指落於右手後方，目視前方（圖 17、圖 18）。

7. 右腿弓，左腿撐，成右弓步；同時，右手持劍向前刺出（圖 19）。

圖 19

圖 20

圖 20 附圖

圖 21

8. 右腿向後撤一大步，左腿微收；右手持劍，向斜前下方點去；左劍指置於右腋下方（圖 20、圖 20 附圖）。

9. 左腳踏實，右腳上一步；右手持劍點刺；右腿弓，左腿撐，成右弓步；同時，右手持劍向前平刺（圖 21、圖 22）。

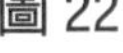
圖 22

圖 23

第六式　負荊請罪

圖 24

右腿微收；右手持劍微上舉；然後提右腿，從左腿前方向左後方插步；提左腿，上步於右腳的左方；隨即，全身向右後方轉 180°，下蹲在左腿上，右腳掌點地；同時，右手持劍，隨身轉由上往下畫一圓，豎於胸前，劍尖朝上；左劍指在右腕部。目視前方（圖 23、圖 24、圖 25、圖 26、圖 27）。

第七式　倒輦猴

1. 右腳落實，提左腿後撤一步；右手持劍，由上而下削至右腳前方（圖 28）。

圖 25

圖 26

圖 27

圖 28

2. 右腿後撤一步；右手持劍，由上往下削撥（圖 29、圖 29 附圖）。

3. 與本式 1 動相同（圖 30）。

4. 與本式 2 動相同（圖 31）。

圖 29

圖 29 附圖

圖 30

圖 31

第八式　雄鷹捕兔

提左腿，成右獨立步；右手持劍，上平舉高於頭，劍尖朝前；左劍指朝上，豎於面前。目視遠方（圖 32）。

圖 32

圖 33

第九式　專諸刺撩

1. 左腳落地，右腿上一步，左腿順勢提起，成右獨立步；同時，右手持劍落於胸前，然後刺出；左劍指護住額頭。目視前方（圖 33、圖 34）。

圖 34

2. 其他不變；右手持劍，劍尖上挑撩（圖 35）。

第十式　陳倉飛渡

左腿向身體後方落下，全身向左後方轉 180°；接著右腳震腳，成左弓步；同時，右手持劍隨身轉後，刺出；左劍指豎於胸前。目視前方（圖 36、圖 37、圖 38）。

圖 35

圖 36

圖 37

圖 38

第十一式　撩袍端帶

1. 右腿上一步成右弓步；右手持劍。由上向下穿至胸前，劍尖朝上（圖 39）。

2. 左腿上一步，成左弓步；同時，右手持劍由胸前向下

圖 39

圖 40

圖 41

劈削後，置於右腿一側；左劍指在右手持劍劈削時，由胸前推出（圖 40），

第十二式　懷中抱笏

坐於左腿；提右腿，順勢跟在左腳一側，下蹲；右手持劍，由下往上穿至胸前。目視前方（圖 41）。

第十三式　平旦鳴鐘

左腳為軸，右腳為輔，向左轉 45°；右腳上步成右弓步；同時，右手持劍，上架於額上方；左劍指在右手下方。目視前方（圖 42、圖 42 附圖）。

第十四式　野馬分鬃

1. 身體左轉 180°；右腿跟半步，在左腳的右方；同時，右手持劍下落腹部，劍尖朝前。

右腿上步出腳，成右弓步；右手持劍上撩，目視劍尖方

圖 42

圖 42 附圖

圖 43

圖 44

向。左劍指在右手腕下方（圖 43）。

2. 身體向右擰轉 45°，左腿上一步成左弓步；同時，右手持劍，隨身轉由下向上畫一弧，反撩於略高於眼的前方（圖 44、圖 44 附圖）。

3. 身體左轉 45°，其餘與本式 1 動相同（圖 45）。

圖 44 附圖

圖 45

圖 46

圖 47

4. 與本式中的第 2 動相同（圖 46）。

第十五式　驚濤駭浪

1. 左腿撤一大步，坐實在左腿上；右腿伸直，成仆步；右手持劍，隨身後坐而放於腹前，劍尖朝前（圖 47）。

圖 48

圖 49

2. 右腿站立，左腿抬起成右獨立步；右手持劍，朝右側刺出；左劍指在右腕後方。目視劍的方向（圖 48）。

圖 50

第十六式　玉女穿梭

1. 左腳落在右腳的後方；右腳為軸、左腳為輔，向左後方擰轉 180°，坐在左腿；右腿出步；右手持劍點擊前方（圖 49、圖 50、圖 51、圖 51 附圖）。

上身不變；成右弓步；右手持劍向前刺出；左劍指在右手後方。目視前方（圖 52、圖 52 附圖）。

2. 右腳跟為軸，左腳為輔，向左後方擰轉 180°，右腿實，左腿虛；同時，右手持劍，隨身平行運劍朝斜下方外剪

圖 51

圖 51 附圖

圖 52

圖 52 附圖

腕；左劍指在右腋下（圖 53）。

右腿邁出一步，坐於後腿；右手持劍對前方按點（圖 54、圖 55）。

右腿弓，左腿撐，成右弓步；劍隨步弓前刺。目視前方

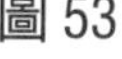

圖 53

圖 54

圖 55

圖 56

（圖 56）。

3. 兩腳跟為軸，向左轉 90°，下蹲成馬步；同時，右手持劍隨身轉，在身體中線部位挫腕；左劍指依然在右手上方。目視前方（圖 57）。

圖 57

圖 58

圖 59

4. 左腿插向右腳後方，全身向左後方擰轉 225°；抬起右腿，成左獨立步；右手持劍，隨身轉由下而上畫一弧橫置於面前，劍尖朝右，目視前方。左劍指在右手的左側（圖 58、圖 59）。

第十七式　落地錦

圖 60

1. 右腿向後落撤一步，成左弓步；右手持劍隨右腿後撤，由上往下削去，劍尖朝地；左劍指豎於面部（圖 60）。

2. 坐在左腿，劍身和右腿處在垂直線上；以左腳為軸，腰帶腿向右後方掃 360°（圖 61、圖 62）。

圖 61

圖 62

圖 63

圖 63 附圖

圖 64

第十八式　青龍出水

接上式。坐在右腿上，左腿上一步，成左弓步；同時，右手持劍，反手由右耳上方向前刺出；左劍指由胸前推出。目視前方（圖 63、圖 63 附圖、圖 64）。

圖 65

圖 66

第十九式　懶扎衣

兩腳跟為軸，向右後翻轉 180°；右手持劍，隨身下落於腰前，劍尖朝前；左劍指在右腕部的後上方（圖 65）。

成右弓步前刺（圖 66）。

第二十式　如封似閉

圖 67

1. 收右腿於左腳尖前方；同時，右手持劍，上翻於左耳的前側，劍尖朝前；左劍指在劍柄的後方（圖 67）。

右腿上步，成右弓步；右手持劍，隨弓步前刺。目視前方（圖 68、圖 68 附圖、圖 69）。

2. 左腿上一步，成左弓步；右手持劍，隨身換步，由下往上畫一弧後，反手置於右耳一側，刺向前方；劍指在右腕

圖 68

圖 68 附圖

圖 69

圖 70

下方（圖 70、圖 71、圖 72）。

第二十一式　燕歸巢

1. 提左腿，向後撤一大步，全身向左後方轉 180°；同時，右手持劍，和劍指隨著左腿的後撤，由上往下穿出，置

圖 71

圖 72

圖 73

圖 74

於腹前，劍尖朝前（圖 73）。

2. 左腿帶右腿空中跳起；左腳落地後，右腳前跨一步，成右弓步；同時，右手持劍，在空中把劍尖下壓上挑兩次，然後刺出（圖 74、圖 75、圖 76、圖 77）。

圖 75

圖 76

圖 77

圖 78

第二十二式　雞鳴起舞

1. 收右腿於左腳前方；右手持劍，由下向上畫一弧，置於左胸前方（圖 78）。

圖 79

圖 80

2. 右腿上一步，左腿順勢跟起，成右獨立步。右手持劍由左向右，由下朝上畫一弧後，橫架於額前方，劍尖朝左。左劍指在右腕下方（圖 79、圖 80、圖 81）。

圖 81

第二十三式　啓爐丹成

左腳落於右腳的正後方一步，上身向左轉 180°；右手持劍，由上向下刺劈左腿一側（圖 82）。

第二十四式　大道渾一

右腿往後微移半步，上身轉向右側；同時，右手持劍，由左抽劈於右腿外側（圖 83、圖 84）。

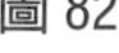

圖 82

圖 83

圖 84

圖 85

第二十五式　道心如晝

身體轉正，雙腿下蹲，成馬步；右手持劍於胸腹之間，劍尖朝上。目視前方（圖 85）。

圖 86

圖 87

圖 88

圖 89

收　勢

右手將劍柄交於左手，置於左側，右手按於身體右側；左腿收於右腿一拳距離。目視前方（圖 86、圖 87、圖 88、圖 89）。

第九章　武式太極十三杆動作圖解

第一節　武式太極十三杆簡介

武式太極十三杆共 13 式。它在走架子提高熟練的基礎上，運用掤、挑、合、按、刺、劈、挒、纏、絞、掃等杆法，用之來進一步習練身法的協調及拔周身一家之內勁的，同時，對精氣神，意目力，提高到一個更高層次的統一。

它重意和內勁，不重外形，更重要的是訓練要把由起於腳跟的內勁，運到大杆尖上，是人身體的延伸，使大杆成為人的身體一部分，武式太極大杆不是練招法，而是對身法內勁的進一步習練。功成後，另有武式太極奇槍為實用招法。

武式太極大杆身法同拳法相同，但在運杆時要緩順，沉穩、要有氣吞山河氣勢，不可有飄浮橫霸之氣。大杆套路動作的方向是以身體的前、後、左、右為依據的，不論怎麼變化，總是以面對的方向為前，背對的方向為後，身體的左側為左，身體的右側為右。

第二節　武式太極十三杆動作名稱

預備勢
第一式　一杆
第二式　青龍出水
第三式　童子拜觀音
第四式　餓虎撲食
第五式　攔路虎
第六式　拗　步
第七式　斜　劈
第 八 式　風掃梅
第 九 式　中軍出隊
第 十 式　宿鳥歸巢
第十一式　拖杆敗勢
第十二式　靈貓捕鼠
第十三式　手揮琵琶
收勢

第三節　武式太極十三杆動作圖解

預備勢

1. 開立步站立，與肩同寬；右手持杆尾端，置於自己肚臍前方一拳處，杆頭置於兩腳正前方；左手自然放在左腿的外側，五指朝下。目視正前方。

2. 隨著整體身子微下坐之意，左掌上翹，撐開，五指朝前，大杆套路都要力貫杆身、意達杆頭，其他不變（圖 1）。

第一式　一　杆

1. 左腳不動，提右腳向左腳正後方後跨一步，成右倒弓步；同時，右手拉杆尾端，高與右肩平；在右手拉杆時，左手同時持杆於左胯下方，杆頭離地約 1 尺，目視杆頭方向（圖 2）。

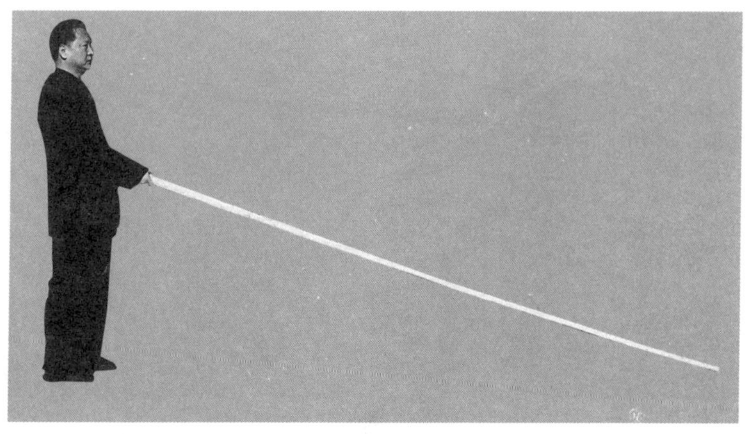
圖 1

圖 2

2. 重心在右腿，收左腳於右腳前方，左腳掌點地；同時左右手持杆，用周身合力向左外擰 30°，右推左拉，要杆隨身轉，力達杆尖，向左外側掤杆；擰轉掤杆時要右腿坐實，要外示安逸，內固精神。目視杆頭略上方處（圖 3）。

圖 3

圖 4

第二式　青龍出水

1. 左腳向前半步，成馬步，雙手持杆將杆頭上挑平行於腰間，右手在右腰一側，左手持杆在左腳的上方（圖 4）。

2. 雙手持杆，由身帶動，用周身之力，將杆頭由左向右

圖 5

圖 6

畫一直徑為 1 尺的圈後，合力下按（圖 5）。

3. 右蹬左弓成左弓步的同時，左手抬起，成支撐點；右手持杆用周身之勁向前緩緩捅出，雙肩鬆沉，意達杆頭，杆與肩平。目視前方（圖 6）。

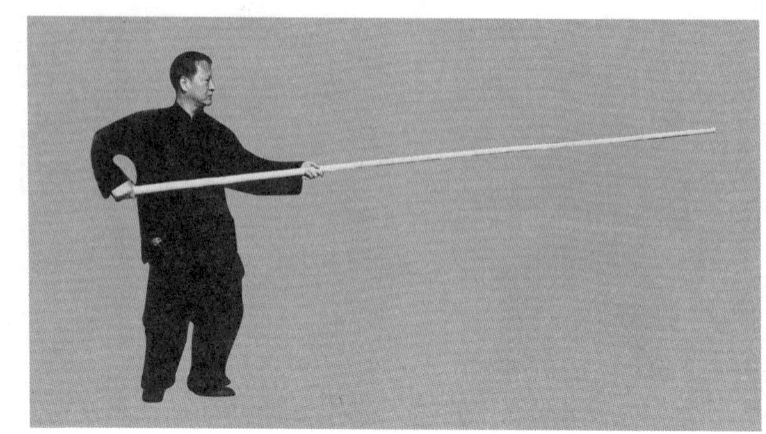
圖 7

圖 8

第三式　童子拜觀音

1. 重心在左腿，提右腳跟至左腳跟右後方；同時右手持杆回抽於右腰一側，左手不變。目視前方（圖 7）。

2. 左腳跟為軸，右腳掌為輔，向右擰轉 90°；同時右手

圖 9

圖 10

持杆，翻腕上舉於胸前；左手隨身轉不變。目視前方（圖 8）。

3. 重心坐於左腿，提右腳蹬鏟出步，然後成右弓步；同時，雙手持杆，平行向前緩緩推出，要力貫杆身，意達杆頭，頭向左擺。目視杆頭方向（圖 9、圖 10）。

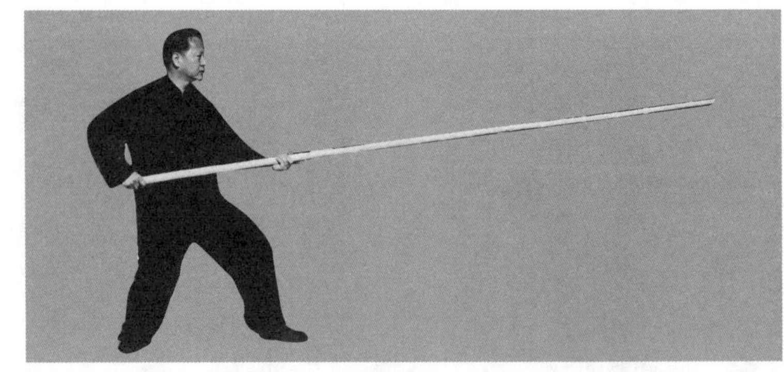

圖 11

圖 12

第四式　餓虎撲食

1. 重心移在左腿，提右腿順勢收至左腳右後方踏實，左虛右實（圖 11）。

2. 坐於右腿，左腳前跨半步成馬步；同時，右手持杆，下擰落貼於右腰一側，左手持杆，隨身轉而不變。上舉左腳上方（圖 12）。

3. 同第二式青龍出水第 2 動作相同。

4. 同第二式青龍出水第 3 動作相同（圖 13）。

圖 13

圖 14

第五式　攔路虎

1. 兩腳不動，成右弓步；上身向右擰轉 90°；同時右手持杆，上舉於右肩同高；左手持杆，下落於左胯下方，杆頭由上向下右方畫一弧。整個動作要一氣呵成，要周身一家。目視杆頭方向（圖 14）。

2. 上身隨雙手持杆，合力運周身之勁向左外捌擰約 90°，杆頭要平行移動，坐於後腿。目視杆頭方向（圖 15）。

圖 15

圖 16

第六式　拗　步

1. 坐於後腿；杆子在上身的帶動下，由左向上、向右下方擰轉一圈後，合力下按，杆頭置於左腳正前方。

2. 重心坐於左腿；提右腳上步，落於左腳尖的前方；同時，雙手持杆，合力向斜下方捅出。目視杆頭方向（圖16）。

圖 17

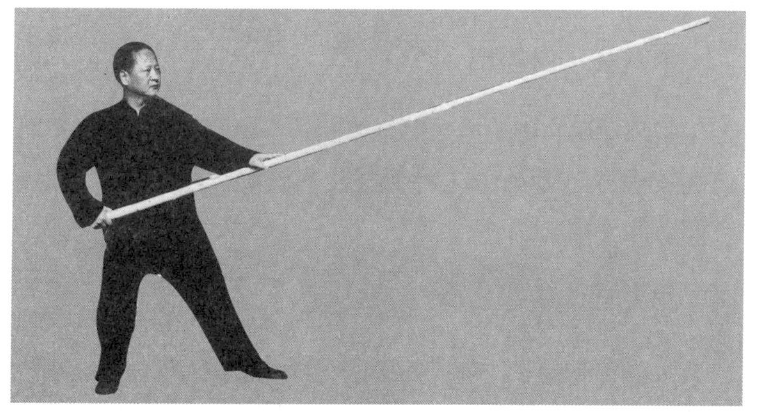

圖 18

第七式　斜　劈

坐於右腿，左腿上一步，成馬步；上身微向右轉 30°；左手持杆上舉至胸前，右手持杆在腰間不變，隨上身右轉的同時，由左上向右畫一弧，雙手持杆合力將杆下劈，高與眼平。目視杆頭方向（圖 17、圖 18）。

圖 19

第八式　風掃梅

兩腿左弓右撐，成左弓步；同時上身隨雙手持杆向左上方高於額方向擺 45°；右手壓按於右腰間，左手掃挒。目視杆頭方向（圖 19）。

第九式　中軍出隊

上身帶動雙手持杆，由右向左畫一圈絞杆後，重心移至左腿，右腿順勢跟步在左腳的右方；雙手合周身之內力將杆向前平捅出，目視前方（圖 20）。

第十式　宿鳥歸巢

左腿不動，右腿向後撤一大步，坐實於右腿；同時，左手持杆為支撐點不變，右手持杆拉至右腰間。目視前方（圖 21）。

圖 20

圖 21

第十一式　拖杆敗勢

1. 上身隨兩腳跟向右後方擰轉 180°，成右弓步；同時，右手持杆上舉至肩高處，左手持杆翻落於左胯的後方。目視前方（圖 22）。

圖 22

圖 23

2. 坐於右腿，提左腿順勢上一步，落於右腳的前方，其他不變（圖 23）。

3. 重心移至左腿；右腳震腳踐步後，隨即右腿上一步成右弓步；上身方向及雙手持杆不變（圖 24）。

圖 24

圖 25

第十二式　靈貓捕鼠

1. 兩腳跟為軸，帶動上身向左後方擰轉 180°，成馬步，略坐於右腿；同時，右手持杆，下落貼於右腰間，左手持杆，上挑於胸前。目視前方（圖 25）。

圖 26

圖 27

2. 同第二式「青龍出水」第 2 動作相同（圖 26）。

3. 同第二式「青龍出水」第 3 動作相同（圖 27）。

圖 28

第十三式　手揮琵琶

變弓步為馬步，略坐於後腿；同時，右手持杆，回抽按於右腰一側，左手持杆為支撐點不變。目視杆頭方向（圖28）。

收　勢

坐於右腿，收左腳落於右腿平行，兩腳距一拳的地方；右手變持杆於左手上方，置於身體右側，杆尾端著地；左手回落至左胯下方一側，五指朝下，目視前方（圖 29、圖30）。

圖 29

圖 30

第十章　武式太極打手、劍、大杆的應用

第一節　打手

武式太極打手是檢驗拳架身法的，同時也是知人功夫的一條必經之路。打手是在拳架走得較為熟練後方可學習的。透過打手來檢驗架子的正確與否，也是使學者明白知己功夫———走架子的重要性、打手和走拳架是相輔相成的，偏廢任何一方都是錯誤的，即打手即是走架，走架即是打手。

在武式太極打手裡、掤、捋、擠、按、採、挒、肘、靠貫穿於一搭手之中，機宜盡蘊於內，進退顧盼定隨勢而生。

所以，在練好走架時，必須重視打手的研習，只有做到身知了，才能達到「捨己從人」「引進落空」「漸至物來順應」。

武式太極打手為二步半活步，為什麼要採取活步，是怕學者產生僵硬之病、故刪繁就簡。武秋瀛先生在其拳論中說：「初學打手，先學摟、按、肘；此用摟，彼用肘；此用按，彼用摟；此用肘，彼用按。」這裡所說的老三著，是擔心初學者流於外形，而讓其意在摟、按、肘，透由長時期的默識揣摩，逐步達到接定彼勁，彼自跌出和應敵變化示神奇的境界。打手的身法和拳架要求相同。打勁訓練共分為六部分：①接彼皮肉之形②接彼骨之勁③隨人而動之靈④拿彼之

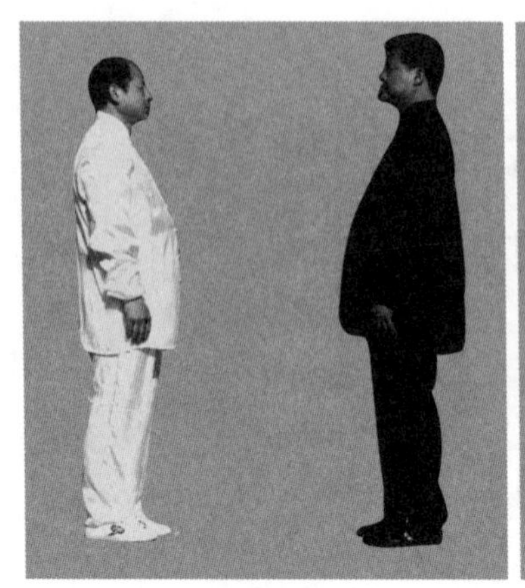

圖 1

圖 2

勁⑤擁彼之勁⑥周身一家之勁還彼之勁。

一、基本步法、手法

1. 二人對面而立，相距約一步。目平視對方（圖 1）。

2. 甲方左腿插向退的一方的右腳的左後方，成左弓步，左掌豎於面前，腕部與對方的左掌腕部相交搭手。如懶扎衣狀，右掌扶住對方的肘，五指朝斜上方；同時乙方提左腿向後方退一步，成右弓步，左腕部上舉於面前，和對方左掌腕部相交搭手，右掌扶住對方的肘部，五指朝斜上方。二人左肘內彎處要略大於 90°。下面各勢中腕部搭手的肘，同上。目視對方（圖 2）。

3. 甲方右掌由自己左肘內彎處上穿，接住乙方的右掌，甲、乙雙方右腕部相交搭手，左掌同時接住對方的肘部，五指朝前。目視對方（圖 3、圖 4）。

4. 雙方的掌不變。乙方左腳上一步，落於甲方的右腳外側；甲方在乙方進步的同時，提左腳向左後方撤一步（圖

圖 3

圖 4

圖 5

圖 6

5）。

5. 上身不變，乙方繼續提右腳向前一步，插於甲方左腳內後側；甲方在乙方進步的同時，提右腳向右後方撤步（圖6）。

6. 上身不變。乙方重心落於右腿，提左腳順勢跟至自己右腳左後斜側，左腳掌點地；甲方在乙方跟步的同時，重心坐於右腿，左腿順勢收回半步於右腳的左前方，左腳掌點地（圖7）。

圖7

二、磨勁法

1. 甲、乙雙方面對而立，相距約兩步。目視對方。

2. 甲、乙雙方同時出右（或左）腿向前一步，成右弓步（或左弓步）。同時右手（或左手）上舉至面前，雙方腕部相交。左手（或右手）扶按對方左（或右）肘部，目視對方。

3. 上身不變，甲後坐，乙弓。

4. 上身不變，甲弓、乙後坐。

磨勁，顧名思義，就是在訓練中，練習隨、接對方的勁，所以要慢。同時也是體會對方來勁或回勁的感受，檢查和完善自己的不足。

在磨勁練習中，進的一方要主動一些，退的一方要被動一些。相交之勁不可忽大忽小，搭手時雙方用的勁要適當，不可過大，但要接住勁。

三、打手示範（圖8～圖24）

圖 8

圖 9

圖 10

圖 11

圖 12

圖 13

圖 14

圖 15

圖 16

圖 17

圖 18

圖 19

圖 20

圖 21

圖 22

圖 23

圖 24

第二節　四刀法、反四刀法

1. 四刀法：

裡剪腕、外剪腕、挫腕、撩腕。

2. 反四刀法：

（1）右上壓、左下撩反裡剪腕。
（2）右下撩、右外撥反外剪腕。
（3）右撥壓反挫腕。
（4）左撩攬，右撩攬反撩腕。

第三節　大　杆

一、搠挑合按通杆（杆長約丈三）

兩手將杆端平，兩足前後站定，腿微屈，上體下蹲，尾

圖 25

圖 26

閭中正，兩手緊握杆後部。運周身之力將杆前端攪一圓圈，後腿蹬直成弓步，將杆往前平捅。將杆抽回，身臂腿均復原狀。反覆如前，左右手各百餘次。左手捅則右腳在前，右手捅則左腳在前。每日捅杆 200 次（圖 25～圖 30）。

圖 27

圖 28

圖 29

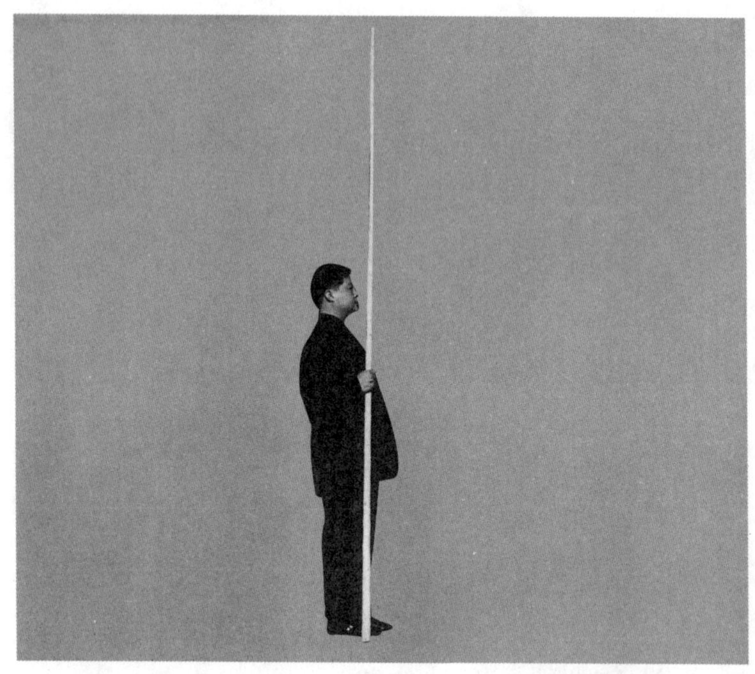

圖 30

二、開合九刷濱杆（杆長約 7 尺）

如捅杆狀站於離樹約 5 尺處，對樹將杆端起濱於樹側，勿須用力。將杆來抽搠，抽時兩手要向上擰捲為陽手，搠時要向下擰捲為陰手。並上下九刷，如此每日抽搠 200 次（圖 31～圖 33）。

圖 31

圖 32

圖 33

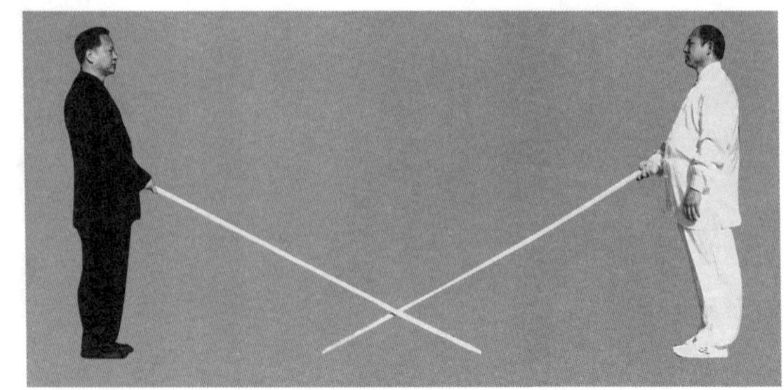
圖 34

三、對杆圖解

第一式　平刺心窩

甲乙雙方開立步站如肩寬，相對站立。各右手持杆尾端，置於各自肚臍前方約一拳處，杆頭於兩人中間距離交叉，各方左手自然放在各自左腿的外側，五指朝下，目視前方（圖 34）。

1. 雙方左腿不動，各自提右腿向左腳的左方後退一步，微坐在後腿，左腿微收點地，同時右手持杆尾端拉貼至右腰間，右手持杆上挑，雙方杆頭高不過胸，於雙方中間距離兩杆相交（圖 35）。

2. 甲方左腿前邁一步，已杆貼住彼杆刺向乙的胸部中心；乙方右腿後退半步，已杆貼住接定彼杆向右帶（圖 36）。

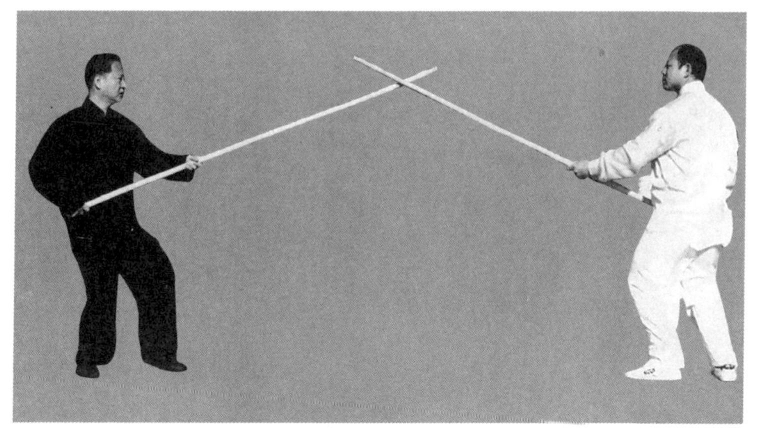

圖 35

圖 36

第二式　下刺腳面

甲方持杆順勢下落刺乙方腳面，同時右腿向前邁進一步；乙方左腿後退一步，同時，貼接甲杆向左把甲杆撥開（圖 37）。

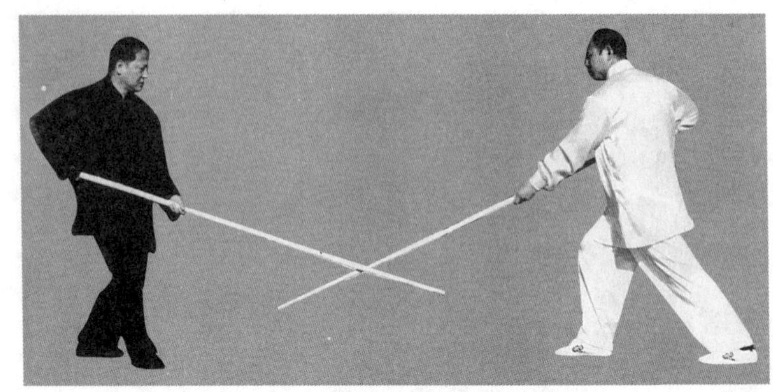

圖 37

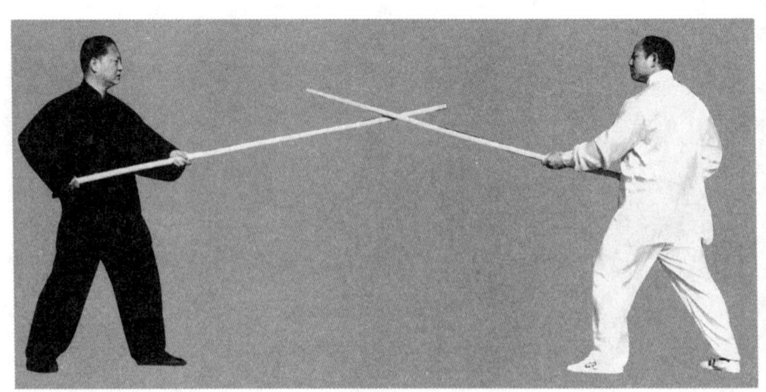

圖 38

第三式　斜刺膀尖

甲方繼續上左步，同時雙手持杆由下向左上畫弧，刺向乙方肩膀；乙方持杆順勢隨甲杆畫弧，把甲杆向己右後撥，同時右腿後撤一步（圖 38）。

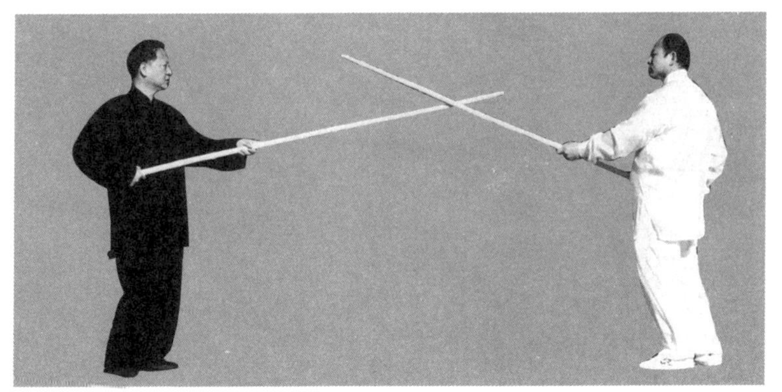
圖 39

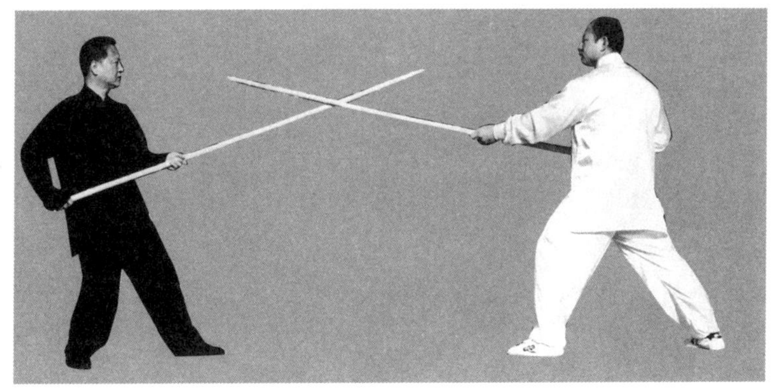
圖 40

第四式　上刺鎖項

甲方右腿跟半步，同時持杆刺向乙方的咽喉；乙方左腿收回半步點地，坐於右腿，持杆順勢貼住甲杆向右按壓（圖39）。

甲進乙退三步半後，改為乙進甲退，同樣為三步半，攻防同上，如此循環（圖 40～圖 44）。

圖 41

圖 42

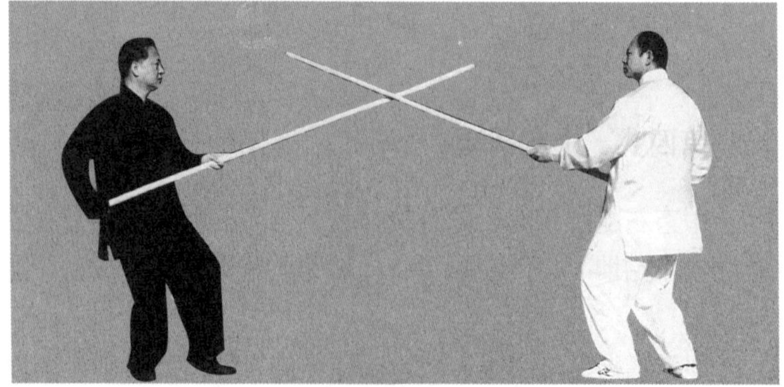

圖 43

圖 44

雙方對杆時，兩杆相交時只可聽到刷刷之聲，不可有兩杆相碰撞之聲。兩杆相交對杆時，要緊緊貼黏住，相交接勁要適當，不宜力過大，但也不要離丟。對杆時，要力貫杆身，意達杆尖，要以身運杆，杆不可和身脫節。

第十一章 武式太極拳秘譜

彈弓譜

跋

此譜余曾祖亦齋公得之於江湖避難者

永年县古城西关有一趣伏店。店主人孔某嗜武術。余曾祖常过往焉。店内一牖風箱者。為一異鄉

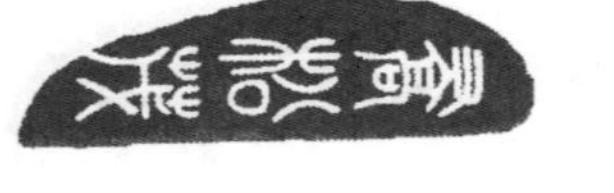

人。久。予曾祖有所識。一日語余

曾祖曰。吾無家業。孑然一身。半生

潦倒。浪跡四海。嘗于途中拾得一

物。吾雖不學。然粗識文字。知為

譜云譜。亦一難得之物。吾聞物

尋善主而居。今以贈君。幸善

之。余曾祖依譜習練。無不驗。

觀其行止。思其言談。微覺其非

等閑。乃與彼談武術及江湖

聞。唯唯唯諾諾笑而無他言。

何。清兵忽圍西關。此人即于

後門入蘆葦叢中。至日午猶

蒐查不已。圍而不懈。适邑人某从洛关追賊。知情後乃曰。吾于洛关曾見此人。不知其往矣。清（岳）乃解圍去。後聞此人乃一巨盜。曾杞清皇宮。别無他聞。終不知（其）誰何也。

彈弓譜

入门歌

搭彈捏寫莫提弦。前拳斜拿
扭張圓。凑手齊開前拳展。
後手提至耳前邊。左眼少合
右眼觀。觀見前拳為身边。

恐怕前拳把來轉。定要加力緊擗拳。後手一撇鳥落下。傍人診疑自心寬。不論遠近要拉滿。不滿不準為繃弦。彈子只要式樣大。若是小了準尖難。要知彈子長多少，拉到耳邊去要圓。得心實有真妙訣。百發百中非偶然。安分守己可相贈。不遇其人莫輕傳。

十二位部分圖
線前手大指尖中
欠肘窩
主膀尖
平後肘
停右手大二指
五字未八圖

本　弦　背　精　準　攻　尖

左手

喬松茂

十二部位分配

使攻又配線掌推ㄋ一半。使準又配墨还用線指推。使綜又配背非精不能对。使欠又配綜中用準字連。使卸又配主只用準字努。使停又配平左右墨字操。

身法

凡打弹ㄋ者先打身法。脚步隨定後用線攻主本停準墨精平欠背綜

腰身前探　前足对把　後手对耳

前手对眼　肘字要落　停字要停

後肘要平

十二位訣

線。何為線。左前手大指紋中。有背尖是也。將弓開圓，骨尖疼痛此處是也。痛處謂之準一非

必準也。如不準加三分準字必準準也。前有兩步準尖。遠者不準。此處是也。

墨。何為墨。左前手二指二節是也。未開弓將二指直處以他為墨。將弓拉圓。卻將墨指勾下指甲。

到弓背中二節直壓指住準
头以他为墨，準字擁住墨字望
前一送必準也。此为是也。
精。何为精。左中指根上是也。將
弓开圓。臨撇絃之时將中指根緊，
为精字。能打精神敗好妙。不大
胆精字不能立功。此为是也。
背。何为背。左四拇指肚是也。如
硬弓不能出子。臨撇手之时，將指
肚一緊，出子必利。此必是也。
絃。何为絃。左小指上是也。打高
低用打高车準头。用打法故事

用凡取精神巧妙。皆以絃字
为先。打左右不用此必是也。
攻。何为攻窄。左大指以下手掌
中間是也，將手开圓。內含半個
为裡半個。虎口为界。外为外半個
用力往前一登。其力必過精
閉住必然準也。如不準加上墨字一
送必準也。此必是也。
準。何为準。左前手虎口中間是
未开手虎口捏準头。虎口对把。外三裡
也。大指为外。二指为裡。如正捏
打手背。又曰將手拿住。徐徐开

圓。用準字須墨字。須知準也。
又曰準有三樣，有高準低準
平準。不得一樣。又有用法。此必
是也。
欠。何為欠。在脫（肘）窩是也。用時
將肘窩一聳為欠。與弦字同。此必
是也。
主。何為主。在前膀尖上是也。用
時將膀尖往前用力為主字。與
準字欠字墨字相同。為中力
遠近準頭。俱用。此必是也。
本。何為本。在胸脯乳上是

也。用時將亂往前一抗為本
字。如使本字、前拳莫動
動者不准此必是也。
停，何為停。左右手撐窩大指
二指上是也。將弓开圓停字用力，
大指重偏裡，二指在偏外。要
停停用力也。此必是也。
平。何為平。左後肘上是也。用時
將後肘往後用力為平字。要
平平運運。運不平者必有
高低也。此必是也。
雖分十二位，不過大概言

要得一二位明白運弓法
練弓法可不講。

十二運弓法

線線串　攻擹騰
準宜緊　主亂努
欠壓欠　停平擰
精緊鼎　絃壓絃
背壓背　平壓平

練弓法

綿練串赶看攤攻擹騰再
加精墨煨推穩緊墨字引
精緊鼎攻字擹欠壓欠閑

要得一二佳明白運弓法

練弓法可不講。

十二運弓法

線線串　攻擁騰

準宜緊　主亂努

欠壓欠　停平撐

精緊鼎　絃壓絃

背壓背　平壓平

練弓法

線練串訐看攤攻擁騰

加精墨㟴推穩緊墨宕

精緊鼎攻字護攤欠遞欣閒

住戰主字男精字擲主壓主
往鬪前努力加上本字擁住停
遲成往裡拧如若遠打再加
平此必是也，

十二練功法

停練、線墨字攤停練攻精
字鼎停練墨準字推停練
準墨字引停練主攻字亂。

又曰

八法九勢十二位內得一巧取精
微熟能生妙古來有規矩
裡逕必生禪九勢用時將隨

身使以法只用前手推十二
位在人心取運而不过一氣吹
其把五力用外二手进只用準
字推十二字力巧难得練弓
难得火候隨点指定位取巧
妙配合定位半边推
墨平練得好打必巧線練墨準
字推線練精而字攤線練背絲
字对練線練絲欠字連線練
準墨字引線練而精字頂線
練主順身亂線練順墨字摸
線平前後行線練本主字引

綫練欠絃一半
準練墨順指推準練精墨字
桩準練背下攻对準練絃精
字連攻精緊字項準練欠絃
一半準練主往前努準練本
墨字引準練綫墨字推準練
停後手換準練平主本停

彈手八法訣

未提手先看拿手
未搭手先看彀手
未定勢先看腳手
未開手先看拉手

未対把先看頂手
閘动方先看扣手
閘圓方先看後手
打畢先看其落手

又曰

未拿方先看方背彈出何
处將手離下一指搦住拿有錢
樣拿法戓背進戓欠進戓葉
裡偷挑背進不倆裡欠進取
巧妙偷機四步打鳥落
凡擒彈者先看窩四边淂宋（向木）如
如彈大者攻字往上推小者墨

字撑下此必準也

凡定勢先將前腳小拇指照弓箭步对住踵定九勢隨身便如不順勢必有差也。

何为攻前大指以下掌中間是也將前掌往前一登为攻字可準四步

何为墨前手二指二節用時將人往前一送为墨字其力与準字相同

何为準前手虎口用时緊搦一頂为準字其力与墨字相同遠近十二字俱用準。

何为绾前手小指中指是也用

时往外一撇为絃字打马打走
用之
何为背前手四指肚是也扣弓
往外一抗为背字与絃字相同
何为精前手中指根是也用时
将中指一紧为精字撇絃之时
将中指一紧撇手而打精神巧妙
飞鸟活物用时用早用晚皆不
准要的
何为主左膀是也用时将膀
其往前使力为主字与叉字相同
何为本胸膊前乱是也用时

將前乳往前一抗為本字前手莫要頂不推不準何為停後手大指二節是也撒絲之時要勻不勻必偏左右

破綻高低引

不論遠近只管去恐怕彈手有高低未開弓者後手大指二指決在眼後耳前莫可動前拳或高或低或左右俱用墨字為下一分為照又要腰身活變腿隨身到後腳不離地位撒絲時俱用準字為先

又曰

彈子有大小使手有高低如大者出手必然低用準字往前一推不易豐也若是小者出手必然高用墨字往前一扭捋必準也

又八破法

未开之者先看之背彈出何处將手彈下一指擲定是也凡搭彈先看高四边空实搭之要圓凡定势有前腳小栂指照把登步对准踏定凡开之者

將後照眼角似乎往往後拉
圓到耳前邊停住必準
凡對敵者將前腿手望把一頂
不可拿穩要準須正打正
頂偏打偏
凡所弓者用懦手闖圓打死有
應如打活者可用二指指定开
方加準字手無準亦必準
破綻遮迎
單使綿字準一兩步遮者不
準綿上再加攻字能準四步（主字能準七步再加）
再加本字能準八步再添傳

字往上一撒能跳十步若將縱攻主本停在字連成一字能跳十二十五步此法是也。

取空立勢

凡行手者先將前腳小拇指望把对住如踹千斤一般後腳往後退或五寸或一尺蹬地如登泰上一般前腿往前拱後腿往後登地双腳用力腰用曲胸用抗前手如推泰山後手如拔虎尾滿身用力鋼釘一般打手敵把皆不

和前手攻字不傳必把有高
低手太重彈出手口必失高必偏
裡必不準

又打香头妙法

打手之法準在俱用準字妙巧
妙在心头用时將手拉圈後手
平眼角莫动前手手背左右
照过看香头在何处要对準
撒纏用心敢
彈手分裡外中三樣各有用法
線攻本平四字为裡力能使手
毒遠若不能準内添精字

準墨主欠此四字為中力遠
近俱用內加九勢活使
絲背精停此四字為外力能打
飛禽能打走獸打活活法內加精
字 欠后發出高低左右參

高平身法

打高者將前腳小拇指把地蹬
住前腿往前弓發腿往後登
兩腿用力腰須折脯須挺前
手如推泰山後手如拔虎尾
滿身用力如鋼釘一般用主
本線三法運之 見后發出左右高低圖

低平身法

回头打低下方势左腿在前背过身去要看準头主字頂住鳥身停平用力恐怕左右偏上加精字必住中方準头内有三分之氣力

平正身法

此法二脚不丁不八小肚往前使力胸脯抗起前手四指直展單用大指開弓將弓拉圓四指一齐攏住以停運段精是也

正高身法

用左脚尖朝裡平踵右脚点
地左胯往上直出右手开合拉
至眼角将肐肘藏在胳内又
用左手連膀直上直下只可动身
不可动腿与前後手非主缐
停不能也

次塞身法

打次高者右腿要压左腿要
直身向前趁面往後看墨
指展指往準决将开闔
墨指纔句丁停準遲之宜
記

斜高身法

譬如正往前走背过身来卻往後打左腳（腿）在前右足在後腳尖莫橫用主字項住烏身墨二节照住準米線字一推停字一運必準也

發出高低左右圖　稍有中三樣參此

又要法

懷中捲月

未拿手即用外三裡也將手舒住然後用心手取之何為心手外三裡也為手決上得手心下得手心欠力用手心主力用欠心此為心手法雖分心手不能取精神巧妙還得準字取之可能精妙宜記

準決手法

準有三準高低平是也何為平準左前手虎口外三裡以是也何為外三裡也左前手虎口中紋偏外一分是也論寬

有一線論長有半指望前用
力必準也
何為高準在前退口中墨也
用正樘右背脇右開圈墨
字指藏左右背後精指緊

背指肚緊紘再用主本欠三
位準與力攻力運停望前一
頂能打二十五步準頭如打右
背加線字為可也
何為低準高準相同中攻主
字往下用力必準也其準不
過三四步遠者不準如點點

上標必準也
何為野馬上標前手三樣準
頭是也式是那樣準頭準
用準線字力往前直走譬
如走毒字一般後手平停難
留停收拟不住後一撑必準
也保用準為先宜記
葉裡偷花此法打樹上之鳥故名
此法先拿手看心口大指在下二指
在上墨指頂住鳥身左腿一伸
左腿壓下然後將手所圖打鳥
長在墨上外三裡必用力往

鳥一推必準也

回头望月 望上打

譬如正往前走回头一望左腿
一伸右腿压下身子一撐搬絲
必準為回头望月

珍珠倒捲簾

譬如立在地上抗起胸脯右脚
往上一蹬左脚用力踏地立直
回头撐身好望足上搬一物一正
搬絲必準也

对把歌 补前漏析

練习切勿輕慢对把功

腰須正来腳站定
把对前足不指莫移动
要把停平照对衡
发勁須屏一口氣
不屏氣时恐怕身微动
完

武式太極拳歷代傳人及主要弟子傳承表

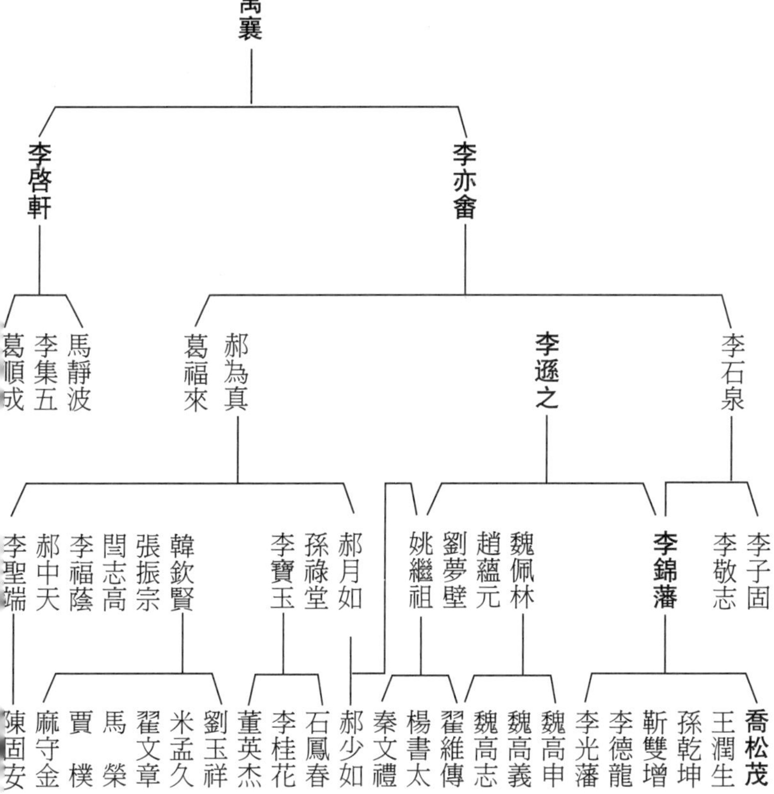

註：李錦藩先生傳授名單係以先生遺囑為準。表中標有黑體字者為歷代傳人，其他為入室弟子。

大展出版社有限公司
品冠文化出版社

圖書目錄

地址：台北市北投區（石牌）
致遠一路二段 12 巷 1 號
郵撥：01669551＜大展＞
19346241＜品冠＞

電話：（02）28236031
28236033
28233123
傳真：（02）28272069

·少年偵探·品冠編號 66

1. 怪盜二十面相	（精）	江戶川亂步著	特價	189 元
2. 少年偵探團	（精）	江戶川亂步著	特價	189 元
3. 妖怪博士	（精）	江戶川亂步著	特價	189 元
4. 大金塊	（精）	江戶川亂步著	特價	230 元
5. 青銅魔人	（精）	江戶川亂步著	特價	230 元
6. 地底魔術王	（精）	江戶川亂步著	特價	230 元
7. 透明怪人	（精）	江戶川亂步著	特價	230 元
8. 怪人四十面相	（精）	江戶川亂步著	特價	230 元
9. 宇宙怪人	（精）	江戶川亂步著	特價	230 元
10. 恐怖的鐵塔王國	（精）	江戶川亂步著	特價	230 元
11. 灰色巨人	（精）	江戶川亂步著	特價	230 元
12. 海底魔術師	（精）	江戶川亂步著	特價	230 元
13. 黃金豹	（精）	江戶川亂步著	特價	230 元
14. 魔法博士	（精）	江戶川亂步著	特價	230 元
15. 馬戲怪人	（精）	江戶川亂步著	特價	230 元
16. 魔人銅鑼	（精）	江戶川亂步著	特價	230 元
17. 魔法人偶	（精）	江戶川亂步著	特價	230 元
18. 奇面城的秘密	（精）	江戶川亂步著	特價	230 元
19. 夜光人	（精）	江戶川亂步著	特價	230 元
20. 塔上的魔術師	（精）	江戶川亂步著	特價	230 元
21. 鐵人Q	（精）	江戶川亂步著	特價	230 元
22. 假面恐怖王	（精）	江戶川亂步著	特價	230 元
23. 電人M	（精）	江戶川亂步著	特價	230 元
24. 二十面相的詛咒	（精）	江戶川亂步著	特價	230 元
25. 飛天二十面相	（精）	江戶川亂步著	特價	230 元
26. 黃金怪獸	（精）	江戶川亂步著	特價	230 元

·生活廣場·品冠編號 61

1. 366 天誕生星	李芳黛譯	280 元
2. 366 天誕生花與誕生石	李芳黛譯	280 元
3. 科學命相	淺野八郎著	220 元
4. 已知的他界科學	陳蒼杰譯	220 元

5. 開拓未來的他界科學 陳蒼杰譯 220 元
6. 世紀末變態心理犯罪檔案 沈永嘉譯 240 元
7. 366 天開運年鑑 林廷宇編著 230 元
8. 色彩學與你 野村順一著 230 元
9. 科學手相 淺野八郎著 230 元
10. 你也能成為戀愛高手 柯富陽編著 220 元
11. 血型與十二星座 許淑瑛編著 230 元
12. 動物測驗—人性現形 淺野八郎著 200 元
13. 愛情、幸福完全自測 淺野八郎著 200 元
14. 輕鬆攻佔女性 趙奕世編著 230 元
15. 解讀命運密碼 郭宗德著 200 元
16. 由客家了解亞洲 高木桂藏著 220 元

・女醫師系列・品冠編號 62

1. 子宮內膜症 國府田清子著 200 元
2. 子宮肌瘤 黑島淳子著 200 元
3. 上班女性的壓力症候群 池下育子著 200 元
4. 漏尿、尿失禁 中田真木著 200 元
5. 高齡生產 大鷹美子著 200 元
6. 子宮癌 上坊敏子著 200 元
7. 避孕 早乙女智子著 200 元
8. 不孕症 中村春根著 200 元
9. 生理痛與生理不順 堀口雅子著 200 元
10. 更年期 野末悅子著 200 元

・傳統民俗療法・品冠編號 63

1. 神奇刀療法 潘文雄著 200 元
2. 神奇拍打療法 安在峰著 200 元
3. 神奇拔罐療法 安在峰著 200 元
4. 神奇艾灸療法 安在峰著 200 元
5. 神奇貼敷療法 安在峰著 200 元
6. 神奇薰洗療法 安在峰著 200 元
7. 神奇耳穴療法 安在峰著 200 元
8. 神奇指針療法 安在峰著 200 元
9. 神奇藥酒療法 安在峰著 200 元
10. 神奇藥茶療法 安在峰著 200 元
11. 神奇推拿療法 張貴荷著 200 元
12. 神奇止痛療法 漆 浩 著 200 元

・常見病藥膳調養叢書・品冠編號 631

1. 脂肪肝四季飲食 蕭守貴著 200 元

2. 高血壓四季飲食　秦玖剛著　200元
3. 慢性腎炎四季飲食　魏從強著　200元
4. 高脂血症四季飲食　薛輝著　200元
5. 慢性胃炎四季飲食　馬秉祥著　200元
6. 糖尿病四季飲食　王耀獻著　200元
7. 癌症四季飲食　李忠著　200元
8. 痛風四季飲食　魯焰主編　200元
9. 肝炎四季飲食　王虹等著　200元
10. 肥胖症四季飲食　李偉等著　200元
11. 膽囊炎、膽石症四季飲食　謝春娥著　200元

・彩色圖解保健・品冠編號 64

1. 瘦身　主婦之友社　300元
2. 腰痛　主婦之友社　300元
3. 肩膀痠痛　主婦之友社　300元
4. 腰、膝、腳的疼痛　主婦之友社　300元
5. 壓力、精神疲勞　主婦之友社　300元
6. 眼睛疲勞、視力減退　主婦之友社　300元

・心 想 事 成・品冠編號 65

1. 魔法愛情點心　結城莫拉著　120元
2. 可愛手工飾品　結城莫拉著　120元
3. 可愛打扮 & 髮型　結城莫拉著　120元
4. 撲克牌算命　結城莫拉著　120元

・熱 門 新 知・品冠編號 67

1. 圖解基因與 DNA　（精）　中原英臣 主編　230元
2. 圖解人體的神奇　（精）　米山公啟 主編　230元
3. 圖解腦與心的構造　（精）　永田和哉 主編　230元
4. 圖解科學的神奇　（精）　鳥海光弘 主編　230元
5. 圖解數學的神奇　（精）　柳 谷 晃 著　250元
6. 圖解基因操作　（精）　海老原充 主編　230元
7. 圖解後基因組　（精）　才園哲人 著　230元

・法律專欄連載・大展編號 58

台大法學院　法律學系／策劃
法律服務社／編著

1. 別讓您的權利睡著了(1)　200元
2. 別讓您的權利睡著了(2)　200元

・武　術　特　輯・大展編號 10

1.	陳式太極拳入門	馮志強編著	180 元
2.	武式太極拳	郝少如編著	200 元
3.	練功十八法入門	蕭京凌編著	120 元
4.	教門長拳	蕭京凌編著	150 元
5.	跆拳道	蕭京凌編譯	180 元
6.	正傳合氣道	程曉鈴譯	200 元
8.	格鬥空手道	鄭旭旭編著	200 元
9.	實用跆拳道	陳國榮編著	200 元
10.	武術初學指南	李文英、解守德編著	250 元
11.	泰國拳	陳國榮著	180 元
12.	中國式摔跤	黃　斌編著	180 元
13.	太極劍入門	李德印編著	180 元
14.	太極拳運動	運動司編	250 元
15.	太極拳譜	清・王宗岳等著	280 元
16.	散手初學	冷　峰編著	200 元
17.	南拳	朱瑞琪編著	180 元
18.	吳式太極劍	王培生著	200 元
19.	太極拳健身與技擊	王培生著	250 元
20.	秘傳武當八卦掌	狄兆龍著	250 元
21.	太極拳論譚	沈　壽著	250 元
22.	陳式太極拳技擊法	馬　虹著	250 元
23.	二十四式／三十二式太極拳／劍	闞桂香著	180 元
24.	楊式秘傳 129 式太極長拳	張楚全著	280 元
25.	楊式太極拳架詳解	林炳堯著	280 元
26.	華佗五禽劍	劉時榮著	180 元
27.	太極拳基礎講座：基本功與簡化 24 式	李德印著	250 元
28.	武式太極拳精華	薛乃印著	200 元
29.	陳式太極拳拳理闡微	馬　虹著	350 元
30.	陳式太極拳體用全書	馬　虹著	400 元
31.	張三豐太極拳	陳占奎著	200 元
32.	中國太極推手	張　山主編	300 元
33.	48 式太極拳入門	門惠豐編著	220 元
34.	太極拳奇人奇功	嚴翰秀編著	250 元
35.	心意門秘籍	李新民編著	220 元
36.	三才門乾坤戊己功	王培生編著	220 元
37.	武式太極劍精華＋VCD	薛乃印編著	350 元
38.	楊式太極拳	傅鐘文演述	200 元
39.	陳式太極拳、劍 36 式	闞桂香編著	250 元
40.	正宗武式太極拳	薛乃印著	220 元
41.	杜元化＜太極拳正宗＞考析	王海洲等著	300 元
42.	＜珍貴版＞陳式太極拳	沈家楨著	280 元

43. 24 式太極拳＋VCD	中國國家體育總局著	350 元
44. 太極推手絕技	安在峰編著	250 元
45. 孫祿堂武學錄	孫祿堂著	300 元
46. <珍貴本>陳式太極拳精選	馮志強著	280 元
47. 武當趙堡太極拳小架	鄭悟清傳授	250 元
48. 太極拳習練知識問答	邱丕相主編	220 元
49. 八法拳 八法槍	武世俊著	220 元
50. 地趟拳＋VCD	張憲政著	350 元
51. 四十八式太極拳＋VCD	楊 靜演示	400 元
52. 三十二式太極劍＋VCD	楊 靜演示	300 元
53. 隨曲就伸 中國太極拳名家對話錄	余功保著	300 元
54. 陳式太極拳五功八法十三勢	鬬桂香著	200 元
55. 六合螳螂拳	劉敬儒等著	280 元
56. 古本新探華佗五禽戲	劉時榮編著	180 元
57. 陳式太極拳養生功＋VCD	陳正雷著	350 元
58. 中國循經太極拳二十四式教程	李兆生著	300 元
59. <珍貴本>太極拳研究	唐豪・顧留馨著	250 元
60. 武當三豐太極拳	劉嗣傳著	300 元
61. 楊式太極拳體用圖解	崔仲三編著	350 元
62. 太極十三刀	張耀忠編著	230 元

・彩色圖解太極武術・大展編號 102

1. 太極功夫扇	李德印編著	220 元
2. 武當太極劍	李德印編著	220 元
3. 楊式太極劍	李德印編著	220 元
4. 楊式太極刀	王志遠著	220 元
5. 二十四式太極拳（楊式）＋VCD	李德印編著	350 元
6. 三十二式太極劍（楊式）＋VCD	李德印編著	350 元
7. 四十二式太極劍＋VCD	李德印編著	350 元
8. 四十二式太極拳＋VCD	李德印編著	350 元
9. 16 式太極拳 18 式太極劍＋VCD	崔仲三著	350 元
10. 楊氏 28 式太極拳＋VCD	趙幼斌著	350 元
11. 楊式太極拳 40 式＋VCD	宗維潔編著	350 元
12. 陳式太極拳 56 式＋VCD	黃康輝等著	350 元
13. 吳式太極拳 45 式＋VCD	宗維潔編著	350 元
14. 精簡陳式太極拳 8 式、16 式	黃康輝編著	220 元

・國際武術競賽套路・大展編號 103

1. 長拳	李巧玲執筆	220 元
2. 劍術	程慧琨執筆	220 元
3. 刀術	劉同為執筆	220 元
4. 槍術	張躍寧執筆	220 元

5. 棍術　殷玉柱執筆　220 元

・簡化太極拳・大展編號 104

1. 陳式太極拳十三式　陳正雷編著　200 元
2. 楊式太極拳十三式　楊振鐸編著　200 元
3. 吳式太極拳十三式　李秉慈編著　200 元
4. 武式太極拳十三式　喬松茂編著　200 元
5. 孫式太極拳十三式　孫劍雲編著　200 元
6. 趙堡太極拳十三式　王海洲編著　200 元

・中國當代太極拳名家名著・大展編號 106

1. 李德印太極拳規範教程　李德印著　550 元
2. 王培生吳式太極拳詮真　王培生著　500 元
3. 喬松茂武式太極拳詮真　喬松茂著　450 元
4. 孫劍雲孫式太極拳詮真　孫劍雲著　350 元
5. 王海洲趙堡太極拳詮真　王海洲著　500 元
6. 鄭琛太極拳道詮真　鄭琛著　400 元

・名師出高徒・大展編號 111

1. 武術基本功與基本動作　劉玉萍編著　200 元
2. 長拳入門與精進　吳彬等著　220 元
3. 劍術刀術入門與精進　楊柏龍等著　220 元
4. 棍術、槍術入門與精進　邱丕相編著　220 元
5. 南拳入門與精進　朱瑞琪編著　220 元
6. 散手入門與精進　張山等著　220 元
7. 太極拳入門與精進　李德印編著　280 元
8. 太極推手入門與精進　田金龍編著　220 元

・實用武術技擊・大展編號 112

1. 實用自衛拳法　溫佐惠著　250 元
2. 搏擊術精選　陳清山等著　220 元
3. 秘傳防身絕技　程崑彬著　230 元
4. 振藩截拳道入門　陳琦平著　220 元
5. 實用擒拿法　韓建中著　220 元
6. 擒拿反擒拿 88 法　韓建中著　250 元
7. 武當秘門技擊術入門篇　高翔著　250 元
8. 武當秘門技擊術絕技篇　高翔著　250 元
9. 太極拳實用技擊法　武世俊著　220 元

國家圖書館出版品預行編目資料

武式太極拳詮真／喬松茂　著
——初版，——臺北市，大展，2004〔民 93〕
面；21 公分，——（當代太極拳名家名著；3）
ISBN 957-468-317-6（平裝）
1. 太極拳
528.972　　93009868

北京人民體育出版社授權中文繁體字版

當代太極拳名家名著；3

武式太極拳詮真

ISBN 957-468-317-6

著　　者／喬 松 茂
責任編輯／張 建 林
發 行 人／蔡 森 明
出 版 者／大展出版社有限公司
社　　址／台北市北投區（石牌）致遠一路 2 段 12 巷 1 號
電　　話／（02）28236031・28236033・28233123
傳　　眞／（02）28272069
郵政劃撥／01669551
網　　址／www.dah-jaan.com.tw
E－mail ／service@dah-jaan.com.tw
登 記 證／局版臺業字第 2171 號
承 印 者／高星印刷品行
裝　　訂／協億印製廠股份有限公司
排 版 者／弘益電腦排版有限公司
初版 1 刷／2004 年（民 93 年）9 月

定　價／450 元

大展好書　好書大展
品嘗好書　冠群可期